Consciência e Desenvolvimento Sustentável nas Organizações

Preencha a **ficha de cadastro** no final deste livro
e receba gratuitamente informações
sobre os lançamentos e as promoções da
Editora Campus/Elsevier.

Consulte também nosso catálogo
completo e últimos lançamentos em
www.campus.com.br

Consciência e Desenvolvimento Sustentável nas Organizações

organizadores

ARNOLDO JOSÉ DE HOYOS GUEVARA
ALESSANDRO MARCO ROSINI
JOSÉ ULTEMAR DA SILVA
MÔNICA CAIRRÃO RODRIGUES

© 2009, Elsevier Editora Ltda.

Todos os direitos reservados e protegidos pela Lei nº 9.610, de 19/02/1998.

Nenhuma parte deste livro, sem autorização prévia por escrito da editora, poderá ser reproduzida ou transmitida sejam quais forem os meios empregados: eletrônicos, mecânicos, fotográficos, gravação ou quaisquer outros.

Copidesque: Shirley Lima da Silva Braz
Revisão: Jayme Teotônio Borges Luiz e Roberta Borges
Editoração Eletrônica: Estúdio Castellani

Elsevier Editora Ltda.
Rua Sete de Setembro, 111 – 16º andar
20050-006 – Centro – Rio de Janeiro-RJ – Brasil
Telefone: (21) 3970-9300 Fax: (21) 2507-1991
E-mail: info@elsevier.com.br
Escritório São Paulo
Rua Quintana, 753/8º andar
04569-011 – Brooklin – São Paulo – SP
Tel.: (11) 5105-8555

ISBN: 978-85-352-3281-3

Nota: Muito zelo e técnica foram empregados na edição desta obra. No entanto, podem ocorrer erros de digitação, impressão ou dúvida conceitual. Em qualquer das hipóteses, solicitamos a comunicação à nossa Central de Atendimento, para que possamos esclarecer ou encaminhar a questão.

Nem a editora nem o autor assumem qualquer responsabilidade por eventuais danos ou perdas a pessoas ou bens, originados do uso desta publicação.

Central de atendimento
Tel.: 0800-265340
Rua Sete de Setembro, 111, 16º andar – Centro – Rio de Janeiro
e-mail: *info@elsevier.com.br*
site: *www.campus.com.br*

CIP-Brasil. Catalogação-na-fonte
Sindicato Nacional dos Editores de Livros, RJ

C765	Consciência e desenvolvimento sustentável nas organizações : reflexões sobre um dos maiores desafios da nossa época / organizadores, Arnoldo José de Hoyos Guevara... [et al.]. – Rio de Janeiro : Elsevier, 2009.
	Inclui bibliografia ISBN 978-85-352-3281-3
	1. Proteção ambiental. 2. Desenvolvimento sustentável. 3. Responsabilidade social da empresa. I. Hoyos Guevara, Arnoldo José de, 1940-.
08-3566.	CDD: 658.408 CDU: 65.012.28

APRESENTAÇÃO

Que momento é este que estamos vivendo? Quais são nossos desafios? Qual é nosso compromisso diante de um futuro comum? Quais são nossas possibilidades de colaborar sistemicamente para a construção de um mundo melhor?

O livro *Megatrends 2010*, da futurista Patrícia Aburdene, publicado recentemente nos Estados Unidos, mostra como, e talvez por força das circunstâncias, está surgindo em nível global um Capitalismo mais Consciente, uma Economia mais Ganha-Ganha, na visão de Hazel Henderson. Na verdade, e conforme sugerido no livro *Da Sociedade do Conhecimento à Sociedade da Consciência*, publicado há pouco tempo no Brasil, estamos num momento crítico da história de nossa civilização na qual desponta a Aurora da Era Consciente, e em que, como humanidade, estamos assumindo um papel cada vez mais ativo em nossa própria evolução, fruto, em boa parte, dos acelerados avanços da Ciência e da Tecnologia, e do desenvolvimento da Sociedade em Rede e da Aprendizagem Distribuída em Tempo Real.

O panorama que se delineia à nossa frente nos mostra um aparentemente inevitável e irreversível colapso ambiental devido não mais por falta de conhecimento, ou às poderosas forças de interesses criados, mas principalmente por deficiências estruturais de governabilidade sistêmica tanto em nível local quanto global.

Se, por um lado, as extraordinárias promessas dos revolucionários avanços das ciências e tecnologias com suas possíveis sinergias Nano-Bio-Info-Cogn junto às novas fontes de energias limpas parecem promissoras, simultaneamente, as grandes corporações e o próprio Wall Street caminham para se tornar cada vez mais verdes e socialmente responsáveis, conforme dito no último livro de Hazel Henderson, *Mercado Ético: construindo uma economia verde*. Por outro, continua o *timing*.

A deterioração tanto ambiental quanto social – e principalmente moral – continua aumentando em ritmo acelerado, tendo em vista o inimaginável degelo das capas polares, a acumulação do capital – com o aumento progressivo na desigualdade entre pobres e ricos –, o crime transnacional cada vez mais organizado batendo o recorde de faturamento dos US$2 trilhões por ano. Isso, aliado ao fato inevitável de a China e a Índia (40% da população) se terem integrado rapidamente à sociedade de consumo globalizada, tornam precárias nossas perspectivas de sustentabilidade.

Todavia, os avanços nas tecnologias de Informação e Comunicação que favorecem o funcionamento da Sociedade em Rede, criando ambientes interativos no nível planetário que permitem a troca em tempo real de informações vitais do nível local ao planetário, possibilitam o surgimento não só de um Cérebro Global, mas de uma Inteligência Global que deverá contribuir para o despertar da Consciência Planetária. Sem dúvida, tudo isso renova nossas esperanças de poder dar um salto em nossa evolução do etnocentrismo para o ecocentrismo, quando a busca por dar sentido à vida deverá se tornar cada vez mais premente: O que fazemos, como fazemos, para que fazemos e por que fazemos? Aprender a Ser e a Transcender!

Para isso, torna-se necessária a procura por soluções inovadoras, tanto no campo científico-tecnológico quanto na área sociocultural e institucional-organizacional, que serão fruto desse próprio despertar de nossa evolução consciente, na qual nos tornamos co-partícipes na busca de caminhos críticos – no sentido de Bucky Fuller – para as novas realidades, mais alinhadas com os contextos de verdadeira solidariedade humana e de respeito e cuidado e integração com a natureza.

A forma como se esboça esse processo talvez requeira uma recuperação da sabedoria das antigas tradições, bem como a utilização de princípios de uma epistemologia transdisciplinar mais integral, como a proposta por Ken Wilber, munida, sim, das necessárias tecnologias de trabalho e aprendizagem colaborativas. Lembrando que as antigas tradições nos chamam não só para a necessidade de olhar para as futuras gerações e nosso futuro comum, mas também para as interdependências dinâmicas e hologramáticas entre o interno e o externo, o micro e o macrocosmos, a dança da vida e do cosmos em geral. Isso significa, em particular, pensar na extensão de uma proposta de desenvolvimento sustentável glolocal, isto é, a partir de cada nível: individual, local, regional e global interagindo sinérgica, holárquica e estrategicamente em cada um dos outros níveis em busca da melhoria sistêmica planetária.

Este livro representa um passo neste processo de busca, resultado da colaboração de amigos próximos do Núcleo de Estudos do Futuro da PUC-SP, os quais, por meio de suas reflexões sobre o tema da Consciência e Sustentabilidade, manifestaram a vontade de contribuir para a construção de um mundo melhor para todos. O Brasil tem sua história de inovação socioambiental global com as iniciativas da ECO-92 e com o Fórum Social Mundial, e, mais recentemente, com a busca de soluções em nível urbano, como o promissor movimento "Nossa São Paulo". Resta a cada um fazer a sua parte.

Os Organizadores
Arnoldo José Hoyos Guevara
Alessandro Marco Rosini
José Ultemar da Silva
Mônica Cairrão da Silva

OS AUTORES

Alessandro Marco Rosini – Doutor em Comunicação e Semiótica pela PUC-SP, mestre em Administração de Empresas pela PUC-SP, pós-graduado em Administração de Empresas pela USJT, bacharel em Física pela PUC-SP, professor e consultor nas áreas de Organização, Tecnologia e Educação a Distância. Pesquisador do Núcleo de Estudos do Futuro PUC-SP.

Ana Cristina Limongi França – Psicóloga organizacional, mestre, doutora, professora associada da Universidade de São Paulo, Departamento de Administração da FEA. Ex-líder de área e docente de graduação e pós-graduação. Tem como principais linhas de pesquisa Qualidade de Vida no Trabalho e Aspectos Comportamentais da Produtividade. Publicou dezenas de artigos, livros e participou de mais de uma centena de eventos científicos nacionais e internacionais. Coordena o Núcleo de Estudos e Pesquisas em Gestão da Qualidade de Vida no Trabalho – na FEA-NEP-GQVT. Tem mais de 30 anos de experiência na área de negócios empresariais e 20 anos de atuação em docência e pesquisa. Participa ativamente das associações relativas às suas áreas de pesquisa. É conselheira e membro-fundador da Associação Brasileira de Qualidade de Vida (ABQV); vice-presidente da Associação Brasileira de Medicina Psicossomática – ABMP; vice-presidente da Associação Paulista de Recursos Humanos (APARH). Em 2002, recebeu o prêmio Ser Humano da ABRH, pela tese de livre-docência: "Interfaces da Qualidade de Vida no Trabalho: fatores críticos de gestão para consolidação de uma nova competência".

Angelo Palmisano – Doutor em Ciências Sociais, mestre em Administração, bacharel em Administração de Empresas, todos pela PUC-SP. Diretor dos cursos de Tecnologia da Universidade de Guarulhos (UNG). Professor e pesquisador nas áreas de Teorias da Administração, Estratégia, Estruturas Organizacionais e Qualidade. Consultor da Pereira & Palmisano Consultoria e Treinamentos Ltda.

Antonieta Christovam – Professora dos cursos de graduação em comunicação da UNIBAN, pós-graduação em comunicação e graduação em Administração de Empresas da FAENAC Anhanguera, é mestranda em Administração de Empresas pela Pontifícia Universidade Católica de São Paulo. Pós-graduada em Administração de Marketing pela Fundação Armando Álvares Penteado – FAAP e formada em Administração de Empresas/ênfase em Comércio Exterior pela USJT de São Paulo, iniciou sua carreira como vendedora na TVA em 1.991. Logo depois foi convidada a integrar o time de lançamento da TV a Cabo no Brasil, pela Multicanal. Nessa empresa liderou equipes, além de ter desenhado e implementado diferentes canais de vendas, tais como os de Vendas a Varejo e Corporativo. Atuou ainda nas áreas de vendas B2B de empresas como AT&T, ComCast e TelMex. Mais recentemente, na Gerência Comercial Brasil da HBO, atuou com os canais de TV por Assinatura HBO, Cinemax, Sony, Warner, E! Entertainment, The History Channel, entre outros, tendo treinado e motivado mais de 4.000 pessoas no Brasil inteiro.

Ainda hoje atua como consultora de empresas de médio e grande portes, planejando e implementando os planos estratégicos para as áreas de marketing e vendas.

Arnoldo José de Hoyos Guevara – PhD pela University of California – Berkeley; responsável pelo Núcleo de Estudos do Futuro da PUC-SP e pela ONG Gira Sonhos; professor no Programa de Estudos Pós-Graduados em Administração da PUC-SP. Linhas de Pesquisa: Estudos do Futuro e Desenvolvimento Social, Organizações de Aprendizagem e Gestão do Conhecimento, Liderança e Criatividade.

Denise Pena de Moraes – Mestranda em Administração de Empresas pela PUC-SP, pós-graduada em Marketing pela FGV Management e formada em Comunicação Social, com ênfase em Marketing pela ESPM, a autora iniciou a carreira há mais de 20 anos em empresas como Madia e Associados, Elgin Máquinas, Epson e Diebold, passando a atuar mais recentemente como executiva das áreas de Vendas e Marketing no mercado financeiro, em instituições como Banco Mercantil e Bradesco. Atua como palestrante e instrutora de cursos *in-company* para empresas no Brasil.

Enrique Ortega – Engenheiro químico, doutor em Engenharia de Alimentos, professor da Faculdade de Engenharia de Alimentos da Unicamp. Especialista na Análise Energética de Sistemas de Produção de Alimentos, Energia e Serviços Ambientais. Laboratório de Engenharia Ecológica e Informática Aplicada.

Evandro Vieira Ouriques – Consultor de Comunicação, com foco em Agregação para Inovação, é cientista político, jornalista, designer, gestor cultural, terapeuta de base analítica e escritor. Coordenador do Núcleo de Estudos Transdisciplinares de Comunicação e Consciência-NETCCON.ECO.UFRJ, é o criador da metodologia *Gestão da Mente Sustentável*®: *The Extended Bottom Line*, que acelera a organização como rede de decisão sustentável, portanto generosa, e da *Metodologia do Diagnóstico Visual*®, que permite diagnosticar e agir com foco, sob pressão. É membro da INTERCOM, da Diretoria do Núcleo de Estudos do Futuro da PUC-SP e do Global Lookout Panel do Millennium Project da WFUNA. Com doutorado em Comunicação e Cultura pela UFRJ, 2002, nascedouro teórico do *Modelo Sustentável da Comunicação* que continua a desenvolver, é pós-doutor em Estudos Culturais pelo PACC. FCC.UFRJ, 2007, no tema *Cultura de Comunicação, Globalização de Mercados e Responsabilidade Ética: os outros nomes dos Estados Mentais, da Gestão e da Sustentabilidade Socioambiental*. Neste sentido o grupo que forma o NETCCON.ECO.UFRJ, sob sua liderança, dedica-se às relações entre a *Sustentabilidade da Mente* e o vigor do *Diálogo, da Cidadania, do Empreendedorismo, das Políticas Públicas e da Responsabilidade Socioambiental*.

Fabio Lucio Prado – Especialista em Desenvolvimento Estratégico e Tecnologia da Informação, mestrando em Administração de Empresas, com ênfase em Estratégia pela PUC–SP.

Fernanda Castro de Nadai – Professora universitária na Universidade Cruzeiro do Sul, nos cursos de graduação em Administração e Economia, e consultora de empresas. Bacharel e mestre em administração na PUC-SP. É especialista em recursos humanos e gestão do conhecimento, tendo publicado vários artigos sobre o assunto em congressos, seminários e revistas nacionais e internacionais. É pesquisadora do Núcleo de Estudos do Futuro em temáticas relacionadas à sustentabilidade ambiental.

Giovanni Barontini – Faísca do Todo (ou ainda, "*ser espiritual tendo uma experiência humana*", segundo Teilhard de Chardin).

Jorge de Albuquerque Vieira – Doutor em Comunicação e Semiótica pela PUC-SP em 1994; mestre em Engenharia de Reatores pela COPPE/UFRJ em 1975 e graduado em Engenharia de Telecomunicações pela UFF. Foi professor de 1970 a 1998 no Departamento de Astronomia da UFRJ, agora aposentado. Atualmente é professor na PUC-SP/ComFil/COS e na Faculdade Angel Vianna, no Rio de Janeiro. Seus temas de interesse são Semiótica Peirceana, Teoria do Conhecimento, Teoria de Sistemas e Teoria da Complexidade.

José Ultemar da Silva – Graduado em Administração de Empresas com habilitação em Comércio Exterior, especialista em Comércio Internacional, mestre em Economia Política, doutor em Ciências Sociais e pós-doutor em Gestão e Empreendendorismo Social pela FEA-USP. Possui vasta experiência como professor do ensino superior de diversas disciplinas, nas áreas de Administração, Comércio Exterior e Economia, para os níveis de graduação e pós-graduação, bem como experiência como coordenador de cursos de graduação e de pós-graduação. Também é autor de livro na área de economia internacional e comércio exterior e de diversos artigos para jornais e revistas. Sua experiência profissional está voltada para áreas de Comércio Exterior, Câmbio, Contabilidade, Auditoria, Inspetoria, Análise Econômico-Financeira e Análise de Crédito, em grandes organizações.

Koiti Egoshi – Doutor em Administração pela World University, EUA; mestre em Organização, Planejamento e Recursos Humanos pela Escola de Administração de Empresas de São Paulo da Fundação Getulio Vargas (EAESP/FGV); pós-graduado *lato sensu* em Análise de Sistemas pela Fundação Escola do Comércio Álvares Penteado (FECAP); administrador de empresas pela Faculdade de Economia e Administração da Universidade de São Paulo (FEA/USP). Consultor de Administração, Tecnologias da Informação e Internet.

Ladislau Dowbor – Formado em economia política pela Universidade de Lausanne, Suíça; doutor em Ciências Econômicas pela Escola Central de Planejamento e Estatística de Varsóvia, Polônia (1976). Atualmente é professor titular no departamento de pós-graduação da PUC-SP, nas áreas de Economia e Administração. Continua com o trabalho de consultoria para diversas agências das Nações Unidas, governos e municípios, bem como do Senac. Atua como conselheiro na Fundação Abrinq, Instituto Polis, Transparência Brasil e outras instituições.

Laura Gallucci – Bacharel em Administração de Empresas pela PUC-SP em 1974, mestre em Administração de Empresas, com concentração em Organização e Recursos Humanos pela PUC-SP. Áreas de atuação acadêmica e profissional: Marketing, Planejamento Estratégico, Gestão de Talentos e Gestão do Conhecimento. Trinta e quatro anos de experiência na área de consultoria empresarial. Vinte e nove anos de experiência na Escola Superior de Propaganda e Marketing (ESPM), onde, além de professora, foi coordenadora, chefe de departamento e diretora ao longo de 20 anos.

Leandro Frederico Ferraz Meyer – Graduado em Zootecnia (UNESP-Botucatu); mestrado em Economia Rural (Universidade Federal de Viçosa – UFV); doutorado em Economia Aplicada (UFV). Área de atuação/pesquisa: Ação Coletiva; Economia Experimental; Gestão de Recursos Naturais; Desenvolvimento Sustentável; Administração Rural. Instituições: Universidade Federal Rural da Amazônia/Instituto Socio-ambiental e dos Recursos Hídricos (UFRA/ISARH). Função: Professor Adjunto.

Luiz Calado – Economista pela USP, mestre em administração e doutorando em finanças sustentáveis na Universität Bonn na Alemanha é pesquisador no tema sustentabilidade da ONG Núcleo de Estudos do Futuro, professor convidado da Pós-graduação do Mackenzie, palestrante e autor de artigos em congressos nacionais e internacionais. Membro da Sociedade Brasileira de Economia Ecológica (ECOECO) e do Instituto Brasileiro de Executivos de Finanças de São Paulo (IBEF).

Marcelo José Braga – Graduado em Agronomia (UFV); doutorado em Economia Rural (UFV); pós-doutorado em Economia das Organizações Cooperativas (University of California, Davis, EUA). Áreas de atuação/pesquisa: Economia das Organizações Cooperativas; Econometria; Gestão de Recursos Naturais; Desenvolvimento Econômico; Instituições: Universidade Federal de Viçosa/Departamento de Economia Rural (UFV/DER). Função: Professor Adjunto.

Mônica Cairrão Rodrigues – Mestre em Administração pela PUC-SP. Especialista em Análise de Sistemas pela FAAP/SP. Graduada em Pedagogia pela USP-SP. Atua em gestão de TI, EAD, Gestão do Conhecimento e projetos em TI aplicada. É docente universitária em cursos de graduação e pós-graduação presenciais e a distância. Atua como pesquisadora no Núcleo de Estudos do Futuro (NEF), na PUC-SP.

Paulo Roberto Moraes – Bacharel e licenciado em Geografia pela PUC-SP. Mestre e doutor em Geografia Física pela USP. Professor da PUC-SP e de cursos pré-vestibulares. Autor de livros didáticos e paradidáticos pela Editora

Harbra e pelo Sistema Anglo de Ensino. Pesquisador do Núcleo de Estudos do Futuro (NEF) – PUC-SP.

Orlando Roque da Silva – Administrador, mestre em Administração e Planejamento pela PUC-SP e doutor em Engenharia de Produção pela Universidade Metodista de Piracicaba (UNIMEP), com uma tese sobre limites ambientais portuários. É professor titular da Universidade de Sorocaba, onde desenvolve atividades de ensino, pesquisa e extensão em desenvolvimento local e regional, tendo realizado trabalhos de consultoria nessa área para o Programa das Nações Unidas para o Desenvolvimento (PNUD).

Raquel da Silva Pereira – Doutora em Ciências Sociais e mestre em Administração, ambos pela PUC-SP. Especialista em Administração de Recursos Humanos (ESAN/SP) e bacharel em Administração de Empresas pela Universidade São Judas Tadeu. Professora e pesquisadora das áreas de Gestão para o Desenvolvimento Sustentável, Responsabilidade Social, Ética e Comportamento Organizacional. Professora e pesquisadora do Programa de Pós-Graduação em Administração da Universidade Municipal de São Caetano do Sul.

Roberto Galassi Amaral – Mestre em Administração pela PUC/SP, é graduado em Administração de Empresas, com especialização em Administração de Recursos Humanos pela Universidade São Judas Tadeu (USJT) e em Gestão Estratégica de Negócios pela EAE-FGV/SP. Consultor organizacional e docente em programas da FIA/USP, SENAC, USJT e Centro Universitário FEI, nas áreas de Responsabilidade Social Empresarial, Investimento Social Privado, Gestão de Pessoas e Organizações do Terceiro Setor. Membro do NEF/PUC.

Rosa Alegria – Futurista, pesquisadora de tendências, diretora-executiva da plataforma multimídia Mercado Ético, co-fundadora do Movimento Mídia da Paz, ativista pela ética na comunicação, co-diretora do núcleo brasileiro do Projeto Millennium e diretora de pesquisa do Núcleo de Estudos do Futuro da PUC-SP.

Vitória Catarina Dib – Doutora em Ciências Sociais – Antropologia – pela PUC-SP e Mestre em Administração – Organização e Recursos Humanos – pela PUC-SP; membro fundadora do Núcleo de Estudos do Futuro (NEF) da PUC-SP; professora na Pontifícia Universidade Católica de São Paulo e Universidade Cruzeiro do Sul. Linhas de Pesquisa: Sociedade do Conhecimento, Organizações de Aprendizagem e Gestão do Conhecimento.

BREVE RELATO SOBRE O LIVRO

Por meio de uma abordagem inter e transdisciplinar referente aos temas emergentes da Consciência e Desenvolvimento Sustentável nas Organizações, esta obra tem por finalidade trazer à tona reflexões cada vez mais atuais sobre os eixos temáticos da consciência, a visão sistêmica e a própria questão do desenvolvimento sustentável existente nas organizações.

Os empresários e os principais interlocutores de gestão em nosso país podem, através da visão dos temas apresentados, alavancar estrategicamente processos de transformação organizacional para lidar com os desafios e oportunidades relacionados aos novos contextos focados nos paradigmas da Consciência e Sustentabilidade.

Analisam-se questões como responsabilidade social, ética, globalização, desenvolvimento econômico local sustentável e o impacto nos dias de hoje dos acelerados avanços das tecnologias da informação e comunicação na vida das organizações e das pessoas. Caminhando para além do *triple bottom line*, que considera o tripé econômico, social e ambiental, os temas considerados focalizam o ser humano e seu desenvolvimento integral, e portanto abordam o contexto educacional, sociocultural e até espiritual e seus impactos sobre o meio ambiente e a qualidade de vida em geral. Para que as estratégias organizacionais sejam sustentavelmente inovadoras, precisam se alinhar neste novo contexto do desenvolvimento, complementarmente, o capital intelectual, humano e social.

Quando se trata de assuntos relativos à continuidade da própria espécie e à preservação da própria natureza em relação aos riscos planetários – conforme apresentados na mensagem de Al Gore ou nos relatórios ambientais do tipo IPCC (*INTERGOVERNMENTAL PANEL ON CLIMATE CHANGE IPCC*

4th Assessement Report, 2007), ou nas propostas de Muhammad Yunus como Nobel da Paz em 2006 –, observa-se, pelas reuniões do G8, problemas sérios de governabilidade global. Paralelamente, problemas de governança em níveis de países ou de organizações têm de ser abordados de uma forma mais sistêmica, mais integral; isto é, mais ampla, profunda, transparente e responsável. Para tanto, é preciso desenvolver novos indicadores como os do GRI (*Global Report Intiative*) que permitam um monitoramento atualizado do complexo processo de desenvolvimento sustentável integral; e pensar no posicionamento estratégico das organizações em médio e longo prazos, a fim de lidar com os riscos e as oportunidades dos novos contextos locais e globais. Prospectiva Estratégica e Visão de Futuro são essenciais para essa finalidade.

Para que esta obra fosse possível, nós a dividimos em duas partes: a primeira, totalmente impressa, e a outra a ser disponibilizada em ambiente Web.

SUMÁRIO

CAPÍTULO 1
Inovação Social e Sustentabilidade   1
Ladislau Dowbor
    Resumo   1
    Introdução   1
    Considerações finais   25
    Referências bibliográficas   25

CAPÍTULO 2
Empresários Ausentes, Cidadãos Presentes: Um Ensaio sobre a Ética Ambiental no Mundo Corporativo   27
Orlando Roque Silva
    Resumo   27
    Introdução   27
    Filosofia moral e ética ambiental   30
    Ética ambiental: descritiva, normativa e crítica   33
    Desenvolvimento econômico e meio ambiente   37
    Por uma ética ambiental corporativa   40
    A questão energética   44
    O gerenciamento holístico   44
    Considerações finais   45
    Referências bibliográficas   47

CAPÍTULO 3
Desenvolvimento e Consciência Social sob o Enfoque da Qualidade de Vida no Trabalho   49
Ana Cristina Limongi França

Resumo   49
Introdução   50
Escola de Pensamento QVT: Organizacional   54
Escola de Pensamento QVT: condição humana no trabalho   56
Considerações finais   60
Referências bibliográficas   61

CAPÍTULO 4
Responsabilidade Socioambiental como Diferencial Competitivo nas Organizações do Século XXI   63
José Ultemar da Silva / Alessandro Marco Rosini
Mônica Cairrão Rodrigues

Resumo   63
Introdução   63
Breve discussão sobre crescimento *versus* desenvolvimento
    socioeconômico   65
As decisões estratégicas das empresas pautadas na Gestão Social   66
O planejamento estratégico social: o sucesso das organizações   68
Responsabilidade social corporativa   69
Empresas e comunidade: parcerias para o desenvolvimento
    sustentável   71
Considerações finais   72
Referências bibliográficas   74

CAPÍTULO 5
Um Novo Gestor. Pedra Fundamental Para a Gestão Sustentável   75
Roberto Galassi Amaral

Resumo   75
Introdução   75
Do que estamos falando quando falamos em Management?   80
Conexão: organização – modelo de gestão – gestor   83
Considerações finais   92
Referências bibliográficas   93

CAPÍTULO 6
Sociedade e Meio Ambiente: História, Problemas, Desafios e Possibilidades — 95
Angelo Palmisano / Raquel da Silva Pereira

Resumo	95
Introdução	95
Histórico das preocupações socioambientais	96
Preocupações atuais	102
Indicadores de desenvolvimento sustentável	105
Como preparar os profissionais para essa consciência	107
Considerações finais	111
Referências bibliográficas	113

CAPÍTULO 7
A Falácia do Desenvolvimento Sustentável — 115
Koiti Egoshi

Resumo	115
Introdução	115
O fantasma do aquecimento global	118
Crianças e adultos, não tenham medo de fantasmas	120
O chamado desenvolvimento sustentável	123
A questão da responsabilidade social, ética e ecológica	127
Considerações finais	138
Referências bibliográficas	143

CAPÍTULO 8
Qualidade de Vida e Educação em Sistemas Psicossociais — 145
Jorge de Albuquerque Vieira

Resumo	145
Introdução	145
Umwelt e semiosfera	147
Umwelt e mundividência	149
Agonia e prazer	151
Ética e educação	154
Considerações finais	158
Referências bibliográficas	158

CAPÍTULO 9
A Crise de Sentido e o Futuro das Organizações na Sociedade do Conhecimento — 161
Arnoldo José de Hoyos Guevara / Vitória Catarina Dib

Resumo	161
Introdução: a crise de sentido e o sentido da crise	162

A busca de sentido no mundo do trabalho	164
Viver para trabalhar ou trabalhar para viver?	165
Crise de valores	168
As organizações na sociedade do conhecimento	170
A abordagem transdisciplinar na sociedade do conhecimento	172
Espiritualidade e ética nas organizações	176
Considerações finais	178
Referências bibliográficas	179

CAPÍTULO 10
Madre Teresa de Calcutá usava batom? – Uma Visão da Sustentabilidade Integral   183
Giovanni Barontini / Luiz Roberto Calado

Resumo	183
Introdução	184
Consciência ecológica e a ilusão da separação	184
Responsabilidade social empresarial: um mapa para avançar	188
Considerações finais	193
Referências bibliográficas	194

CAPÍTULO 11
Da Matrix para o Self: O Desafio Evolucionário da Mídia e das Organizações   195
Rosa Alegria

Resumo	195
Introdução	195
A ética e a era da mídia	196
A crise da confiança	197
O espelho embaçado	198
O déficit do discurso	199
Entrando em contato com a mídia interior	199
Fiquemos a ver navios	200
O neo-renascentismo da mídia	201
A coerência como indicador do futuro	201
Considerações finais	202
Referências bibliográficas	203

CAPÍTULO 12
Gestão da Mente Sustentável, o Extended Bottom Line: O Desenvolvimento Socioambiental como Questão da Comunicação e da Consciência   205
Evandro Vieira Ouriques

Resumo	205
Introdução	205

Sustentabilidade da mente: a ascendência sobre o fluxo de estados mentais	208
O *extended bottom line* como o meio de transformar intenção em ação	211
A questão dos jogos de linguagem e de sentido, da subjetividade e da consciência frente às TICS	212
Da crítica às filosofias da consciência e a consciência como a atividade especificamente humana	216
Porque o capitalismo não é materialista, odeia a vida e é produto da decisão de cada um	221
Os sistemas do interesse e do poder e o sistema da dádiva	222
Considerações finais	224
Referências bibliográficas	226
Glossário	**227**

SUMÁRIO DO CONTEÚDO DISPONÍVEL NA WEB

CAPÍTULO 1
Desenvolvimento Sustentável e Inovação Disruptiva como Alternativas às Estratégias Tradicionais de Criação de Valor para as Empresas e para Seus Clientes com Alto Poder de Compra
Laura Gallucci
    Resumo
    Introdução
    Uma hipótese otimista
    Desenvolvimento auto-sustentável e inovação disruptiva:
        estratégias utópicas ou estratégias inevitáveis?
    Considerações finais
    Referências bibliográficas

CAPÍTULO 2
Algumas Inovações Promotoras de Interconexões entre Organização, Ambiente, Sociedade e o Desenvolvimento Sustentável
Fábio Lúcio Prado
    Resumo
    Introdução
    Sustentabilidade: das bifurcações ao delta teórico
    Das inovações à sustentabilidade – teoria e práxis
    área de concentração: nanotecnologia

Área de concentração: ecobionatureza
Considerações finais
Referências bibliográficas

CAPÍTULO 3
Incorporação de Indicadores de Sustentabilidade à Estratégia Empresarial
Marcelo Dias
Resumo
Introdução
Responsabilidade social empresarial (RSE)
Sustentabilidade
O balanced scorecard (BSC)
A aplicabilidade do balanced scorecard
Considerações finais
Referências bibliográficas

CAPÍTULO 4
A Espiritualidade nas Organizações
Antonieta Christovam, Denise Pena de Moraes
Resumo
Introdução
Conceituação
Consciência e qualidade de vida
Ética
Estética
Espiritualidade
Contextualização do tema – a organização e o indivíduo
Considerações finais
Referências bibliográficas

CAPÍTULO 5
A um Desafio Global Corresponde uma Ética Biofísica
Enrique Ortega
Resumo
Introdução
Os problemas globais e suas causas
Metas globais prioritárias
Considerações finais
Referências bibliográficas

CAPÍTULO 6
Consciência, Cooperação e Sustentabilidade: Uma Questão de Despertar
Leandro Frederico Ferraz Meyer / Marcelo José Braga
    Resumo
    Introdução
    O dilema da cooperação segundo a abordagem convencional
    Novas evidências, novas teorias, novas políticas
    Relativismo moral, comunicação e desenvolvimento da consciência
    Estratégia empírica e delineamento experimental
    Ação coletiva na dinâmica da espiral
    O que nós encontramos
    Considerações finais
    Referências bibliográficas

CAPÍTULO 7
A Espiritualidade e a Gestão das Organizações
Fernanda Castro de Nadai / Luiz Roberto Calado
    Resumo
    As transformações na sociedade
    A ênfase no conhecimento – abrindo caminho para a consciência
    Consciência nos indivíduos
    Espiritualidade nas organizações
    Considerações finais
    Referências bibliográficas

CAPÍTULO 8
A Saúde Ambiental das Áreas Tropicais Úmidas e a Emergência e Reemergência de Doenças – Um Futuro Preocupante
Paulo Roberto Moraes
    Resumo
    Introdução
    A relação homem e ambiente pós-revolução industrial
    Aquecimento global: alteração em escala planetária
    As alterações nos ambientes tropicais úmidos
    Emergência e reemergência de febres hemorrágicas infecciosas virais nos países da zona tropical úmida
    Considerações finais
    Referências bibliográficas

CAPÍTULO 1

INOVAÇÃO SOCIAL E SUSTENTABILIDADE

Ladislau Dowbor

RESUMO

Não há mais como negar, hoje, a amplitude dos desafios que enfrentamos. Um dos resultados indiretos das tecnologias da informação e da comunicação, aliadas à expansão das pesquisas em todos os níveis, é que emerge com clareza o tamanho dos impasses. Não se trata de discursos acadêmicos ou de empolamentos políticos. São dados, nus e crus, e já bastante confiáveis, sobre processos que nos atingem a todos. Gradualmente, aquela atitude de lermos no jornal as desgraças do mundo, e suspirar sobre coisas tristes mas distantes, vai sendo substituída pela compreensão de que se trata de nós mesmos, dos nossos filhos, e que a responsabilidade é de cada um de nós. Uma amostra dos relatórios internacionais mais recentes deixa a situação clara.

INTRODUÇÃO

O aquecimento global está na ordem do dia. Não há dúvida de que, com freqüência, a mídia se apropria das notícias científicas para um alarmismo mais centrado na venda da notícia e da publicidade do que propriamente para informar o cidadão. Mas indo diretamente à fonte, vemos no "IV Relatório do Painel Intergovernamental sobre Mudanças Climáticas" que "o aquecimento do sistema climático é inequívoco, como se tornou agora evidente a partir de observações do aumento das temperaturas médias globais do ar e dos oceanos, derretimento generalizado da neve e do gelo, e elevação global do nível médio do mar".[1]

[1] IPCC – Summary for Policymakers – Climate Change 2007: The physical Science Basis, p. 5 – www.ipcc.ch/spm2feb07.pdf.

Não é o caso aqui de entrar em detalhes técnicos. O aquecimento global, particularmente graças à ampla divulgação do filme "Uma Verdade Inconveniente", de Al Gore, tornou-se presente pela primeira vez para a massa da população razoavelmente informada. Os dados científicos saem aos poucos dos laboratórios, penetram entre os formadores de opinião e sobem gradualmente para o nível de quem toma decisões nos governos e nas grandes empresas. Nesse nível, gera-se gradualmente uma tensão entre os que tomaram consciência dos desafios e os que se satisfazem com o chamado *business as usual*, expressão que, entre nós, pode ser traduzida pelo popular *empurrar com a barriga*.

A conta do aquecimento global

A lentidão na mudança de comportamentos no nível das estruturas de poder tem seus custos. Nicholas Stern, que foi economista-chefe do Banco Mundial e, portanto, é pouco propenso a extremismos ecológicos, foi encarregado pelo governo Blair de fazer as contas. As contas do Relatório Stern referem-se aos dados climáticos mais confiáveis, que ele utiliza para avaliar o impacto propriamente econômico: o que acontecerá, em termos de custos, ao se verificarem as projeções climáticas já razoavelmente seguras, calculando-se os impactos mais prováveis, sem desconhecer o grau inevitável de incerteza. Trata-se da primeira avaliação abrangente da "conta climática".

O Relatório está tendo um grande impacto mundial, pois veio justamente preencher essa grande necessidade, por parte de pessoas de bom senso e não especializadas, de entender os pontos centrais da questão. A análise dos dados, segundo Stern, "leva a uma conclusão simples: os benefícios de uma ação forte e precoce ultrapassam consideravelmente os custos. Nossas ações nas próximas décadas poderiam criar riscos de ampla desarticulação da atividade econômica e social, mais tarde neste século e no próximo, numa escala semelhante à que está associada às grandes guerras e à depressão econômica da primeira metade do século XX. E será difícil ou impossível reverter essas mudanças".

Os mecanismos de mercado são simplesmente insuficientes, pois em termos de mercado sai mais barato gastar o petróleo que já está pronto no subsolo, queimar a cana no campo e encher nossas cidades de carros. E os dois principais prejudicados do processo, a natureza e as próximas gerações, são interlocutores silenciosos. A visão sistêmica e de longo prazo se impõe, e isso implica mecanismos de decisão e de gestão que vão além do interesse microeconômico imediato. Nesse ponto, Stern é direto em suas afirmações: "A mudança climática apresenta um desafio único à ciência econômica: trata-se da maior e mais abrangente falência do mercado já vista".² É uma declaração forte que marca a evolução geral das opiniões sobre nossos processos decisórios por parte de especialistas que pertencem ao próprio sistema, e não mais apenas de críticos externos.

Desigualdade de renda

Outro eixo dramático de transformação está na realidade social que enfrentamos. A ONU realizou, 10 anos após o *"Social Summit"* de Copenhague, um balanço da situação no planeta. A apresentação vai muito além do conceito de pobreza, envolvendo amplamente "indicadores não-econômicos de desigualdade".³

No plano da desigualdade econômica, o resultado é que "as análises dos padrões de desigualdade sugerem que a desigualdade de renda e consumo entre países se manteve relativamente estável durante os últimos 50 anos", o que, em si, é impressionante, em face dos imensos avanços nos meios técnicos disponíveis nesse período. Sem dúvida, houve um avanço na situação da parte mais pobre da população. No entanto, "aprofundando a análise, a imagem que emerge não é tão positiva. Primeiro, a maior parte da melhoria na distribuição de renda no mundo pode ser explicada pelo rápido crescimento econômico da China e, em menor proporção, da Índia, com boa parte da mudança refletindo os ganhos dos segmentos mais pobres da sociedade à custa dos grupos de renda média nesses dois países. Segundo, a participação dos 10% mais ricos da população mundial aumentou de 51,6% para 53,4% do total da renda mundial. Terceiro, quando tiramos a China e a Índia da análise, os dados disponíveis apontam um aumento da desigualdade de renda devido ao efeito combinado de disparidades mais elevadas de renda dentro dos países e do efeito distributivo adverso do aumento mais rápido da população nos países mais pobres. Quarto, o 'gap' de renda entre os países mais ricos e os mais pobres aumentou nas décadas recentes" (ONU, *The Inequality Predicament: report on the world social situation 2005*, p. 44).

A desigualdade de renda interna dos países diminuiu durante as décadas de 1950, 1960 e 1970 na maior parte das economias desenvolvidas, em desenvolvimento e de planejamento central. Desde a década de 1980, contudo, esse

---

² No original ingles, "Climate change presents a unique challenge for economics: it is the greatest and widest-ranging market failure ever seen". Nicholas Stern. *The Economics of Climate Change*, out. 2006, http://www.hm-treasury.gov.uk/media/8AC/F7/Executive_Summary.pdf.
³ ONU. *The Inequality Predicament: report on the world social situation 2005*. Department of Economic and Social Affairs – UN, New York, 2005 http://www.ilo.org/public/english/region/ampro/cinterfor/news/inf_05.htm.

declínio se tornou mais lento ou se estabilizou, e dentro de inúmeros países a desigualdade está crescendo de novo. É igualmente novo o crescimento da desigualdade em países desenvolvidos: "Um estudo da evolução da desigualdade econômica em nove países da OCDE confirma em geral a visão de que ocorreu um deslocamento significativo na distribuição de renda em todos os países analisados, com a possível exceção do Canadá" (ONU, *The Inequality Predicament: report on the world social situation 2005*, p. 48).

A América Latina continua bem representada: "Uma característica que distingue o padrão de desigualdade interna na América Latina das outras regiões é a participação dos 10% das famílias mais ricas na renda total. [...] O fosso mais profundo situa-se no Brasil, onde a renda *per capita* dos 10% mais ricos da população é 32 vezes a dos 40% mais pobres. Os níveis mais baixos de desigualdade de renda na região podem ser encontrados no Uruguai e na Costa Rica, países onde as respectivas rendas *per capita* dos 10% mais ricos são 8,8 e 12,6 vezes mais elevadas do que as dos 40% mais pobres" (ONU, *The Inequality Predicament: report on the world social situation 2005*, p. 50).

Onde progressos foram constatados, isso se deu graças a programas de combate à pobreza: "No nível global, um progresso considerável foi feito na redução da pobreza durante as últimas duas décadas, em grande parte como resultado de programas e políticas antipobreza mais focados [...] Os avanços feitos na China e na Índia contribuíram substancialmente para uma imagem positiva no nível global. Como esses dois países representam 38% da população mundial, a rápida expansão de suas economias levou a uma redução significativa do número de pessoas que vivem em pobreza absoluta no mundo; entre 1990 e 2000, esse número baixou de 1,2 bilhão para 1,1 bilhão. Na China, a proporção de pessoas vivendo com menos de US$2 por dia caiu de 88% para 47% entre 1981 e 2001, e o número de pessoas que vivem com menos de US$1 por dia caiu de 634 milhões para 212 milhões. Na Índia, a proporção dos que vivem com menos de US$2 por dia baixou de 90% para 80%, e o número dos que vivem em extrema pobreza baixou de 382 para 359 milhões" (ONU, *The Inequality Predicament: report on the world social situation 2005*, p. 51). O impacto positivo principal, portanto, deve-se claramente à China e, no conjunto, a imensidão do drama se mantém.

Aqui, nosso interesse principal não está apenas nas cifras e nos respectivos dramas, mas no fato de que elas representam claramente a necessidade de intervenções positivas, organizadas, a fim de enfrentar a pobreza. E, como a desigualdade constitui o principal problema hoje, ao lado da destruição do meio ambiente, temos de concentrar esforços muito mais amplos na compreensão das políticas ativas de combate à pobreza e de resgate da sustentabilidade.

Um segundo ponto é que não basta olhar para os mecanismos econômicos, pois a desigualdade constitui um processo muito mais amplo. "Talvez ainda mais importante do que os crescentes níveis de pobreza seja a emergência e o encrustamento (*entrenchment*) de novos padrões de pobreza em numerosos países. Mudanças dignas de nota incluem uma tendência crescente para a rotação das pessoas para dentro e para fora da pobreza, um aumento da pobreza urbana e a estagnação na pobreza rural, bem como o aumento na proporção de trabalhadores informais entre os pobres urbanos e em grande número dos pobres desempregados. [...] De todas as desigualdades dentro e entre nações, a impossibilidade de uma parcela crescente da população do mundo que busca emprego de encontrá-lo constitui talvez o fato de implicações mais profundas" (ONU, *The Inequality Predicament: report on the world social situation 2005*, pp. 54-55).

Não só precisamos olhar para as dinâmicas sociais de maneira mais ampla, como temos de voltar a dar uma importância central para a organização de processos decisórios participativos: "A agenda do *trabalho decente* visa enfrentar numerosos desafios que surgem da globalização, inclusive a perda de emprego, a distribuição inequitável dos benefícios e a desorganização (*disruption*) causada na vida de tantas pessoas. Responder a esses desafios exigirá a participação de atores em todos os níveis" (ONU, *The Inequality Predicament: report on the world social situation 2005*, p. 58).

Assim, a agenda nos conduz à elaboração de propostas políticas proativas e à intervenção organizada dos diversos segmentos sociais, enfrentando as duas principais macrotendências do sistema – a deterioração ambiental e a desigualdade, aliás fortemente articuladas.

A quem pertence o planeta?

A pesquisa do WIDER (World Institute for Development Economics Research), da Universidade das Nações Unidas, aponta para outro drama, que é o da concentração de riqueza acumulada. Na realidade, as duas metodologias estão vinculadas, pois a renda maior dos mais ricos permite que acumulem mais propriedades, tenham mais aplicações financeiras, enquanto os pobres ficam estagnados. Assim, a riqueza acumulada ("*net worth: the value of physical and financial assets less debts*", o que equivale ao que o relatório define como "*a comprehensive concept of household wealth*"), ou patrimônio familiar acumulado, tende a polarizar ainda mais a sociedade, e leva em particular à formação de gigantescas fortunas que pouco têm a ver com a contribuição que essas pessoas ou famílias deram para a produção da riqueza social.[4]

[4] James Davies, Susana Sandström, Anthony Shorrocks, and Edward N. Wolff. *The Global Distribution of Household Wealth*, 2006, II. www.Wider.unu.edu/newsletter/newsletter.

A acumulação de riqueza dentro dos países reforça naturalmente a mesma tendência, pois famílias mais ricas tendam a poder acumular mais patrimônio. Portanto, o fosso interno dos países agrava-se: "A parte dos 10% mais ricos varia de 40% na China a 70% e mais nos Estados Unidos e alguns outros países [...] Nossos resultados mostram que o decil superior de riqueza era dono de 85% da riqueza global no ano 2000. Os 2% de adultos mais ricos do mundo tinham mais da metade da riqueza global, e o 1% mais rico detinha 40% de toda a riqueza familiar. Em contraste, a metade de baixo da população adulta mundial detinha meramente 1% da riqueza global. O valor Gini para a riqueza global foi estimado em 89, sendo que o mesmo valor Gini seria obtido se US$100 fossem distribuídos entre 100 pessoas, de tal maneira que uma pessoa recebesse US$90, e os 99 restantes, US$0,10 cada."

A riqueza familiar acumulada é estimada em US$125 trilhões para o ano 2000, equivalendo a US$144 mil por pessoa nos Estados Unidos, US$181 mil no Japão, US$1.100 na Índia, US$1.400 na Indonésia, o que dá uma dimensão desse outro tipo de polarização.

Curiosamente, quando se fala em distribuição de renda, em imposto sobre fortunas, em imposto sobre herança, a mídia se refere a populismo e demagogia. Não ver os dramas que se avolumam com as dinâmicas atuais é ser perigosamente cego.

Os deixados por conta da globalização

O IFC (International Finance Corporation) do Banco Mundial analisa a concentração da renda e da riqueza pelo prisma do potencial empresarial. Tradicionalmente, o Banco Mundial apresenta os dados que se referem aos pobres avaliando a dimensão do drama. São os dados que nos dizem, por exemplo, que, na virada do século, tínhamos 2,8 bilhões de pessoas com menos de US$2 por dia para viver, das quais 1,2 bilhão com menos de US$1. No presente estudo, avalia-se a imensa massa dos "mal inseridos" no desenvolvimento econômico do planeta, e busca-se a forma de gerar oportunidades. Trata-se dos 4 bilhões de pessoas cuja renda *per capita* está abaixo de US$3 mil por ano, e que representam um mercado de US$5 trilhões. Não se fala mais em tragédia social, mas em oportunidades econômicas.[5]

"Os 4 bilhões de pessoas na base da pirâmide econômica (Base Of the Pyramid – BOP), todos aqueles cuja renda é inferior a US$3 mil em poder de compra local, vivem em relativa pobreza. Sua renda em dólares correntes dos

---

[5] IFC (International Finance Corporation). *The next 4 billion: market size and business strategy at the base of the pyramid.* Banco Mundial, Executive Summary, 2007, 11 p. http://www.wri.org/business/pubs_description.cfm?pid=4142

Estados Unidos é inferior a US$3,35 por dia no Brasil, US$2,11 na China, US$1,89 em Ghana e US$1,56 na Índia. No entanto, juntos, eles têm uma capacidade de compra significativa: a base da pirâmide constitui um mercado consumidor de US$5 trilhões."

O enfoque já gerou um entusiasmo passageiro com os estudos de De Soto sobre a capitalização dos pobres dando-lhes títulos de propriedade, e navega hoje nas visões de Prahalad sobre a possibilidade de se transformar os pobres se não em empresários, pelo menos em consumidores.

Para nós que buscamos a inclusão produtiva dessa imensa massa da população mundial, no entanto, os dados apresentados, com a força de penetração das visões do banco, não deixam de ser interessantes, ao explicitarem a constatação de que a imensa maioria da população mundial está ficando fora do chamado progresso. Na realidade, o mundo corporativo está gerando muito mais do que pobreza; está reduzindo a capacidade dessa população de se apropriar de seu desenvolvimento. Trata-se da exclusão econômica de mais de dois terços da população mundial. Segundo o relatório, *"the BOP population segments for the most part are not integrated into the global market economy and do not benefit from it"* (os segmentos de "base da pirâmide" da população, em sua maior parte, não estão integrados na economia de mercado global e dela não tiram proveito). Aparentemente, a ironia do fato de se qualificarem 4 bilhões de pessoas de "segmentos da população", quando se trata de quase dois terços da população mundial, escapou aos autores do relatório.[6]

O estudo confirma também que há uma consciência crescente da necessidade de se gerar um ambiente propício à inclusão produtiva desse "andar de baixo" da economia: *"There is growing recognition of the importance of removing barriers to small and medium-size businesses and a growing toolbox for moving firms into the formal economy and creating more efficient markets"* ("Há um reconhecimento crescente da importância de se removerem barrreiras à pequena e à média empresa, e uma gama mais ampla de ferramentas para levar as empresas à economia formal e no sentido de gerar mercados mais eficientes").

Aqui, portanto, a filosofia consiste em criar um *"bottom-up market approach"*, literalmente um capitalismo vindo de baixo. O que é óbvio, na verdade, é que o "capitalismo de cima" gera tendências inversas. A plantação de soja

---

[6] *"BOP markets are often rural – especially in rapidly growing Asia – very poorly serviced, dominated by the informal economy, and, as a result, relatively inefficient and uncompetitive. Yet these markets represent a substantial share of the world's population. Data from national household surveys in 110 countries show that the BOP makes up 72% of the 5.575 million people recorded by the surveys and an overwhelming majority of the population in Africa, Asia, Eastern Europe, and Latin America and the Caribbean – home to nearly all the BOP".* Segundo relatório, isto é ruim para todos: *"That these substantial markets remain underserved is to the detriment of the BOP households. Business is also missing out."*

utiliza 1 trabalhador por 200 hectares de plantio; a pesca industrial oceânica está reduzindo à miséria mais de 300 milhões de pessoas que vêem desaparecer o peixe nas regiões costeiras que sustentavam a pesca tradicional; a especulação financeira está descapitalizando as comunidades, o abuso do registro de patentes para tudo e qualquer coisa (97% pertencem a países ricos) trava cada vez mais as iniciativas locais de criação de valor. A Coca-Cola na Índia lançou garrafas pequenas cujo preço corresponde ao valor de uma moeda: trocar as últimas moedas dos pobres por Coca-Cola foi apresentado como "inclusão comercial". Estamos aqui muito longe da sabedoria e eficiência do Grameen Bank, de Yunus.

Mas o documento é importante, pois mostra indiretamente o grau de tensões que o sistema está gerando no planeta e a necessidade de processos alternativos. A idéia de que "outro mundo é possível" não se apóia apenas numa visão mais humana e em ideais sociais: trata-se cada vez mais de uma condição necessária de nossa viabilidade econômica.

Dinâmicas convergentes

Um último enfoque que vale a pena citar em nossa apreciação fria e realista das dificuldades em que nos metemos é a análise de como os dramas ambientais e sociais se articulam. O estudo de Thomas Homer-Dixon, cientista político canadense, organiza os diversos relatórios e informes setoriais, e apresenta uma visão de conjunto muito bem documentada. A idéia forte que o autor demonstra com clareza é que as grandes ameaças estruturais convergem e se tornam sinérgicas.[7]

A prosperidade artificial e o consumo predatório que a concentração de renda e de riqueza familiar permite no pólo rico do planeta geram uma pressão mundial por consumo e estilo de vida semelhantes. Homer-Dixon cruza os dados das polarizações econômicas com a evolução da pressão demográfica. Hoje, temos 6,4 bilhões de pessoas no mundo, aumentando num ritmo de cerca de 75 milhões a cada ano, e com um perfil de consumo crescentemente surrealista, nas duas pontas, na escassez e nos excessos, na desnutrição e na obesidade. Cerca de dois terços do crescimento populacional se dão na área da miséria. Não estamos mais na era das populações pobres e isoladas. O planeta é um só, encolhendo dia-a-dia, e os pobres sabem que são pobres.

O modelo de consumo do planeta é o dos ricos. Por que razão todos os chineses e todos os indianos não teriam o direito a possuir também cada qual seu carro? A pressão coletiva que resulta é desastrosa, simplesmente porque os

---

[7] Thomas Homer-Dixon – *The Upside of Down* – Island Press, Washington, 2006, 426 p.

ricos se dotaram de um perfil de consumo cuja generalização é inviável. Essa política se traduz em pressão sobre recursos não-renováveis que o planeta não pode suportar. Os dados sobre o esgotamento da vida nos mares, a erosão dos solos, a redução das reservas de água doce nos lençóis freáticos, a destruição acelerada da biodiversidade, o desmatamento e outros processos estão hoje sendo acompanhados em detalhe, numa demonstração impressionante do que podemos chamar de capacidade técnica e impotência política, pois todos vemos as coisas acontecerem, e ficamos passivos, pois não há correspondência entre os mecanismos políticos e a realidade que temos de enfrentar, entre a dimensão dos desafios e os mecanismos de gestão.

As dinâmicas atuais sobrevivem temporariamente apoiando-se numa matriz energética que sabemos ser insustentável. Nossa pequena espaçonave Terra veio com tanques de combustível – o petróleo – que se acumularam durante milhões de anos, e que teremos liquidado em menos de 200. Consideramos normal mobilizarmos um carro de 2 toneladas para levar nosso corpo de 70 quilos para postar no correio uma carta de 20 gramas. O *homo economicus* do século XXI joga em nossas cidades modernas cerca de 1 quilo de produtos no lixo por dia, e ainda paga por essa remoção. Não nos damos conta do desperdício. Todos nós sabemos que vivemos um sistema insustentável a prazo, conhecemos a dimensão dos impasses e simplesmente esperamos que surjam tecnologias milagrosas que abram novos caminhos na última hora. E que alternativa resta ao cidadão? Se não tiver carro, nas dinâmicas ditas modernas, como sobreviverá? E alguém vai eleger um político que assume que vai aumentar o preço dos combustíveis? Essa lógica vale também para as reservas de água doce, a vida nos mares e assim por diante.

Pessimismo? Não, apenas bom senso e informação organizada. Os desafios principais do planeta não consistem em inventar um chip mais veloz ou uma arma mais eficiente, mas sim em nos dotar de formas de organização social que permitam ao cidadão ter impacto sobre o que realmente importa, em gerar processos de decisão mais racionais. Com a globalização, o processo se agravou. As decisões estratégicas sobre para onde caminhamos como sociedade passaram a pertencer a instâncias distantes. As reuniões dos que mandam, em Davos, lembram vagamente as reuniões de príncipes brilhantes e inconscientes na Viena do século XIX. A ONU carrega uma herança surrealista, em que qualquer ilhota do Pacífico com status de nação tem um voto, tal como a Índia que tem um sexto da população mundial. As grandes empresas transnacionais tomam decisões financeiras, fazem opções tecnológicas ou provocam dinâmicas de consumo que afetam a humanidade, sem que ninguém tenha como influenciá-las. Democracia econômica ainda é uma noção distante. Somos cidadãos, mas a realidade nos escapa.

Pensar de maneira inovadora sobre os processos decisórios que regem o planeta e nosso cotidiano não é mais uma questão de estar à esquerda e protestando, ou à direita e satisfeito: é uma questão de bom senso e de elementar inteligência humana.

A economia do desperdício

O balanço da situação que acabamos de fazer é importante. Claramente, precisamos inovar, e as instituições que se adiantarem, demonstrando ousadia e capacidade de repensar os processos decisórios e as dinâmicas institucionais, colherão frutos. Não são dados gerais distantes de nossa realidade. Os dois dramas, o social e o ambiental, balizam precisamente as inovações sociais que temos de empreender, pois é em função delas que temos de trabalhar.

Partir da análise dos desperdícios e da subutilização de fatores, como sugere Ignacy Sachs, não constitui apenas uma visão crítica, pois aponta justamente para o processo de reequilíbrio necessário.

O desperdício da capacidade de trabalho

A mão-de-obra constitui o primeiro fator óbvio de desperdício. Tomando o ano de 2004 como referência, temos 180 milhões de habitantes. Destes, 121 milhões estão em idade ativa, entre 15 e 64 anos, pelo critério internacional. Na população economicamente ativa, temos 93 milhões de pessoas, o que já aponta para uma subutilização significativa. As estatísticas do emprego, por sua vez, mostram que temos, neste ano, apenas 27 milhões de pessoas formalmente empregadas no setor privado, com carteira assinada. Podemos acrescentar os 7 milhões de funcionários públicos do país, e chegamos a 34 milhões. Ainda assim, estamos longe da conta. O que fazem os outros? Temos empresários, sem dúvida, bem como uma massa classificada como "autônomos", cerca de 15 milhões de desempregados, e uma ampla massa classificada no conceito vago de "informais", avaliados pelo IPEA em 51% da PEA. O estudo sublinha que "a existência dessa parcela de trabalhadores à margem do sistema não pode em nenhuma hipótese ser encarada como uma solução para o mercado" (IPEA, p. 346). Essa "parcela" representa a metade do país.[8]

---

[8] IPEA. *Brasil, o estado de uma nação: mercado de trabalho, emprego e informalidade*. Ipea, Rio de Janeiro, 2006. "Na sua expressão mais direta, o setor informal é encarado como gerador de empregos de baixa qualidade e remuneração, ineficiências e custos econômicos adicionais, constituindo uma distorção a ser combatida... Em 1992, o percentual da informalidade era de 51,9%, atingiu 53,9% em 1998, voltando a 51,7% em 2003 e caindo para 51,2% em 2004" (p. 337 e 339).

O fato essencial para nós é que o modelo atual subutiliza a metade da capacidade produtiva do país. E imaginar que o crescimento centrado em empresas transnacionais, grandes extensões de soja (200 hectares para gerar um emprego) ou ainda numa hipotética expansão do emprego público permitirão absorver essa mão-de-obra não é realista. Evoluir para formas alternativas de organização torna-se simplesmente necessário.[9]

Assim, o drama da desigualdade que vimos não constitui apenas um problema de distribuição mais justo da renda e da riqueza: envolve a inclusão produtiva decente da maioria da população desempregada, subempregada ou encurralada nos diversos tipos de atividades informais.

O desperdício de recursos financeiros

Muitos dizem que não há recursos para empregar essa gente. Tomando um exemplo prático, as estimativas tanto da OMS como do SUS indicam que um real gasto em saneamento básico permite reduzir os gastos entre R$4 e R$5. Ou seja, são atividades que não absorvem recursos; pelo contrário, elas os liberam e multiplicam. Dizer que não há dinheiro para ações que economizam dinheiro é real mas absurdo. A ponte entre os dois momentos se faz por meio do crédito, mobilizando, de forma produtiva, a poupança dos que têm excedentes em proveito de quem tem iniciativas a financiar.

A ANEFAC realiza periodicamente uma pesquisa de juros. As taxas de juros não são coisas de especialista. Basta comparar o quanto as instituições de intermediação financeira remuneram nossas poupanças, e o quanto cobram quando precisamos de crédito. O estudo é da Associação Nacional de Executivos em Finanças, Administração e Contabilidade; portanto, trata-se de pessoas comedidas. Mas os dados não são nada comedidos.[10]

A taxa de juros média geral para pessoa física em fevereiro de 2007 é de 7,38% ao mês, ou seja, 135,1% ao ano. A taxa de juros média geral para pessoa jurídica no mesmo período é de 4,19% ao mês, ou seja, 63,65% ao ano. O estudo lembra que a taxa básica de juros Selic foi reduzida de 19,75%, em setembro de 2005, para 13% em fevereiro de 2007. No mesmo período, a taxa de juros média para pessoa física foi reduzida em 6,11 pontos percentuais (de 141,12% ao ano, em setembro de 2005, para 135,01% ao ano em fevereiro de

---

[9] A esse respeito, ver nosso *O que acontece com o trabalho*. 3 ed. Atualizada. São Paulo: Editora Senac, 2006.
[10] ANEFAC – *Pesquisa de juros fevereiro de 2007* – Associação Nacional de Executivos de Finanças, Administração e Contabilidade, fevereiro de 2007, 15 p., disponível em www.anefac.com.br, veja sob "Pesquisa de Juros". O Akatu, ONG que pesquisa e divulga formas mais racionais de consumo, editou uma interessante cartilha sobre como se relacionar com o crédito. Veja em www.akatu.org.br.

2007). Para pessoa jurídica, a redução foi de 4,58% percentuais (de 68,23% ao ano, em setembro de 2005, para 63,65% ao ano, em fevereiro de 2007).

Alguns dados mais: a taxa de juros do comércio em fevereiro de 2007 é de 6,02% ao mês (101,68% ao ano). No cartão de crédito, a taxa é de 10,25% ao mês (222,51% ao ano). No cheque especial, a taxa é de 7,88 ao mês (148,48% ao ano). O empréstimo pessoal nos bancos ficou em 88,40% ao ano, e nas financeiras, 265,67% ao ano.

O documento da ANEFAC é elaborado com cuidado, apresentando em detalhes a metodologia, os diversos tipos de juros, os tipos de instituições de intermediação financeira, o tipo de tomador e assim por diante. No conjunto, o fato é que houve queda muito significativa da taxa básica fixada pelo governo, mas as variações nos juros para tomadores finais são ridículas. Ainda assim, o volume de crédito está se expandindo, mas a custos absolutamente indecentes para os tomadores.[11]

O estudo lembra ainda que "as taxas de juros são livres e as mesmas são estipuladas pela própria instituição financeira, não existindo, assim, qualquer controle de preços ou tetos pelos valores cobrados" (ANEFAC, p. 13). O estudo recomenda que os tomadores pesquisem a taxa de juros e "demais acréscimos", pois haveria "expressivas variações" entre as diversas instituições financeiras. Na realidade, as "expressivas variações" referem-se a diferenças ridículas quando consideramos os números e os comparamos com as taxas praticadas no resto do mundo. Não há como não sentir que, com a cartelização do setor, não temos escolha. E, quando não há escolha, não estamos mais enfrentando intermediários financeiros, e sim atravessadores.

Nas recomendações, a situação real transparece: "Se possível, adie suas compras para juntar o dinheiro e comprar o mesmo à vista, evitando os juros." O fecho é filosófico, e resume o que enfrentamos: "O crédito foi feito para você realizar seus sonhos, não para tirar seu sono." Na realidade, profissionais da área recomendarem que não utilizemos o crédito constitui uma ironia, pois os intermediários financeiros trabalham com dinheiro que é do público, e precisam, por isso, de uma carta patente do Banco Central para funcionar. A generalização da figura do pedágio financeiro reduz drasticamente a capacidade de todos os outros agentes dinamizarem atividades econômicas, gerando outra área de imensa subutilização de fatores.

Em outros termos, a desigualdade aqui não é apenas uma herança: trata-se de um processo em curso, em que o sistema de intermediação financeira

---

[11] O volume de crédito relativamente ao PIB é da ordem de 35% em 2007, cerca de metade do volume relativo de países mais desenvolvidos. Trabalhar com um volume baixo de crédito e com taxas de juros muito altas é característico de processos cartelizados.

permite a descapitalização das empresas, das comunidades e das famílias, gerando lucros absolutamente indecentes no restrito clube de intermediários financeiros e de grandes aplicadores, e reforçando os desequilíbrios que temos de corrigir.[12]

O desperdício dos conhecimentos tecnológicos

Um terceiro eixo de subutilização de fatores está ligado às tecnologias. Sabemos que estamos em plena revolução tecnológica, que a economia do conhecimento está despontando e que, portanto, o acesso à informação e à tecnologia tornou-se essencial ao desenvolvimento de qualquer atividade moderna.

Joseph Stiglitz é outro especialista insuspeito de qualquer extremismo. Mas, frente à corrida histórica por trancar todo e qualquer conhecimento por meio de patentes, copyrights, regulamentações do TRIPs e proteção de direitos intelectuais em geral, ele constata que estamos dificultando o acesso a informações que são de utilidade geral. A importância da tomada de posição de Stiglitz vem do fato de sua condição de ex-economista chefe da Casa Branca e do Banco Mundial, de prêmio "Nobel" de Economia e da visibilidade que seu posicionamento tem nesse debate. Numa era caracterizada pela centralidade do conhecimento nos processos econômicos, temos patentes que imobilizam áreas por 20 anos, copyrights que duram mais de 70 anos, prazos que, dado o ritmo das inovações, constituem autênticos monopólios e geram outro tipo de pedágio.[13]

"A inovação, escreve Stiglitz, está no coração do sucesso de uma economia moderna. A questão é como melhor promovê-la. O mundo desenvolvido arquitetou cuidadosamente leis que dão aos inovadores um direito exclusivo às suas inovações e aos lucros que delas fluem. Mas a que preço? Há um sentimento crescente de que algo está errado com o sistema que governa a propriedade intelectual. O receio é que o foco nos lucros para as corporações ricas represente uma sentença de morte para os muito pobres no mundo em desenvolvimento."

Por exemplo, explica Stiglitz, "isto é particularmente verdadeiro quando patentes tomam o que era previamente de domínio público e o 'privatizam' – o que os juristas da Propriedade Intelectual têm chamado de novo 'enclosu-

---

[12] No primeiro trimestre de 2007, o Itaú apresentou um lucro líquido de R$1,9 bilhão, o Bradesco de R$1,7 bilhão.
[13] Joseph Stiglitz. "Patentes ajudam ou atrapalham a pesquisa?", *New Scientist*, 16 de setembro de 2006, p. 20. In: www.newscientist.com; para uma visão técnica do processo, ver Lawrence Lessig, *The Future of Ideas*. New York: Random House, 2001.

re movement'. Patentes sobre o arroz basmati (que os indianos pensavam conhecer havia centenas de anos) ou sobre as propriedades curativas do *turmeric* (gengibre) constituem bons exemplos".

Segundo o autor, "os países em desenvolvimento são mais pobres não só porque têm menos recursos, mas porque há um hiato em conhecimento. Por isso, o acesso ao conhecimento é tão importante. Mas, ao reforçar o controle (*stranglehold*) sobre a propriedade intelectual, as regras de PI (chamadas TRIPs), do Acordo de Uruguay reduziram o acesso ao conhecimento por parte dos países em desenvolvimento. O TRIPs impôs um sistema que não foi desenhado de maneira ótima para um país industrial avançado, mas mostrou-se ainda menos adequado para um país pobre. Eu era membro do Conselho Econômico do presidente Clinton na época em que a negociação do *Uruguay Round* se completava. Nós e o Office of Science and Technology Policy nos opúnhamos ao TRIPs. Achávamos que era ruim para a ciência americana, ruim para o mundo da ciência, ruim para os países em desenvolvimento".

É uma tomada de posição importante nesta época, em que é de bom tom respeitar a propriedade intelectual, quando estamos essencialmente respeitando sua monopolização. Precisamos de regras mais flexíveis e mais inteligentes, e sobretudo reduzir os prazos absurdos de décadas que extrapolam radicalmente o tempo necessário para uma empresa recuperar seus investimentos sobre novas tecnologias. Quanto a patentear bens naturais de países pobres para, em seguida, cobrar royalties sobre produções tradicionais, isso já é simplesmente pirataria. E os piratas, nesse caso, são corporações que se pretendem respeitáveis.

O resultado prático é que perdemos a capacidade de aproveitar os imensos avanços do conhecimento que as novas tecnologias permitem, pagando pedágios desnecessários em cascata sobre avanços que, em geral, são obra de um processo social até que uma grande empresa compre os direitos. Trata-se aqui de mais um fator de concentração de renda e de riqueza, e de reprodução das dinâmicas diretamente ligadas à problemática ambiental: as pessoas esquecem, por exemplo, que, por falta de outros recursos, quase a metade da população mundial ainda cozinha com lenha. No curto prazo, os pedágios cobrados sobre o conhecimento geram lucros para as grandes empresas. No médio prazo, no entanto, estaremos todos em dificuldades.[14]

---

[14] Não há como não lembrar aqui do livro de Ha-Joon Chang, *Chutando a Escada*, que mostra que todos os países hoje desenvolvidos copiaram sem nenhuma vergonha uns dos outros. O que seria do Japão e da Coréia do Sul, por exemplo, se todos os "direitos" tivessem sido respeitados?

Os desperdícios por má gestão

Outro nível de subutilização dos fatores manifesta-se sob a forma de desperdício organizacional. O FMI publica um estudo no sentido de se "cair na real" relativamente ao financiamento da saúde, o que constitui um bom exemplo para o nosso argumento. Às vezes, é bastante útil acompanhar publicações do FMI, pois são insuspeitas de qualquer visão progressista.[15]

Os dados são duros. Primeiro, o artigo lembra que já passamos de 25 milhões de mortes provocadas pela AIDS. Como vão morrendo permanentemente, nenhuma manchete aparece. Mas as perdas de capacidade de trabalho, por simples redução da população ativa, bem como os sobrecustos de tratamentos e hospitalizações, são imensos. Assim, o desequilíbrio entre os avanços da produção comercial e os atrasos nas políticas sociais gera altos custos para a sociedade como um todo.[16]

O capítulo lembra que, "globalmente, morrem cinco mil pessoas por dia de tuberculose, apesar de ela ser passível de tratamento e de prevenção... A realidade é que os países em desenvolvimento continuam a fazer face a 90% da carga global das doenças, mas contam com apenas 12% do gasto global com saúde". Isso, traduzido em gastos por pessoa, resulta no seguinte: "O gasto total *per capita* é de US$22 em países de baixa renda, e acima de US$3 mil nos países de alta renda." O quadro é impressionante:

Países de:	PIB per capita	Saúde per capita	Saúde sobre PIB	Parte pública
Baixa Renda	481	22	4,6%	31,2%
Renda média baixa	1.659	97	5,6%	43,6%
Renda média alta	5.596	341	6,4%	55,6%
Alta renda	30.811	3.466	10,7%	64,8%
Média mundial	5.989	602	6%	42,9%

Fonte: Extraído da Tabela 1 do artigo mencionado anteriormente

[15] Schieber, George, Lisa Fleisher e Pablo Gottret. *Getting Real on Health Financing*, Finance and Development, publicação do Fundo Monetário Internacional, dezembro de 2007. http://www.imf.org/external/pubs/ft/fandd/2006/12/schieber.htm

[16] É interessante pensar o que aconteceria se tivesse morrido esse número de americanos. Nas torres de Nova York, morreram 3.800 pessoas. Não é o caso de minimizar a tragédia. Mas é bom fazermos um paralelo. O poema do português Fernando Pina é significativo:

"É muito mais doente um alemão com gripe
que um indiano com lepra.
Sofre muito mais uma americana com caspa
que uma iraquiana sem leite para os filhos."

Alguns comentários: para já, os US$5.989 de bens e serviços produzidos por pessoa no mundo seriam amplamente suficientes para uma vida confortável e digna para todos. Alguns claramente são mais dignos que os outros. A distribuição mundial que aparece na primeira coluna é patética. Na segunda coluna, vemos que há uma correlação inversa rigorosa entre quem mais precisa de apoio de saúde, pois é mais atingido, e quem com ela mais gasta. A terceira coluna mostra o peso impressionante que a saúde atingiu (trata-se, aqui, dos gastos totais com saúde, privados e públicos), 6% no nível mundial e quase 11% do PIB dos países ricos.

Na última coluna, uma visão particularmente interessante: quanto mais ricos os países, maior a participação do setor público nos gastos totais de saúde. A progressão acompanha rigorosamente a renda. A recomendação que resulta é prática: "*Countries should also build up their ability to raise money through taxes*" (Os países deveriam incrementar sua capacidade de levantar dinheiro por meio de impostos.) Coloquei no original porque não é todo dia que lemos isso em fontes do FMI. A visão é correta: é preciso, sim, desenvolver o setor público, e lutar por maior eficiência nos gastos, modernizando e democratizando a gestão.

A tabela a seguir é igualmente interessante, pois mostra justamente que, quanto mais pobre o país, mais fraca é a base financeira pública: nos países de renda baixa, a parte do PIB que cabe ao governo central é de 17,7%, elevando-se numa progressão regular à medida que vamos chegando aos países de alta renda. Os países ricos também falam mal do governo, mas não são bobos (note-se que se trata dos gastos do governo central apenas; os gastos públicos totais são bem mais amplos).

Países de:	Governo central, porcentagem do PIB, início da década de 2000
Baixa Renda	17,7%
Renda média baixa	21,4%
Renda média alta	26,9%
Alta renda	31,9%

Fonte: Extraído da Tabela 2 do artigo mencionado

O estudo lembra ainda dois pontos importantes. Primeiro, o gasto direto com saúde, ou seja, a forma mais privada como o cidadão paga diretamente os gastos no sistema *out-of-pocket* (literalmente, tirando do bolso), constitui "uma das mais regressivas e ineficientes fontes de financiamento do setor da saúde para os pobres, pois lhes nega os benefícios de redistribuição de renda, repartição de riscos e proteção financeira". No entanto, nos países de baixa renda, 60% dos gastos totais com saúde se dão dessa forma, contra apenas 20% nos países ricos. Segundo, os diversos planos privados empresariais e outros se mostram ineficientes em países nos quais a massa de trabalhadores informais é grande.

As áreas sociais – e não só a saúde – precisam de mecanismos públicos para funcionar, acrescendo-se forte controle e participação da comunidade. Na realidade, fazer dinheiro com saúde equivale ao que conhecemos como indústria da doença, e não é eficiente em lugar algum, a não ser no caso de minorias de alta renda. Fazer dinheiro com educação, na linha da indústria do diploma, tampouco resolve. Nas áreas sociais, precisamos recuperar a capacidade de desenvolver políticas públicas competentes, com forte apoio das organizações da sociedade civil. Como as políticas sociais com fins lucrativos só funcionam para quem tem capacidade de compra, o resultado é um imenso desperdício de recursos e o aprofundamento das desigualdades.

Focamos neste ponto quatro formas de desperdício social: o não-aproveitamento de gigantescas reservas de mão-de-obra, que em vez de serem mobilizadas para melhorar o nível e a qualidade do desenvolvimento, tornam-se um problema e um custo; o desperdício de nossas poupanças desviadas para atividades especulativas, em vez de servir para financiar a inclusão produtiva e o desenvolvimento sustentável; a criação de um sistema de pedágio sobre o conhecimento tecnológico que dificulta o acesso às populações que mais precisariam de apoio, quando deveríamos, pelo contrário, fomentar sua apropriação; e o desequilíbrio entre a economia comercial e as políticas sociais, o que gera imensos sobrecustos estruturais. As bobagens simplificadoras que reduziram a inovação social a um estado mínimo e a uma economia baseada no vale-tudo – que chamamos educadamente de "mercado" – não chegam perto do sistema racional de tomada de decisão que um desenvolvimento sustentável e equilibrado exige. Precisamos ir além.

Os processos de decisão: rumos da racionalidade

Felizmente, há cada vez menos gente que acredita em simplificações, sejam elas acadêmicas ou ideológicas. Há uma forte orientação para se buscar valores, bom senso e um pragmatismo voltado para resultados efetivos em termos de qualidade de vida das pessoas, e sustentabilidade do processo. E há um valor relativamente novo que está gradualmente ocupando espaço: a compreensão de que o avanço de uns em detrimento dos outros não resolve grande coisa. A maré tem de levantar todos os barcos. Estamos evoluindo do paradigma da competição ao paradigma da colaboração, da "guerra burra de todos contra todos" para políticas inteligentes. Não há como não lembrar que a fase mais próspera do capitalismo foi durante os "30 anos de ouro", após a Segunda Guerra Mundial, quando se seguiram políticas redistributivas de renda e de apoio social generalizado às populações. O bem-estar econômico e social de todos deixa todo mundo melhor, e não só os pobres. Dos ricos, o que se está exigindo cada vez mais, não é bondade, mas inteligência.

O que vimos na primeira parte deste pequeno estudo, é que se generalizam claramente dois grandes dramas planetários, que são a degradação do meio ambiente e a desigualdade. Na segunda parte, identificamos os gigantecos desperdícios de recursos – de mão-de-obra, financeiros, de tecnologias, de gestão – que apontam para os imensos ganhos que podemos gerar com formas mais inteligentes e mais colaborativas de gestão. Nesta terceira parte, apontamos algumas alternativas. Trata-se de mobilizar os recursos subutilizados em função dos dois objetivos principais: o ambiental e o social.

Medir os resultados reais

Voltando ao estudo citado do FMI, é interessante constatar a que ponto os avanços dependem muito mais de formas de organização do que propriamente de grandes investimentos: "O mundo em desenvolvimento teve reduções significativas de mortalidade infantil nos últimos 50 anos. Esses ganhos se devem, essencialmente, à melhor nutrição, a intervenções de saúde pública ligadas à água e ao saneamento, e a avanços médicos como o uso de vacinas e antibióticos." Os grandes avanços constatados nessa área resultam, portanto, essencialmente de intervenções preventivas de baixo custo, como acesso aos cuidados primários de saúde, alimentação equilibrada, água limpa, vacinas. Com exceção talvez dos antibióticos, nada que envolva grandes inovações tecnológicas complexas ou equipamentos sofisticados, mas que exige, sim, maior densidade organizacional na base da sociedade.

Transformado em cálculo econômico, na linha da metodologia tradicional de avaliação do Produto Interno Bruto (PIB), esse tipo de medicina preventiva é péssimo: evitar doenças de forma barata não aumenta o PIB. Se temos muitos doentes, intervenções cirúrgicas, compra de muitos medicamentos, aí, sim, aumenta o PIB, que é calculado sobre o valor comercial dos produtos vendidos. Para uma empresa privada de prestação de serviços de saúde, privá-la de doentes significa, afinal, privá-la de clientes.

Isso significa simplesmente que, na forma como avaliamos o sucesso de nossos esforços econômicos, contabilizamos o valor dos meios despendidos, e chamamos isso de "produto". Na realidade, o produto que nos interessa não é gastar mais com medicamentos e hospitais, e sim não ficarmos doentes. Em outros termos, guiamo-nos pelos meios, e não pelos fins. Estamos calculando o valor comercial de bens e serviços (*output*), e não os resultados em termos de qualidade de vida (*outcome*).

O absurdo dessa forma de contabilidade é cada vez mais patente e estende-se a outras áreas. Liquidar a vida nos mares (o chamado *overfishing*, ou sobrepesca) aparece como aumento do PIB, quando só contabiliza o que se extrai, e não contabiliza a descapitalização planetária que resulta disso. Cortamos nossas florestas, destruímos a camada orgânica do solo, liquidamos as reservas de petróleo, esgotamos os lençóis freáticos, e nada disso é contabilizado, a não ser como valor positivo no produto vendido, sem desconto dos custos ambientais. Em termos contábeis, o PIB é calculado de forma errada. Nenhuma empresa ou administração pública teria suas contas aprovadas se não levasse em conta a redução de estoques.

Viveret apresenta como simbólico o caso paradoxal do naufrágio do petroleiro "Erika", que gerou imensos esforços de despoluição, contribuindo para o PIB. Uma praia limpa não contribui para o PIB, até porque o lazer gratuito é considerado sem valor em termos econômicos, enquanto uma praia poluída gera grandes contratos e, portanto, preciosos pontos percentuais no PIB, que o político vai explorar devidamente como *sucesso* de sua gestão.[17]

Como podemos avançar, se a nossa bússola, que orienta e avalia para onde vamos, aponta para uma direção errada? Hoje, o bom senso começa a ocupar algum espaço, com o IDH das Nações Unidas, os indicadores de vida *Calvert-Henderson* e a própria mudança de orientação do Banco Mundial – que, antes, contabilizava a exploração de petróleo como produto, e hoje a contabiliza como descapitalização.[18]

O PIB não mede o bem-estar. Essa constatação de Jean Gadrey e de Jany-Catrice, autores de um excelente estudo sobre o estado-da-arte dos indicadores de riqueza, hoje é de suma importância. Na realidade, o PIB mede o valor dos bens e serviços comerciais produzidos durante um ano. Nada diz sobre a riqueza acumulada numa sociedade, nem se o PIB elevado está sendo atingido à custa da venda do capital natural (o petróleo dos países produtores, por exemplo), nem sobre a queixa da dona de casa que constata que quem plantou e colheu um pé de alface contribuiu para o PIB do país, enquanto ela, que comprou, lavou, picou e serviu a salada, não contribuiu com nada. O PIB se interessa apenas pelo equivalente monetário de um grupo restrito de atividades.[19]

O problema não consiste necessariamente em refutar os conceitos adotados nos cálculos do PIB (há imensa bibliografia a respeito) e sim

---

[17] Viveret, Patrick. *Reconsiderar a Riqueza*. Brasília: UNB, 2006, 221p.
[18] Ver, em particular, *Calvert-Henderson Quality of Life Indicators: a new tool for assessing national trends*. Calvert Group, Bethesda, MD, 2000, www.calvertgroup.com
[19] Jean Gadrey, Florence Jany-Catrice. Os novos indicadores de riqueza. São Paulo: Editora Senac, 2006.

uma vez constatado o grupo limitado de atividades que essa metodologia contabiliza, buscar metodologias mais adequadas e completas. Gadrey e Jany-Catrice realizam um excelente trabalho de revisão das diferentes metodologias disponíveis, dos tipos de indicadores, do potencial que hoje se apresenta para quem quer saber não apenas se o PIB cresceu, mas se estamos vivendo melhor.

Encontramos aqui bem ordenados os indicadores objetivos e os subjetivos, os balanços detalhados e os indicadores sintéticos, as avaliações traduzidas em valores monetários e as que se expressam em volumes físicos, os indicadores de produção (*outputs*) e de resultados (*outcomes*), a diferenciação de números que apresentam "o que" cresceu na economia e os que indicam "quem" se beneficiou com o processo.

Em retrospectiva, as mudanças são extremamente fortes. Na década de 1980, com Reagan nos Estados Unidos e Margareth Thatcher na Inglaterra, o social saiu do mapa, tudo foi concentrado nos resultados econômicos e financeiros. Na década de 1990, com o IDH do PNUD, assistimos a uma reviravolta, com a visão de que a economia deve servir o bem-estar humano, e não o contrário. A partir de então, desenvolvem-se metodologias que avaliam o trabalho voluntário, o trabalho não-remunerado doméstico, a destruição ou proteção do meio ambiente, o sentimento de insegurança gerado nos processos produtivos, a dilapidação dos recursos não-renováveis (até o Banco Mundial, veja World Development Indicators, 2003). O leque de metodologias, sofisticação e confiabilidade está se tornando bastante impressionante. Pela primeira vez, começamos a ter instrumentos que podem ser disponibilizados e que deverão permitir ao cidadão saber se o que está sendo feito corresponde às suas opções econômicas, sociais e ambientais.

Os autores passam em revista o "Barômetro de desigualdade e de pobreza", da França, o "Index of Economic Well Being", o "Index of Sustainable Economic Welfare", o "Genuine Progress Indicator", o "Personal Security Index", o "Index of Social Health" e outros (além, evidentemente, do IDH do PNUD), de maneira organizada, de modo que vemos claramente como as medidas de utilidade empresarial (PIB) evoluem para medidas que avaliam os resultados práticos em termos de bem-estar das populações. Ou seja, pela primeira vez, estamos realmente medindo a utilidade social de nossas atividades. Uma sociedade em que a economia vai bem, mas o povo vai mal e o planeta é dilapidado, é evidentemente uma sociedade sem rumo.

Na realidade, gerar instrumentos que permitam à população avaliar o "progresso genuíno" e sua qualidade de vida – o que Gadrey chama de "performance societal" – tende a reequilibrar os critérios de decisão na sociedade. Uma população informada pode se tornar cidadã. A população desinformada, ou mal informada, como a que hoje temos, tende a ficar apenas angustiada.[20]

Portanto, criar instrumentos de medida que nos permitam saber para onde vamos já constitui um passo importante; de certa forma, é a luz que ilumina o processo decisório, pois define os objetivos. Em outro nível, no entanto, vale a pena dar uma olhada na discussão sobre as formas de organização.

Democratizar o governo

Adotar medidas que nos permitam acompanhar o progresso real da sociedade e do planeta é necessário, mas não suficiente. Precisamos assegurar que a sociedade tenha mais possibilidade de cobrar os resultados. As críticas ao tamanho do setor público constituem, no geral, uma solene bobagem. Nas palavras de um diretor da École Nationale d'Administration, a famosa ENA, melhorar a produtividade do setor público constitui a maneira mais eficaz de melhorar a produtividade sistêmica de toda a sociedade. O Relatório Mundial sobre o Setor Público de 2005, das Nações Unidas, mostra a evolução ocorrida a partir da visão tradicional da "Administração Pública" baseada em obediência, controles rígidos e conceito de "autoridades", transitando por uma fase em que se buscou uma gestão mais empresarial, na linha do *public management*, que nos deu, por exemplo, o conceito de "gestor da cidade" no lugar do prefeito, e desembocando agora na visão mais moderna que o relatório chama de *responsive governance*.

É difícil traduzir esse conceito. A "governança" já foi incorporada a nosso vocabulário, e implica que, no espaço público, obtém-se boa gestão por meio da articulação inteligente e equilibrada do conjunto dos atores interessados no desenvolvimento, os chamados "stakeholders". O adjetivo *responsive* já é mais complicado, pois implica, de maneira ampla, uma gestão sensível e que sabe "responder", ou "corresponder" aos interesses que diferentes grupos manifestam, e supõe sistemas amplamente participativos e, em todo caso, mais democráticos. Trata-se de uma gestão em que o prefeito não dita *seu* programa para a cidade, mas ajuda os cidadãos a desenvolver os programas que *eles* desejam. Podemos chamar isso de "governança participativa".

---

[20] A esse respeito, ver nosso *Informação para a cidadania e o desenvolvimento sustentável*, em http://dowbor.org, sob "Artigos On-line".

O resultado é um quadro interessante:

Public administration	Public management	Responsive governance	
Citizen-state	Obedience	Entitlement	Empowerment relationship
Accountability of Politicians	Customers	Citizens, senior officials	stakeholders
Guiding principles	Compliance with results	Efficiency and transparency and Participation	Accountability, rules and regulations
Criteria for success	Output	Outcome	Process
Key attribute	Impartiality	Professionalism	Responsiveness

Fonte: Onu, *World Public Sector Report 2005*, p. 7

Achei melhor reproduzir o quadro em inglês, como no original. Os termos nem sempre têm o equivalente em português, e a visão é mais clara. Teríamos, assim, três modelos. A evolução da administração pública tradicional (*Public Administration*) para o *New Public Management* se baseou numa visão privatista da gestão, em busca de chefias mais eficientes. A evolução mais recente, para o *responsive governance*, se baseia numa visão mais pública, em que as chefias escutam melhor o cidadão, e em que a participação cidadã, por meio de processos mais democráticos, é que assegura que os administradores serão mais eficientes, pois estão mais afinados com o que deles se deseja. É a diferença entre eficiência autoritária por cima e eficiência democrática pela base. A eficiência é medida não só no resultado, mas no processo.

"O modelo de governança... enfatiza um governo aberto e que se relaciona com a sociedade civil, mais responsabilizada e melhor regulada por controles externos e a lei. Propõe-se que a sociedade tenha voz através de organizações não-governamentais e participação comunitária. Portanto, o modelo de governança tende a se concentrar mais na incorporação e inclusão dos cidadãos em todos os seus papéis de atores interessados (*stakeholders*), não se limitando a satisfazer clientes, numa linha mais afinada com a noção de 'criação de valor público'... A teoria da governança olha para além da reforma da gestão e dos serviços, apontando para novos tipos de articulação Estado-sociedade, bem como para formas de governo com níveis mais diferenciados e descentrados... A abertura (*openness*) e a transparência constituem, portanto, parte desse modelo emergente" (ONU, *World Public Sector Report 2005*, p. 13).

O novo modelo que emerge está essencialmente centrado numa visão mais democrática, com a participação direta dos atores interessados, maior transparência, com forte abertura para as novas tecnologias de informação e comunicação, e soluções organizacionais para assegurar a interatividade entre governo e cidadania. A visão envolve "sistemas de gestão do conhecimento mais sofisticados", com um papel importante no aproveitamento das novas tecnologias de informação e comunicação.

Para a nossa discussão no Brasil, esses pontos são muito importantes. Têm a virtude de ultrapassar visões saudosistas autoritárias e também a pseudo-modernização, que colocava um *manager* onde antes tínhamos um político, resultando numa mudança cosmética por cima. É uma evolução que busca a construção de uma capacidade real de resolução de problemas por meio dos pactos necessários com a sociedade realmente existente. Essa sistematização de tendências mundiais vem dar maior credibilidade aos que lutam pela reapropriação das políticas pela cidadania, na base da sociedade, em vez da troca de uma solução autoritária por outra.

Democratizar as corporações

Mas as transformações, evidentemente, não se limitam ao setor público. Aos poucos, está se enraizando a idéia geral de que nenhuma corporação pode limitar-se a maximizar os lucros, de que toda iniciativa que tem impacto social e ambiental tem de responder, de certa forma, aos interesses da sociedade em geral. Ou seja, as dimensões sociais e ambientais da atividade empresarial deixam de ser consideradas "externalidades" que a sociedade irá custear por meio dos impostos e do setor público, para se tornar um fator intrínseco da atividade econômica. Temos notáveis avanços nessa área a partir das metodologias do Instituto Ethos de Responsabilidade Empresarial. Não entraremos aqui no detalhe dessas mudanças, sobre as quais está se desenvolvendo uma literatura impressionante. Para nós aqui, o essencial é constatar que não basta uma empresa desenvolver algumas atividades sociais para melhorar a imagem: é o próprio *core business*, o "negócio" da empresa, que deve ser desenvolvido de maneira responsável. E hoje tornou-se essencial, com o peso político de que dispõem as corporações, que elas contribuam para a construção de um arcabouço jurídico que facilite a gestão da sociedade em geral, indo além dos sistemas de lobbies que buscam distorcer as regras do jogo a favor de interesses setoriais.[21]

Podemos duvidar até que ponto interesses setoriais poderiam se interessar pelos objetivos mais amplos da sociedade. No entanto, a tendência nos parece inevitável, pois os ganhos sistêmicos são grandes, e as políticas atuais não se

---

[21] Nesse sentido, a batalha (felizmente perdida) da Febraban – usando de todo o seu peso para tentar obter uma decisão da justiça que colocaria os intermediários financeiros fora da alçada do Procon, deixando os usuários totalmente desprotegidos – é característica.

sustentam. Em termos práticos, temos de evoluir para a avaliação da produtividade sistêmica do território, em cada município ou por microrregiões. Essa outra contabilidade incompleta, que permite que a empresa contabilize seus lucros, mas que não se responsabilize pelos custos ambientais e sociais gerados pela mesma atividade, também precisa ser ultrapassada, e a visão sistêmica por território permite uma avaliação racional.[22]

Assim, buscamos uma sociedade mais informada, que possa participar com metodologias mais atualizadas e desagregadas do que as simples estatísticas do PIB. Mas também temos de trabalhar por instituições de Estado mais descentralizadas e transparentes, e abertas a mecanismos participativos da sociedade civil. E o mundo empresarial tem de trazer seu quinhão, contribuindo, de maneira equilibrada, para o econômico, o social e o ambiental, indo além da "cosmética" da marca, avançando para um comportamento efetivamente responsável.

Reforçar a sociedade civil

Como fica a sociedade civil neste quadro? A realidade é que, no Brasil, temos a sociedade civil de cima, a que se organiza, apóia ONGs, protesta por meio do Idec, chama o Procon, escreve cartas aos jornais e assim por diante. Enfim, participa, ainda que freqüentemente a ausência de sistemas racionais de informação leve a uma participação desencontrada. Estamos avançando rapidamente nesse plano, o que nos abre para processos mais democráticos. Mas também temos um andar inferior na sociedade civil, os que formam os 51% de "economia informal" vistos acima, as vítimas da concentração de renda, os perdidos na noite das imensas periferias urbanas, os acampados nas beiras das estradas, os sem-terra, sem-teto, sem-internet, sem-participação efetiva.

Eles estão abrindo caminhos, sem dúvida, e quem acompanha sua realidade fica impressionado com a forma como conseguem tirar leite de pedra. Para essa massa que podemos considerar no Brasil como formando a base de cerca de 100 milhões de pessoas, muito pouco se faz. Houve avanços indiscutíveis, como o Bolsa Família, elevação do salário mínimo, aumento do Pronaf, disseminação do microcrédito, abertura de universidades e outras iniciativas extremamente importantes para um país que, na realidade, nunca olhou para baixo.

---

[22] Um exemplo muito interessante e uma metodologia exemplar nos são dados pela cidade de Jacksonville, nos Estados Unidos, que publica anualmente um *Quality of Life Progress Report*, avaliando os progressos efetivos da qualidade de vida da cidade, com organizações da sociedade civil. Ver em www.jcci.com.

Mas temos de ir além. Esse é um desafio no qual hoje existem numerosas propostas e insuficientes realizações. Essa problemática constitui outro capítulo, que não abordamos aqui. No quadro do Instituto Cidadania fizemos, durante os anos 2005 e 2006, uma ampla pesquisa junto a essa população e às instituições que desenvolvem programas de apoio. O resultado está sintetizado num documento chamado "Política Nacional de Apoio ao Desenvolvimento Local", em que são apresentadas dezenas de propostas práticas para ir além das políticas distributivas e generalizar a inclusão produtiva.[23]

CONSIDERAÇÕES FINAIS

A realidade é que avançamos muito na organização do andar de cima, da política para as classes alta e média, da participação do mundo empresarial, da estabilização da macroeconomia. Mas nenhum país se estabiliza quando deixa de lado uma imensa massa de pobres, e dilapida seus recursos. Este é o desafio do momento. Apontamos brevemente aqui alguns rumos da mudança organizacional. Sem dúvida, outro mundo é possível, pois o que aprontamos até agora não é recomendável. É tempo de mostrarmos que outra gestão é viável.

REFERÊNCIAS

ANEFAC. *Pesquisa de juros fevereiro de 2007* – Associação Nacional de Executivos de Finanças, Administração e Contabilidade – fevereiro de 2007, 15 p. Disponível em www.anefac.com.br veja sob "Pesquisa de Juros".

DAVIES, James, SANDSTRÖM, Susana, SHORROCKS, Anthony e WOLFF, Edward N. *The Global Distribution of Household Wealth* – 2006, II www.Wider.unu.edu/bewsletter/newsletter.

GADREY, Jean e FLORENCE, Jany-Catrice. *Os novos indicadores de riqueza*. São Paulo: Editora Senac, 2006.

HENDERSON, Hazel, LICKERMAN, Jon e FLYNN, Patrice (Orgs.) *Calvert-Henderson Quality of Life Indicators, a new tool for assessing national trends, Calvert Group*, Bethesda, 2000.

HOMER-DIXON, Thomas. *The Upside of Down,* Island Press, Washington, 2006, 426 p.

IFC (International Finance Corporation). *The Next 4 Billion: market size and business strategy at the base of the pyramid*. Banco Mundial, *Executive Summary*, 2007, 11p. http://www.wri.org/business/pubs_description.cfm?pid=4142

IPEA. *Brasil, Estado da Nação 2006*, IPEA, Rio de Janeiro, 2006.

IPCC (International Panel on Climate Change). *Climate Change 2007: the Physical Science Basis* – Summary for Policymakers – 18p. – www.ipcc.ch/spm2feb07.pdf.

LESSIG, Lawrence. *The Future of Ideas* – Random House, New York, 2001.

ONU. *The Inequality Predicament: report on the world social situation 2005*. Department of Economic and Social Affairs, UN, New York, 2005.

_____. *World Public Sector Report 2005*, Department of Economic and Social Affairs, UN, New York, 2005.

---

[23] O documento "Política Nacional de Apoio ao Desenvolvimento Local" pode ser encontrado em http://dowbor.org sob "Artigos online, no site do Instituto Cidadania e numerosos outros. http://dowbor.org/06dlfinal.pdf ou http://www.desenvolvimentolocal.org.br

SCHIEBER, George, FLEISHER, Lisa e GOTTRET, Pablo. *Gettting Real on Health Financing*, Finance and Development, publicação do Fundo Monetário Internacional, dezembro de 2007. http://www.imf.org/external/pubs/ft/fandd/2006/12/schieber.htm

STERN, Nicholas. *The Economics of Climate Change*, Oct. 2006, http://www.hm-treasury.gov.uk/media/8AC/F7/Executive_Summary.pdf.

STIGLITZ, Joseph. "Patentes ajudam ou atrapalham a pesquisa?", *New Scientist*, 16 de setembro de 2006, p. 20 – www.newscientist.com.

VIVERET, Patrick. *Reconsiderar a riqueza*. Brasília: UNB, 2006, 221 p.

CAPÍTULO 2

EMPRESÁRIOS AUSENTES, CIDADÃOS PRESENTES: UM ENSAIO SOBRE A ÉTICA AMBIENTAL NO MUNDO CORPORATIVO

Orlando Roque Silva

RESUMO

A dimensão ética é de capital importância para realizarmos negócios que sejam consistentes com os princípios de desenvolvimento sustentável. Os problemas ético-ambientais envolvem escolhas morais de enorme importância sobre nossas decisões. O presente capítulo aborda as considerações éticas e morais decorrentes das ações humanas sobre o meio ambiente. Faz um breve percurso pelas várias linhas do pensamento filosófico, de modo a preparar terreno para uma discussão mais profunda e consistente dos atuais problemas éticos que afligem as grandes corporações e seus executivos no que tange à responsabilidade quanto a preservação ambiental e extinção das espécies, até mesmo nossa própria extinção.

Palavras-Chave: 1. Ética ambiental, 2. Filosofia moral, 3. Gestão holística.

INTRODUÇÃO

No papel, o mundo é governado por Estados soberanos. Na realidade, milhões de pessoas vivem em um vazio político no qual a autoridade do Estado é mínima, ou mesmo inexistente: guetos urbanos sem administração, comunidades rurais esquecidas e o mais trágico: um número crescente de zonas do planeta em que o Estado sucumbiu.

A progressão do "caos" surge como uma ameaça à segurança do mundo, favorecendo um Estado de não-direito, o crime organizado, o reino dos senhores da guerra, crises humanitárias e epidemias descontroladas. De fato, essa crise da governança está na origem de muitos dos males do subdesenvolvimento e da criminalidade que freqüentemente vitimam os mais pobres. Não raro, essas "zonas cinzentas" na geopolítica mundial possuem vasto estoque de riquezas naturais, seja em seus subsolos, seja em sua biodiversidade, atraindo o interesse de grandes corporações internacionais, que passam a exercer uma espécie de "governo paralelo", espoliando e degradando o ambiente sem a menor das preocupações, como se a ética ambiental não passasse de uma simples abstração de acadêmicos. Exemplos como a Rhodia em Cubatão e a Shell na Nigéria não faltam. Mas o que está faltando para que a variável ambiental se instale em definitivo nos planos de negócios das empresas, da empresa individual até as grandes corporações multinacionais?

Pode parecer paradoxal, mas o desenvolvimento mais significativo do pensamento estratégico nos últimos 20 anos foi justamente a introdução do conceito de "sustentabilidade" e "desenvolvimento sustentável" no rol das discussões empresariais, tanto que, atualmente, assistimos a uma avalanche de mudanças e crescentes expectativas dos gestores das organizações no sentido de um agir e de um posicionamento mais rígido nos aspectos éticos, institucionais e ambientais. A questão ambiental deixou de ser um modismo ou mesmo uma preocupação passageira para fazer parte integrante das políticas organizacionais.

A preservação do meio ambiente converteu-se em um dos fatores de maior influência dos anos 90, principalmente nas empresas de produção de bens de consumo e de capital intensivo. A preocupação com o meio ambiente deixa de representar uma postura exclusiva de proteção para tornar-se também uma variável de importância significativa na gestão dos negócios no mundo atual. A inclusão da variável ambiental entre os objetivos da administração amplia substancialmente todo o conceito de gestão.

Porém, para que a árvore da sustentabilidade continue crescendo, a comunidade empresarial precisará cuidar de sua alimentação com uma dieta rica em nutrientes, como ecologia industrial, avaliação de ciclo da vida, ecoeficiência, combate à poluição, gestão da cadeia de valor etc. Sistemas de gestão ambiental, como a ISO 14000 e o *Environmental Global Report*, fornecem diretrizes que permitem que esses nutrientes sejam transferidos e absorvidos.

A adição desses conceitos para o idioma dos negócios permite que as empresas desenvolvam uma consciência ética o suficiente para olhar para seus produtos e operações pelo viés da gestão ambiental. Não é só o fator econômico a razão exclusiva para um negócio existir. Há um conjunto de outros fatores: justiça social, ambiente, eqüidade e ética. Sem esses fatores para equilibrar a balança econômica tradicional, o prato inteiro da existência humana romper-se-ia em fragmentos irrecuperáveis.

A dimensão ética é central no modo de fazer negócio de maneira consistente com o desenvolvimento sustentável. Entendemos que os assuntos sociais e ambientais são, na verdade, um subconjunto da ética de negócio. Tradicionalmente, a ética de negócio era, com freqüência, vista como um tópico que merecia pouca atenção e não era relevante no dia-a-dia dos negócios, em que a ênfase estava, em geral, na maximização dos lucros, sem ser publicamente anti-social. Na década de 1990, as economias ocidentais e de alguns países em desenvolvimento do leste asiático começaram a exigir dos executivos uma postura mais responsável, aberta e transparente para com a sociedade e para com o meio ambiente. Mas estes se viam despreparados para um agir em consonância com a nova realidade ambiental.

Não se pode menosprezar a força persuasiva dos argumentos empregados em defesa do capital. Aqueles que lutam por um "crescimento constante", "desenvolvimento econômico" e "a subjugação da natureza" defendem ferreamente suas atitudes e convicções. Essas convicções e atitudes relativas ao lugar que o homem ocupa no mundo natural estão profundamente entrelaçadas no tecido de nossa cultura, em que a maioria das pessoas aceita esses posicionamentos sem críticas e até mesmo inconscientemente. Quais convicções e atitudes têm dominado o pensamento no mundo dos negócios? Basicamente são convicções e atitudes que assumem o significado de uma espécie, *homo sapiens*, na comunidade natural, como a dominadora, e afirma o direito que essa espécie tem para impor seu lugar como proprietária do mundo natural. É um ponto de vista que não só restringe os interesses dos membros da espécie humana, como também pode limitar as condições e a qualidade de vida das próximas gerações.

Tem-se a opinião de que essa visão centrada no homem, antropocêntrica, é míope, imprópria e enganadora; o que devemos fazer para defender essa opinião? Qual deve ser a responsabilidade do homem para com a natureza? Estamos preparados para explicar e defender um posicionamento ético para o meio ambiente?

Para que possamos dar respostas coerentes a essas indagações, faz-se necessário ter como base algumas premissas e abordagens filosóficas radicalmente diferentes daquelas a que estamos acostumados no que se refere ao trato com a natureza.

FILOSOFIA MORAL E ÉTICA AMBIENTAL

Os filósofos formam um grupo de pensadores que estão sempre em busca de problemas e da próxima pergunta. Eles procuram analisar, com profundidade, conceitos e suposições que formam o *status quo*, para então disparar uma verdadeira rajada de perguntas. "O que você quer dizer com isso?" "Como chegou a essa conclusão?" "Por que deve ser assim?" "Quais os desdobramentos dessa afirmação?" E o que causa maior desconforto: "Por que alguém deveria acreditar nisso?" O trabalho do filósofo é, principalmente, perguntar, não responder. Sua tarefa não é confortar o aflito, mas sim afligir o confortável.

Com freqüência, a tentativa dos filósofos de despertar as pessoas de seus sonos dogmáticos, como dizia Kant, tem resultado em fracassos. Já as tentativas de ativar o pensamento têm resultado em sucesso. Sócrates foi um mestre nesse sentido. Dentro do campo da filosofia, é a ética e a filosofia moral que se preocupam com o estudo filosófico dos valores, do bem e do mal. A ética lida com conceitos gerais como obrigação, justiça, propriedade, deveres, virtude, beneficência etc. A filosofia moral, em geral, com a avaliação de atos pessoais, conduta, motivação e política. A instituição da moralidade é social, em sua origem, orientativa e essencialmente sistêmica. Como os sistemas econômicos, os códigos morais evoluem dentro de um ambiente marcado por competição por bens escassos, serviços, satisfações de interesses pessoais, segurança e cooperação para ganhar e aumentar o bem-estar e a segurança mútua. Desse modo, a filosofia moral descreve e prescreve constrangimentos e liberdades, deveres e propriedades, regula a vida social de modo que todos possam contribuir para a justa maximização de benefícios e satisfações de cada um.

O conceito de "indivíduo" é central na filosofia moral. Os critérios que identificam esse conceito ainda são motivo de intermináveis discussões em congressos e colóquios acadêmicos. No entanto, para muitos filósofos morais, alguns critérios[1] fazem parte de um consenso. São eles:

- Habilidade de sentir dor e expressá-la;
- Consciência de objetos e eventos externos;
- Habilidade de resolver problemas;
- Atividade automotivada;
- Capacidade de comunicar-se pelo uso de um sistema completo, sintático, de símbolos significantes (isto é, um idioma);
- Ter o conceito de si mesmo como um ser único que evolui ao longo do tempo;

---

[1] As cinco primeiras características foram adaptadas de um artigo de Mary Anne Warrens, intitulado "On the moral and legal status of abortion", *The Monist*, n. 57, jan., 1973, p. 55.

- Ter a capacidade de analisar e escolher alternativas e possibilidades para o futuro;
- Ter a capacidade de agir com base em princípios e governar o próprio comportamento de acordo com regras;
- Reconhecer a individualidade de outros seres.

Para a filosofia moral, esses critérios são cruciais na definição do que é um "indivíduo moralmente responsável". Como os "indivíduos" que conhecemos que satisfazem a esses critérios são seres humanos, há uma tendência de utilizarmos o termo "indivíduo" como sinônimo de ser humano.

Essa equação, mal formulada e pobre em argumentos morais, tem gerado muita confusão e tornou-se o centro das discussões sobre aborto, eutanásia e ética ambiental. A distinção entre "indivíduo", um conceito moral, e ser humano, um conceito biológico, pode ser prontamente evidenciada citando casos contrários. Os golfinhos e os primatas podem ser identificados como "indivíduos", embora isso não seja tão evidente para a maioria dos seres humanos. Por outro lado, um ser humano com o cérebro severamente danificado ou irrevogavelmente letárgico não é "indivíduo", segundo os critérios definidos anteriormente.

A pergunta se um ser é ou não é um "indivíduo" é o ponto fundamental da nossa conduta moral. Os indivíduos têm dignidade, merecem respeito, assumem deveres e responsabilidades. Desse modo, se identificarmos os golfinhos como indivíduos, nossas atitudes em relação a eles seriam completamente diferentes da atual; exigiríamos, por lei, que os pescadores de atum fossem muito mais cuidadosos com a segurança "pessoal" dos golfinhos. O vocabulário e a racionalidade da filosofia moral têm sido tradicionalmente aplicados à comunidade de seres humanos. Desse modo, a tentativa de estender contextos de investigação éticos além dos humanos para comunidades de seres não-humanos (isto é, para ecossistemas) introduz sérios problemas conceituais e metodológicos. O moralista ecológico que ignora esses problemas corre o risco de trivializar e até invalidar sua teoria moral. O conceito de "indivíduo" lidera diretamente a distinção entre valor moral e não-moral. Um "valor moral" é um valor que reflete o valor de um indivíduo (ou, em outras palavras, é "virtude moral"). Um "ato moralmente bom" é um ato iniciado por um testamento pessoal meritório. A expressão "valor não-moral" se aplica a qualquer outra coisa que pode variar daquilo que chamamos de bom até o que chamamos de mal. Assim, aquilo que podemos chamar de "não-moral" pode ser aplicado a preços (de bens ou serviços), à beleza (de objetos de arte ou paisagens), a funções (de máquinas), à viabilidade (de espécie ou organismos), à estabilidade (de sociedades ou ecossistemas) e até mesmo a prazeres, embora aqui existam algumas controvérsias.

Se a filosofia moral é um ramo da filosofia que lida com valores em geral e a ética é uma subdivisão da filosofia moral, preocupada com os valores morais e com a forma como os valores não-morais se relacionam com os valores morais, qual é o objeto de estudo da ética ambiental?

A ética ambiental está preocupada com a conduta dos indivíduos responsáveis no que diz respeito a paisagens naturais, recursos, espécies e organismos não-humanos. A conduta dos seres humanos é preocupação direta da filosofia moral como tal. A ética, no sentido exato, "ambiental" poderia incluir, em seu escopo, perguntas referentes a ambientes artificiais, mas tal interpretação não é diretamente nossa preocupação, e, desse modo, limitaremos nossa atenção a assuntos de significado moral relativos a ambientes naturais.

Responsabilidade moral implica normalmente conhecimento, capacidade, escolha e valores, ou seja, se um indivíduo é moralmente responsável para fazer algo, então ele:

- Tem conhecimento a respeito do assunto;
- É capaz de executá-lo;
- Pode escolher livremente entre executá-lo ou não;
- A execução pode afetar o bem-estar e/ou a liberdade de outros seres.

Dependendo do valor que o indivíduo atribuirá às respostas a esses requisitos, dizemos que a resposta tem "significado moral". Essa análise de "responsabilidade moral" pode ajudar a explicar por que ética ambiental só atraiu recentemente a atenção e a preocupação de filósofos morais. Até recentemente, nossos efeitos no ambiente natural eram considerados moralmente neutros, já que assumimos que a natureza era impessoal e muito vasta para ser afetada por nossas intervenções, ou então nosso conhecimento sobre a natureza era muito limitado, o que nos impossibilitava de prever o resultado dos danos causados a médio e longo prazo. Agora que nosso conhecimento ampliou-se, sabemos que podemos causar danos graves e permanentes ao meio ambiente; mais ainda, sabemos também como é possível evitar esses danos e como recuperar os danos causados. Esse conhecimento que temos nos impõe uma obrigação moral de agir com cuidado, previsão e, às vezes, paciência e constrangimento. Em nossos procedimentos com o ambiente natural, nós somos, em resumo, chamados a agir, refletir, alterar cursos de ação ou até mesmo interromper algumas ações; em outras palavras, devemos responder moralmente por nossas ações.

A ética ambiental, então, pode tratar, entre outros, dos seguintes assuntos:

- Por que se importar com a natureza quando só as pessoas "importam"? Se negarmos isso, "só as pessoas importam", como podemos defender

essa negação? Afinal, se ninguém se importa com o meio ambiente, que diferença faz se uma espécie, um rio, uma floresta ou até um planeta forem destruídos? Se as pessoas preferem destruir elementos e paisagens naturais, então por que se preocupar? Por que não fazê-lo?
- Quando uma espécie ou uma floresta, ou mesmo um deserto, são destruídos, o que, de valor, é perdido para a humanidade?
- O que as gerações futuras "perderam" com o que tiramos delas? Como elas poderão avaliar se nunca saberão o que de fato "perderam"?
- As árvores devem ter amparo legal? Em que base, senão para causa da humanidade?
- Ser proprietário de terras tem sentido moral, ou isso é um conceito moralmente absurdo e repugnante, como os nativos americanos reivindicam?
- Os seres humanos necessitam tanto da natureza a ponto de preservá-la implicar uma obrigação? Existem evidências que corroborem isso?
- Quais são as bases que justificam a necessidade de proteger o meio ambiente? São racionais? Irracionais? Místicas? Teológicas?
- O que, basicamente, está errado com o pensamento ético antropocêntrico e utilitário? Por que não podemos tratar a terra como um "artigo", em vez de uma "comunidade"?
- As gerações futuras, que, afinal, ainda não existem, têm o direito de receber um meio ambiente limpo e natural quando nascerem, mesmo que isso represente um ônus para a atual geração?
- O homem pode "melhorar" a natureza? Como? O que constitui essa "melhoria"? Podemos recriar espécies naturalmente extintas como os dinossauros?
- Os avanços da ciência ambiental têm implicações morais?
- As pesquisas com engenharia genética, clonagem, transgênicos podem criar seres sem inimigos naturais e, dessa forma, causar um desequilíbrio ambiental sem precedentes?
- Os seres humanos são psicologicamente capazes de cuidar da natureza para as gerações futuras? Se contamos com essa capacidade, somos moralmente obrigados a fazer isso?

ÉTICA AMBIENTAL: DESCRITIVA, NORMATIVA E CRÍTICA

Os filósofos morais consideram útil distinguir três "níveis" de estudo em sua disciplina. O primeiro nível é a ética descritiva, que consiste em descrever o que as pessoas e suas culturas fazem, ou seja, quais são seus valores. Imagine, por exemplo, uma pesquisa de opinião pública hipotética reportando que 55% dos moradores da Baixada Santista são a favor de medidas que visem proteger a região do estuário, mesmo que isso implique utilizar recursos financeiros que poderiam ser destinados a projetos de construção de casas populares, 30% se opõem a tais medidas e que 15% mostram-se indecisos. Já que a pesquisa relata as opiniões morais da amostra da população, sem oferecer um julgamento moral dessas convicções, a urna é um exercício de ética descritiva. De forma semelhante, um relatório antropológico que demonstra que uma determinada tribo é de caçadores de cabeça descreve os valores daquela tribo. Ética descritiva, então, pode ser considerada um tipo especializado de ciência social.

O segundo nível é a ética normativa, que lida com assuntos morais no sentido convencional do termo, isto é, com perguntas sobre o certo ou errado, deveres e propriedade, justiça e injustiça, virtude e maldade, e assim por diante. Nesse nível de discurso ético, julgamentos são feitos e defendidos em relação a valor moral de atos, motivos e políticas, ou das pessoas e comunidades responsáveis por esses atos, motivos ou políticas. Ademais, em casos particulares, recomendações são feitas sobre o moralmente "melhor" curso de ação ou conduta. Desse modo, uma resposta normativa para o caso da preservação do estuário poderia ser "como nossos cidadãos são terríveis, preocupando-se com um pedacinho de rio e mar, em vez de se preocupar com uma população carente e necessitada". Ou, por outro lado, "eu estou contente por ver que nossos cidadãos estão afinal recobrando seu juízo moral e reconhecendo que os seres humanos são mais importantes que o estuário". De modo semelhante, alguém pode normativamente condenar a prática de caça à cabeça com uma argumentação baseada na descrição dos valores morais feita por um antropólogo.

Como o filósofo está acostumado a "pedir a próxima pergunta", ele não se satisfaz em ouvir uma opinião normativa. Ele insiste em obter uma declaração clara e precisa dos significados dos conceitos empregados na opinião. Quando o filósofo busca clarificar o significado das condições normativas ou examinar a estrutura, as bases e as justificativas dos argumentos normativos, ele está exercendo a atividade de ética crítica, ou "metaética". Ele é, de certo modo, um espectador intelectual do julgamento normativo. É tarefa do filósofo moral crítico tomar conta da lógica, do idioma e da metodologia do discurso e do argumento normativo. Desse modo, se um moralista condena a pena de morte como "injusta" ou um caçador de cabeças como "selvagem", o metafilósofo ético pedirá o significado de "justiça" e "barbarismo" nesses contextos. Ele inquirirá também sobre a natureza e as consistências dos argumentos oferecidos em defesa das solicitações normativas.

Uma falha em separar esses níveis de investigação ética pode levar a confusão e erros graves. Por exemplo, uma falha em distinguir entre ética descritiva e normativa pode levar alguém a supor que a cultura dos caçadores de cabeça é ingênua, primitiva; assim, se ela desaparecer, nada teremos a perder. O fracasso para distinguir entre ética normativa e ética crítica pode levar a conclusões morais precipitadas. Por exemplo, se afirmarmos "metaeticamente" que as gerações futuras podem ter o direito de receber um meio ambiente limpo e natural quando nascerem, não segue daí que eles, normativamente, tenham o direito de receber a Região Amazônica em seu estado natural, abortando toda e qualquer ação de desenvolvimento da região. Além disso, se alguém normativamente discute que despejar resíduos radioativos no oceano é "inerentemente injusto", não deveríamos nem aceitar nem rejeitar sua reivindicação até que tenhamos metaeticamente determinado o que ele quer dizer por "inerentemente injusto" e examinar a estrutura de seu argumento e as premissas do ponto de vista do que é discutido.

Agora, vamos aplicar esses três níveis de investigação ética à ética ambiental. Primeiro, a ética ambiental descritiva não constitui um problema relevante pela simples razão de que, no sentido exato, a "ética ambiental descritiva" não faz parte de uma filosofia moral; ela é muito mais uma ciência social. E se perguntarmos o que o brasileiro pensa sobre os parques nacionais? Eles acreditam que os parques são "valiosos"? Qual o valor do custo de sua preservação? Tais perguntas podem ser respondidas em uma pesquisa de campo, não demandando julgamento de valores.

Se julgarmos os valores ambientais da maioria dos brasileiros como "deploráveis" (um julgamento normativo) e, desse modo, nos sentirmos motivados a "fazer algo a respeito", poderíamos tentar mudar essas atitudes por meio de programas de educação ambiental e educação moral. E quais métodos de ensino seriam mais eficazes para atingir os objetivos pretendidos?

A ética normativa lida diretamente com o "cerne" da moralidade, isto é, o que deveríamos fazer? Desse modo, a ética ambiental normativa está presente nos debates realizados no Congresso Nacional, nos sindicatos e órgãos de classe, nos conselhos municipais, nas reuniões de acionistas etc. Por exemplo, qual é o melhor uso para um rio, ou uma floresta, ou um deserto? Como deveríamos tratar essas áreas naturais? Como usá-las? Como protegê-las? Mantê-las intactas? Que nível de dano é aceitável para o meio ambiente e qual o nível de riscos para as futuras gerações que podemos correr em troca do desenvolvimento de combustíveis e usinas nucleares?

A ética crítica (metaética) está preocupada com os significados dos conceitos éticos e com as justificativas das reivindicações normativas. Desse modo, a metaética ambiental traz para o debate político perguntas como: Em quais suposições morais se baseiam os conceitos de desenvolvimento econômico e sustentável? Quais são os significados dos conceitos-chave de discursos ambientalistas como "uso responsável", "preservação", "integridade e estabilidade ecológicas", "sustentabilidade", "direitos e deveres", "capacidade de suporte" etc.?

Que tipos de argumentos morais podem ser oferecidos em defesa da competitividade empresarial e do desenvolvimento industrial? Esses argumentos morais são suficientes para justificar a instalação de uma indústria química numa região de estuário, como aconteceu com a Rhodia em Cubatão ou justificar a instalação de madeireiras na Região Amazônica? Quais conclusões podem ser extraídas desses argumentos? O "uso ótimo" da natureza ou o "direito de preservar uma paisagem natural", ou até mesmo de "inundar uma cidade para instalar uma usina hidrelétrica", podem ser reduzidos apenas a diferenças entre sentir, gostar, necessitar ou ter preconceito cultural? Por outro lado, tais argumentações podem ser suportadas somente por fatos e lógica, de maneira que dois grupos bem informados, imparciais e racionais em disputa sobre um assunto de política ambiental podem, em tese pelo menos, chegar a um acordo sobre seus pontos de vista normativos relativos à política? Por exemplo, as disputas em ciência são "suportadas" pela comprovação por meio do método científico. A visão metaética dessas disputas morais pode, em princípio, ser suportada por uma análise objetiva e racional (cognitivismo moral).

Com base no exposto até então, podemos identificar a "Ética Ambiental" como uma metaética, designando qualquer posição ética que expressa um ponto de vista relativo à responsabilidade do homem para com a natureza e identificar a "moralidade ecológica" como um caso particular da ética ambiental que vê o homem como parte da comunidade natural, com deveres, obrigações e respeito para com essa comunidade.

Possivelmente, o problema mais crucial e fundamental enfrentado pelo moralista ecológico está contido nesta pergunta: O nível da ação humana integrada com a natureza, coexistindo de forma harmoniosa e evoluindo ao longo do tempo, respeitando a biodiversidade e focado numa postura biocêntrica, nos dá o nível de nossa moralidade ambiental? Os moralistas mais ecológicos tendem a responder que sim. No entanto, podemos, sem exagero, sugerir que, se a ética ambiental não apresentar uma solução persuasiva ao problema das justificativas normativas com fatos objetivos e argumentos racionais, ela não merecerá a atenção séria dos filósofos morais.

Devido aos problemas profundos e persistentes como esses muitos filósofos ambientais acreditam que uma atenção mais urgente da ética ambiental deva ser dedicada a assuntos metaéticos, não porque as perguntas ambientais normativas não sejam importantes, mas porque os assuntos normativos estão definidos e porque dispomos de um instrumental teórico suficiente para tratá-los. Desse modo, em vez de acharmos soluções para as perguntas normativas, devemos primeiro resolver alguns problemas de significado e justificativa ética que são pré-requisitos.

Até esplêndidas declarações sobre ética ambiental normativa como *Land Ethics*, de Aldo Leopold,[2] ou *Walden*, de Henry David Thoreau,[3] nos deixam sem uma solução final. Em Leopold, encontramos pérolas do pensamento ético normativo como: "Uma ação está correta quando procura preservar a integridade, a estabilidade e a beleza da comunidade biótica. Está errado quando ela faz o contrário." Mas, enquanto muitos poderiam ler essas afirmações com aprovação e entusiasmo, perguntamos qual o significado dessa assertiva? E estamos preparados, após ter lido Leopold, para defender, de maneira cuidadosa e estruturada, essa máxima?

É bem provável que a maior parte dos defensores da posição de Leopold não esteja bem preparada para responder a esses desafios, não por serem descuidados, irracionais, parcialmente românticos ou partidários, mas porque as questões metaéticas de significado e justificativas emergem e lidam com alguns dos mais profundos, obscuros e persistentes problemas da filosofia moral.

DESENVOLVIMENTO ECONÔMICO E MEIO AMBIENTE

A idéia de racionalizar o uso e a gestão dos recursos naturais está na base das economias dos territórios e é tão antiga quanto os primeiros assentamentos humanos. Mas, de um ponto de vista absoluto, esses recursos não existem; unicamente são utilizados com relação a certo nível de desenvolvimento técnico e à situação geográfica do espaço. Os elementos naturais que compõem um território têm valor como recursos, em função de sua utilização como excedente por uma sociedade em determinada época.

Quando a questão é conservar a natureza, o sistema econômico precisa resolver como os recursos naturais devem ser valorizados por sua não-utilização. Talvez o primeiro a apresentar essa questão no desenvolvimento capitalista foi Meadows, em 1973, ao enviar seu famoso relatório à Conferência de Es-

---

[2] Aldo Leopold (1887-1948) é considerado por muitos um profeta. Seu pensamento estava à frente de seu tempo; ele foi um filósofo ambiental antes mesmo que a filosofia ambiental entrasse em cena. Ele estudou as implicações morais das ciências biológicas, o porquê de os seres humanos terem obrigações morais para com a natureza, como a teoria da evolução e a ecologia podem trazer subsídios para a ética ambiental. Em 1949, é publicada, postumamente, uma coleção de ensaios de Aldo Leopold, intitulada *A Sand County Almanac*, em que Leopold argumenta que uma nova ética é necessária para tratar de assuntos como "estabilidade, integridade e beleza da comunidade biótica, da qual os seres humanos são apenas membros e cidadãos". Esse ensaio influenciou profundamente o pensamento ético ambiental norte-americano.

[3] Henry David Thoreau (1817-1862) enfatizou a importância de viver em harmonia com a natureza. Suas reflexões sobre o direito à desobediência influenciaram Mahatma Gandhi e Martin Luther King Jr. e formaram a base das campanhas ambientalistas dos praticantes da desobediência civil. Publicou *Walden* e *On the Duty of Civil Disobedience*.

tocolmo sobre Meio Ambiente Humano. O autor elaborou um modelo para analisar a taxa de esgotamento dos recursos naturais em função da crescente exploração humana, e prognosticou que, aproximadamente no século XXIV, esses recursos em todo o mundo chegariam a um esgotamento total.

Esse prognóstico despertou grande interesse por parte da sociedade civil, principalmente nos países industrializados, que, na década de 1970, experimentaram um grande aumento nas demandas de qualidade de vida e valores pós-materialistas, incluindo a consciência dos riscos a longo prazo pelo agravamento dos desequilíbrios ambientais no globo terrestre e por diversos alertas sobre possíveis mudanças globais na atmosfera e no clima.

Para formular seu modelo, Meadows separou os recursos naturais em dois blocos: os renováveis e os não-renováveis. Estes últimos não podem ser utilizados sem esgotamento total, como no caso dos combustíveis fósseis. As reservas totais são fixas, pois existe um limite à sua utilização acumulativa. Outros recursos como terras agrárias e recursos pesqueiros podem renovar-se até certo limite marginal, imposto pela segunda lei da termodinâmica.

Meadows e os teóricos que lhe seguiram observaram a necessidade de determinar a *produtividade máxima sustentável*. Em tese, o crescimento poderia deter-se nesse ponto e a produtividade permanecer indefinidamente no mesmo nível, sem trazer nenhuma restrição ambiental às futuras gerações.

Introduzir a conservação dos recursos naturais no debate econômico foi um esforço inovador, já que prevalecia, desde a tradição neoclássica até a marxista, a suposição de que, por meio da acumulação de capital e do progresso técnico, o crescimento econômico poderia continuar indefinidamente.

Todavia, a solução da produtividade máxima sustentável se mostrava atraente para a questão do esgotamento dos recursos, e o movimento ambientalista estava longe de um consenso, visto que a determinação de uns limites concretos é contraditória com as opções de racionalidade do desenvolvimento econômico clássico, que pregava o crescimento ilimitado da oferta de bens e consumo: a *eficiência* e a *eqüidade*.

Parte dos ambientalistas se lançou ao debate denunciando a incompatibilidade insuperável entre o crescimento econômico e a conservação do meio ambiente no longo prazo, o que colocaria a humanidade numa encruzilhada para formular uma nova racionalidade ao desenvolvimento. Inicialmente, essa tese foi sintetizada por Herman Daly, em 1973, com a publicação da teoria da economia do estado estacionário (*steady-state economy*).

Por estado estacionário, entende-se um estoque constante de riqueza física (capital) e um estoque constante de população. Como conseqüência, os estoques devem manter-se com um índice de entradas (nascimentos, produção) igual ao índice de saídas (mortes, consumo). Essa teoria, em vez de partir da premissa de que a eficiência do sistema está na alocação dos recursos materiais e em sua distribuição, tem por fundamento a capacidade de suporte da terra. As decisões econômicas só seriam eticamente justas do ponto de vista da conservação dos recursos do planeta para as gerações futuras se o processo de desenvolvimento tendesse a submeter as relações do sistema social às leis de funcionamento do sistema natural.

Obviamente, a economia do estado estacionário foi amplamente rejeitada, principalmente pelos países do Terceiro Mundo, em que a obsessão pelo crescimento econômico era sinônimo de desenvolvimento. Nas conferências internacionais, as representações diplomáticas dos países subdesenvolvidos rejeitavam qualquer proposta que buscasse restringir o crescimento. Já os países industrializados tratavam de "olhar para o futuro", buscando enfatizar em seu discurso a preocupação com o processo de desenvolvimento que "estava por acontecer" (em uma clara alusão às responsabilidades dos países pobres) e evitando repensar o que já estava feito.

As teses em favor de um crescimento econômico sustentável surgiram a partir da realização da Conferência Mundial sobre Meio Ambiente e Desenvolvimento (CMMAD), em 1987, quando se proclamou a necessidade de convergência das nações a um processo de desenvolvimento sustentável do ponto de vista ambiental. No mesmo ano, as agências financiadoras para a cooperação internacional se adiantaram em defender que o caminho para se chegar à sustentabilidade deveria basear-se no princípio da eficiência produtiva. Como exemplo, podemos destacar o Banco Mundial, que, em 1987, anunciou a criação de um departamento ambiental e prometeu incrementar as linhas de financiamento nessa área. Em seu discurso, sobressai um argumento liberal francamente favorável ao crescimento econômico, afirmando que as dificuldades para promover um desenvolvimento sustentável não resultam das ações privadas, mas sim de distorções causadas por políticas setoriais como as de preços e subsídios, de impostos sobre a terra e de crédito, que afetariam indiretamente a taxa de degradação ambiental.

Outra tese também favorável ao crescimento econômico sustentável foi formulada pela CEPAL, em princípios da década de 1990, cuja premissa é *não destruir os recursos* nos quais se baseia o progresso. A agência entende que o desenvolvimento sustentável não deve ser compreendido como um obstáculo aos propósitos da transformação produtiva, por entender que as ações em progresso técnico devem assimilar os custos derivados da proteção ao meio ambiente, o que, em princípio, não implicaria limites físicos ao aumento da produtividade. Não obstante, sua aposta difere explicitamente da do Banco Mundial, por predizer que o desenvolvimento só pode ser sustentável mediante o aumento da igualdade territorial e social. De acordo com essa perspectiva, é imperioso que os Estados assumam o papel de promotor de políticas distributivas e redistributivas tanto sociais como territoriais, com o objetivo de melhorar o "status" político da sociedade civil e a oferta de emprego, bem como reduzir a pobreza e o uso inadequado do meio ambiente.

POR UMA ÉTICA AMBIENTAL CORPORATIVA

O mundo dos negócios não oferece uma direção clara no sentido de encontrar e justificar um código de conduta para as ações ambientais, ou deveríamos dizer, para as intervenções humanas no meio ambiente natural. Em conseqüência, não podemos achar que seja possível derivar um moral coerente com os princípios da ética ambiental. Do ponto de vista ecológico, tal moral para o meio ambiente terá de desafiar três tradições básicas:

a) **Antropocentrismo**. Em geral, somos compelidos a definir uma escala de valores tendo o homem como centro do esquema conceitual de coisas. Desse modo, atos ou estratégias são vistos como "bons" se beneficiarem indivíduos ou comunidades humanas. Uma visão mais generosa incluiria o não-humano; no entanto, eles figuram apenas como simples criaturas nos subúrbios de nossa preocupação moral. Por outro lado, outras teorias morais identificam como "bons" aqueles atos e estratégias motivados pelo respeito à "dignidade individual". Os seres não-humanos e a natureza propriamente dita não compartilham tal "dignidade". O moralista ecológico, pelo contrário, é mais propenso a ver a humanidade não no centro do universo moral, mas como um ingrediente, presumivelmente um ingrediente necessário, no reino da moralidade, particularmente no que diz respeito à responsabilidade para com a natureza. A ética antropocêntrica está intimamente associada ao paradigma mecanicista. A idéia aristotélica da natureza como algo vivo e animado, em que as espécies procuram realizar seus fins naturais, é substituída pela idéia de uma natureza sem vida e mecânica.

b) **Análise reducionista**. Estamos acostumados, por conta de nossas tradições eruditas, a transitar do conhecimento firmado e reconhecido até as conjecturas incertas e inseguras. Adquirimos nosso conhecimento passo a passo, parte por parte, aos pedaços, e vamos acumulando esses pedaços de conhecimento até que um todo surja das partes. A partir dessa tradição, é fácil concluir por que entendemos algo ou por que resolvemos um problema primeiro identificando as partes e então suas regras de combinação. A abordagem de identificar as partes a fim de compreender o todo é o que chamamos de análise reducionista. O pensamento reducionista ainda é muito forte nas organizações com seus centros de negócios, diretorias, departamentos e seções. O ponto de vista ecológico, contudo, inverte essa abordagem. O ecólogo sugere: pegue o todo, pense como uma montanha e então o todo explicará as partes. Mas não podemos abandonar a análise em favor do holismo. Tal atitude pode limitar nossa compreensão. Um historiador ou filósofo da ciência reconhecerão a necessidade de se obter um equilíbrio dinâmico entre a apreensão e a aplicação das partes e do todo tanto na teoria científica como na prática.

c) **A perspectiva do egocêntrico**. O método de "análise reducionista" lidera "o ponto de vista do egocêntrico". Seguindo uma tradição filosófica endossada e exemplificada por Hume e Descartes, muitos filósofos insistiam que a investigação filosófica deveria iniciar-se com dados "consistentes" e "confirmados" oriundos da experiência e da consciência imediata, para, então, sair cautelosa e deliberadamente em busca de conjecturas. O mundo empresarial segue linhas análogas. Na concepção de um novo produto, por exemplo, parte-se de uma pesquisa de mercado para a obtenção de dados confiáveis sobre comportamento do consumidor, análise da concorrência, conjuntura econômica, para então conjecturar sobre uma possível mudança no gosto do consumidor ou sobre a entrada de um novo competidor. Não é difícil entender por que, em tal tradição, a pergunta sobre a responsabilidade moral do homem para com a natureza seja completamente negligenciada. O ecólogo, como bem conhecemos, concebe a "natureza" como um sistema complexo de interação das partes. Tal conceito está desesperadamente fora do alcance de uma metodologia que "começa" com a "experiência e a consciência subjetiva" imediata. Desse modo, o método analítico preferido por muitos homens de negócios, sua maneira preferida de fazer o trabalho, manteve-os distantes das perguntas sobre ética ambiental. Além disso, ao colocar a humanidade no centro das preocupações empresariais, muitos executivos assumiram, equivocadamente, que a humanidade também estava no centro da natureza. O moralista ecológico adota uma perspectiva diferente: o homem não é o mestre ou senhor da natureza, mas apenas um membro dessa comunidade.

Devido à falta de um código de conduta para as ações ambientais e considerando as três tradições teóricas (antropocentrismo, análise reducionista e perspectiva egocêntrica), as intervenções humanas no meio ambiente natural, sobretudo as de caráter empresarial, levam ao surgimento de graves problemas ético-ambientais no mundo corporativo. Dos principais problemas com implicações corporativas, destacamos os que seguem:

Agricultura

A agricultura tem sido pouco discutida pelos acadêmicos da ética ambiental e não é difícil entender o porquê. Os estudiosos da ética ambiental têm focado no debate sobre o valor do meio ambiente independente de seu uso pelos seres humanos. O problema vem crescendo com os debates sobre a proteção ao meio ambiente e a biodiversidade. A agricultura é, por definição, o uso da terra em benefício do homem, e tal terra pode, evidentemente, abrigar espécies animais e botânicas que serão, senão no todo pelo menos em partes, destruídas para que seja possível seu uso com finalidade agrária. A agricultura tem procurado manter-se fora do debate ético, justamente por seu caráter destruidor de áreas naturais e redutor da biodiversidade, mas não tem deixado de ser o foco de críticas de grupos ambientalistas. Em 1995, Paul Thompson publica seu livro intitulado *The Spirit of the Soil: Agriculture and Environmental Ethics*, no qual aponta alguns dos principais problemas éticos enfrentados pela agricultura, que vão desde o desmatamento da área natural para a prática agrícola até o uso de sementes transgênicas, passando pelo uso de herbicidas e pesticidas, grandes poluentes do solo.

Poluição atmosférica

Os problemas éticos da poluição atmosférica transcendem as fronteiras geográficas e remetem a discussão ao palco das nações. A poluição atmosférica está intimamente relacionada com a produção industrial e os transportes. Anualmente, são despejados na atmosfera milhões de toneladas de CO_2, SO_2, NO_X, materiais particulados com graves conseqüências para a saúde humana e o meio ambiente. A destruição da camada de ozônio por CFC, associada ao acúmulo de gases-estufa, o qual promove o aquecimento gradual do planeta, tem causado profundas mudanças no pensamento ambiental corporativo. A questão da relação custo-benefício deixa de ser apenas de ordem econômica e passa a incluir a variável ambiental nos planejamentos estratégicos empresariais. O problema ético se agrava quando perguntamos: Se um indivíduo é morto por chuva ácida ou desenvolve câncer por se expor à radiação ultravioleta, em decorrência do buraco na camada de ozônio, somos todos moralmente responsáveis? Afinal, se a indústria descarrega milhões de toneladas de poluentes na atmosfera, é porque sua produção para atender ao mercado consumidor é grande. Mas, por outro lado, poderia optar pelo uso de tecnologia limpa. Em resumo, é como correr atrás da própria sombra.

Biodiversidade

A palavra biodiversidade é uma abreviatura para diversidade biológica, indicando a grande variedade de tipos de vida no planeta. Uma série de problemas éticos está surgindo por conta da biodiversidade, ou seja, ela deve ser mantida? Por quê? Temos o dever ético de preservar as espécies? Quais argumentos devemos adotar para defender nossa resposta? O processo de extinção de algumas espécies é necessariamente mal ou faz parte do mecanismo de evolução das espécies? Até onde devemos defender a manutenção da biodiversidade? É inegável que, por trás dos discursos de muitas corporações que defendem a manutenção da biodiversidade, reside a clara noção de que a biodiversidade constitui a principal fonte de matérias-primas para as indústrias químicas e farmacêuticas. Atualmente, a produção industrial de diversos tipos de moléculas, com altíssimo valor agregado, só é possível por meio de processos biológicos. Continuamos presos ao paradigma antropocêntrico?

Mudanças climáticas

De modo geral, as mudanças climáticas referem-se às mudanças de longo prazo ocorridas nos padrões climáticos, incluindo a temperatura do ar e dos oceanos, a velocidade e direção dos ventos, o nível de precipitações e a pressão atmosférica, usualmente, mas nem sempre, em escala global. Mais recentemente, o termo vem sendo empregado no sentido particular de descrever as mudanças no clima global causadas pelo aumento das emissões antropogênicas de gases causadores do efeito estufa. Nos últimos 150 anos, as atividades industriais e agrícolas têm liberado enormes quantidades de gases-estufa, especialmente dióxido de carbono e metano. É preocupante, do ponto de vista ético, quando um país como os Estados Unidos se recusa a assinar um protocolo que restringe o nível de emissão desses gases, quando ele próprio é um dos maiores, senão o maior, emissor. As mudanças climáticas afetam diretamente a biodiversidade, pois muitas espécies são bastante sensíveis a pequenas variações climáticas, causando a extinção de milhares de organismos. Isso é moralmente inaceitável.

Destruição de florestas nativas

O primeiro e mais óbvio dos problemas causados pela destruição de florestas nativas é a redução da biodiversidade. As florestas são ricas em biodiversidade e as florestas tropicais, em particular, constituem um dos ambientes com maior concentração de espécies. As florestas nativas, em diversas partes do globo, abrigam inúmeros grupos indígenas, que vivem da floresta, têm sua base econômica, social, cultural e religiosa intimamente associada às florestas. Sua destruição abre espaço para a introdução de doenças desconhecidas desses povos, tanto físicas como psíquicas, que podem levá-los à extinção.

A QUESTÃO ENERGÉTICA

O debate sobre a questão energética é de uma estimulante complexidade, em face de sua natureza, que permite a articulação a partir de uma grande diversidade de campos do conhecimento. Entretanto, é necessário que esse exercício não se subordine aos vícios de uma visão economicista que, ao se servirem de categorias de análise como "oferta", "demanda", "recursos energéticos", "consumo energético", obscurecem processos que são físicos e biológicos, constituídos de longas cadeias contínuas de conversões de energia que seguem os princípios da segunda lei da termodinâmica, a qual aponta para a tendência a uma incessante perda da qualidade da energia. A questão energética também abre um campo para o debate político ao se considerarem os procedimentos que estruturam e sustentam o processo de decisão. As bases para a sustentabilidade da produção e do consumo energético devem se apoiar em algumas disposições como: investimentos para aproveitamento do gás metano, incentivos ao consumo de combustíveis obtidos de vegetais (álcool, biodiesel), incentivos à cogeração de vapor e eletricidade em processos industriais e em coletividades, com fins reprodutivos, incentivos à experimentação e à disseminação em escala comercial de equipamentos de energia eólica, solar térmica e fotovoltaica, geotermia, gaseificação de resíduos orgânicos e de material lenhoso, ampliação dos investimentos para extração e aproveitamento do gás natural, incentivo às pequenas centrais hidrelétricas, incentivo à cogeração a partir da gaseificação do bagaço de cana.

Além dos problemas éticos apresentados, poderíamos elencar diversos outros relacionados a engenharia genética, caça e pesca, crescimento populacional, proliferação de armas e usinas nucleares e até mesmo atividade turística.

Todos esses problemas ambientais exigem para sua solução, por parte do empresariado, que suas empresas sejam gerenciadas de maneira holística, integrando os princípios da ética ambiental às estratégias e aos planos de negócios.

O GERENCIAMENTO HOLÍSTICO

Sabe-se, e isso não é de hoje, que necessitamos mudar o modo como tomamos decisões, mas nosso conhecimento ainda apresenta falhas vitais. Alguns novos fatores-chave, tomados em conjunto, podem nos fornecer uma pista para a remoção dos obstáculos do caminho – em nosso ensaio, analisamos dois deles. Eles foram descobertos separadamente nos últimos 80 anos e foram ignorados, esquecidos ou simplesmente deixados de lado porque representavam um novo conhecimento, contrário às crenças da maioria das pessoas. Podemos citar algumas pessoas notáveis que, a seu tempo e a seu modo, apresentaram pontos de vista contrários ao *status quo* e que revolucionaram seus campos de conhecimentos. Copérnico, Galileu, Charles Darwin, Albert Einstein representam esse grupo de pessoas e, propositadamente, são cientistas. É fato que mesmo as mentes treinadas dos cientistas ainda procuram analisar os fatos com base em suas crenças ou paradigmas de acordo com Thomas Kuhn.[4]

Se uma idéia está em linha com o que acreditamos, dizia Kuhn, aceitamos sem maiores esforços. Mas, quando uma nova idéia vai contra nossa experiência, conhecimento e juízos de valor entre o que sabemos e o que achamos a respeito, nossa mente bloqueia, distorce e até mesmo rebela-se contra. Nenhum de nós escapa do *efeito paradigma*. E, assim, chegamos ao gerenciamento holístico e aos dois fatores-chave que são: o todo é maior que a soma das partes, e o meio ambiente não responde da mesma maneira às mesmas influências.

O gerenciamento holístico procura trabalhar com esses fatores-chave para poder atingir seus objetivos, que são a *qualidade de vida* – a qual expressa o modo como as pessoas vivem em harmonia com o meio ambiente, tanto natural como construído –, as *formas de produção* – que representam o que as pessoas necessitam produzir para criar a qualidade de vida desejada num ambiente marcado pela complexidade inerente – e a *manutenção dos recursos futuros* – que representa como, no futuro, poderemos sustentar nosso modo de produção. Assim, a chave para a tomada de decisão reside em atender aos objetivos holísticos por meio de planejamento. Monitoramento, controle e replanejamento a fim de se obterem modelos que possam orientar o diagnóstico de problemas, orientar pesquisas e analisar políticas que possam, com grandes chances de sucesso, mudar o modo como vemos e tratamos os desafios apresentados.

CONSIDERAÇÕES FINAIS

O percurso que fizemos até aqui, passando pela sobreposição progressiva do conceito de ética, desenvolvimento sustentável, gerenciamento holístico e outros, permite que façamos uma pergunta que é a síntese de tudo que

---

[4] KUHN, Thomas. *A Estrutura das Revoluções Científicas*. São Paulo: Editora Perspectiva, 1994.

abordamos. Por que a ética ambiental e por que agora? Porque simplesmente não podemos ser omissos, ignorar o assunto, para não ter de tomar decisões sobre assuntos de ética ambiental a favor da manutenção do *status quo* e a favor de empresas predadoras. Nosso pobre, danificado, saqueado e poluído planeta não poderá suportar por muito tempo que as corporações continuem dilapidando o patrimônio natural, impunemente. Nos últimos dois séculos, avançamos muito na compreensão do mundo natural, no entendimento das relações sistêmicas que se processam, na teia da vida, como diria Capra.[5] O crescimento explosivo do conhecimento científico, seguido por um crescimento paralelo em ingenuidade técnica, criou uma "explosão" de problemas morais, alguns sem precedente na história humana.

A ética é uma preocupação humana muito antiga, mais velha, talvez, que a própria filosofia; no entanto, a ética ambiental é mais nova. Devido ao dramático crescimento do conhecimento em ciência e tecnologia, não é difícil ver por que isso aconteceu. A ética lida com o reino do imaginário humano, administra o que cai entre o impossível e o inevitável, isto é, dentro dos limites de capacidade das escolhas humanas. Agora, cabe às corporações adquirirem competências para a tomada de decisões frente a problemas nunca antes enfrentados no curso da história humana, pois elas estarão face a face com escolhas nunca contempladas em seus milhares de planos estratégicos ou nas inúmeras decisões de negócios. Essas escolhas incluem nascimento, vida e morte para a nossa espécie e para a natureza em seu todo, são elas que estarão mudando radicalmente a paisagem viva para sempre. É um processo irreversível.

Enquanto o ecossistema não for entendido, nem mesmo reconhecido ou apreciado como um sistema, enquanto a terra e seus rios forem considerados muito vastos para serem danificados pelas escolhas humanas voluntárias, não existirá nenhuma ética ambiental. Mas agora, em nosso próprio tempo, temos de reavaliar o mito da Gênese, pois, com o conhecimento, vem o poder, e com ambos perdemos a inocência.

Os assuntos de ética ambiental são atuais, vivos e fortes: eles envolvem escolhas morais de capital importância sobre o que podemos fazer e, até mais, sobre o que devemos fazer. Nossa responsabilidade moral para com a natureza e para com o futuro é de uma urgência sem precedentes; é uma responsabilidade da qual não podemos escapar. Em nossas mãos, antes descuidadas, repousa o destino de nosso meio ambiente natural, das espécies que partilham o planeta conosco e das gerações que estão por vir.

---

[5] CAPRA, F. *A teia da vida: Uma nova compreensão científica dos sistemas vivos.* São Paulo: Cultrix, 1996.

REFERÊNCIAS

BOFF, L. *Ecologia: Grito da Terra, grito dos pobres*. 2ª ed. São Paulo: Ática, 1996.

BUARQUE, C. *A desordem do progresso: o fim da era dos economistas e a construção do futuro*. 3 ed. Rio de Janeiro: Paz e Terra, 1991, 186 p.

CALLICOTT, J. BAIRD. *Beyond the Land Ethic*. Nova York: State University of New York Press, 1999.

CAPRA, F. *A teia da vida: uma nova compreensão científica dos sistemas vivos*. São Paulo: Cultrix, 1996.

_____. *O ponto de mutação*. São Paulo: Cultrix, 1982.

CAVALCANTI, C. (Org.). *Desenvolvimento e natureza: estudos para uma sociedade sustentável*. São Paulo: Cortez, 1995.

CMMAD (Comissão Mundial sobre o Meio Ambiente e Desenvolvimento). *Nosso futuro comum*. 2ª ed. Rio de Janeiro: Fundação Getulio Vargas, 1991.

FIGUEIREDO, P. J. M. *The Brazilian Environmental Debate: Conceptual Elements and Controversial Questions*. Texto produzido na University of Georgia – UGA, 1997.

HERCULANO, S.C. "Do desenvolvimento (in) suportável à sociedade feliz". In: GOLDENBERG, M. (Coord.). *Ecologia, ciência e política*. Rio de Janeiro: Revan, 1992.

MEADOWS, D. H. et al. *Limites do crescimento*. São Paulo: Perspectiva, 1978.

NOVAES, A. *Ética*. São Paulo: Companhia das Letras, 1999.

PALMER, C. *Contemporary Ethical Issues: Ethics Environmental*. Santa Barbara, CA: ABC-Clio, 1997.

ROUSSEAU, Jean Jacques. *Discurso sobre a desigualdade*. São Paulo: Abril S.A. Cultural, 1983. [Coleção Os Pensadores.]

SACHS, I. *Ecodesenvolvimento: crescer sem destruir*. São Paulo: Vértice, 1986.

VANDEVEER, D. e PIERCE, C. *The environmental ethics and policy book; Philosophy, ecology, economics*. Belmont: Wadsworth Publishing Company, 1993, 649 p.

WOLF, C. *Markets, justice, and the interests of future generations. Ethics and the Environment*, v. 1, n. 2, p. 153-175, 1996.

CAPÍTULO 3

DESENVOLVIMENTO E CONSCIÊNCIA SOCIAL SOB O ENFOQUE DA QUALIDADE DE VIDA NO TRABALHO

Ana Cristina Limongi França

RESUMO

Essas ações complexas ocorrem em situações típicas no terceiro milênio, entre elas:

- Circulação instantânea de informações com uso intensivo de sistemas virtuais;
- Busca de novos valores para superar o clássico freudiano: *mal-estar da civilização*;
- Estímulo à inovação e à competitividade em atividades individuais e coletivas.

Comunidades, organizações de trabalho – públicas ou privadas – já reconhecem grande variedade de ações, práticas e políticas relacionadas direta ou indiretamente à qualidade de vida no trabalho. As principais pressões mundiais para práticas de bem-estar vêm de situações muito específicas de mal-estar na vida de pessoas e comunidades. As pressões são, em sua maioria, de natureza psicossocial, entre elas: câncer, AIDS, idade, gênero, violência, assédio moral, diversidade, estresse, *Burnout*, riscos e tantos outros desequilíbrios da condição humana dentro e fora do trabalho.

Este capítulo traz conceitos, um breve histórico e a proposta de reflexão em eixos temáticos relacionados à tipologia das Escolas de Pensamento em Gestão de Qualidade de Vida no Trabalho, cujo principal objetivo é o fortalecimento da cidadania, integrado à eqüidade e à justiça social. A agilidade e a velocidade das informações ainda são limitadas pela necessidade de inclusão digital à tecnologia, mas vive-se a era do conhecimento. A Qualidade de Vida no Trabalho (QVT) faz parte das mudanças pelas quais passam as relações de trabalho na sociedade moderna, em rápida transformação, e do trabalho sustentável. Criar valores, reconhecer a necessidade de construção de novas práticas e de gestão sustentável das estratégias negociais e organizacionais resumem a proposta deste texto.

INTRODUÇÃO

A economia da era digital, os novos paradigmas da gestão organizacional e a difícil união entre qualidade de vida e estabilidade econômica impulsionam ações complexas. Essas ações complexas ocorrem em situações típicas no terceiro milênio, entre elas:

- Circulação instantânea de informações com uso intensivo de sistemas virtuais;
- Busca de novos valores para superar o clássico freudiano: *mal-estar da civilização*;
- Estímulo à inovação e à competitividade em atividades individuais e coletivas.

Comunidades, organizações de trabalho – públicas ou privadas – já reconhecem grande variedade de ações, práticas e políticas relacionadas direta ou indiretamente à qualidade de vida no trabalho. Apesar desse reconhecimento da necessidade de atuar de forma efetiva em todos os aspectos do bem-estar pessoal e coletivo, há inquietudes quanto a pressões, conciliação de expectativas entre trabalho, família e consumo, diferenças entre os tipos de estresse: eustresse – adaptação saudável – e distresse – adaptação doentia a hábitos alimentares e cuidados físicos, estilos de vida, impactos tecnológicos. Há muitos estímulos e poucos valores para a consciência do bem-estar como parte da vida – dentro e fora do trabalho.

As ações de qualidade de vida não são aleatórias. Por princípio, devem gerar sustentabilidade. As ações de QVT pressupõem necessidades a serem atendidas no sentido da preservação pessoal e da sobrevivência da espécie. Na última década é que se expandiu a idéia do conceito qualidade de vida. Em alguns países, as demandas de QVT são denominadas condições de trabalho (por exemplo, na França). A QVT era um fenômeno ignorado ou simplesmente não existia nas empresas? O mais provável é crer que QVT era uma ação não-reconhecida como responsabilidade do ambiente interno da organização, tanto por empregadores como por empregados. Vale destacar alguns desencadeadores de qualidade de vida no trabalho típicos de nossa sociedade pós-industrial. São eles:

- Estrutura da vida pessoal: família, atividades de lazer e esporte, hábitos de vida, expectativa de vida, cuidados com saúde, alimentação, combate à vida sedentária, grupos de afinidades e apoio;
- Fatores socioeconômicos: globalização, tecnologia, informação, desemprego, políticas de governo, organizações de classe, privatização de serviços públicos, expansão do mercado de seguro-saúde, padrões de consumos mais sofisticados;
- Metas empresariais: competitividade, qualidade do produto, velocidade, custos, imagem corporativa;
- Pressões organizacionais: novas estruturas de poder, informação, agilidade, co-responsabilidade, remuneração variável, transitoriedade no emprego, investimento em projetos sociais.

Os dados aparecem em estudos sobre Índice de Desenvolvimento Humano (IDH), Índice de Desenvolvimento Social (IDS) e Índice de Condições de Vida (IDCV) e, mais recentemente, risco, ergonomia nas questões de saúde e segurança do trabalho, carga mental, esforços repetitivos, riscos ocupacionais e comunicação tecnológica e a psicologia do trabalho: nos estudos sobre psicopatologia, significado do trabalho, processos comportamentais, como contrato psicológico de trabalho, motivação, expectativas. As atividades se referem

**PRESSÕES PARA
GESTÃO DA QUALIDADE DE VIDA NO TRABALHO**

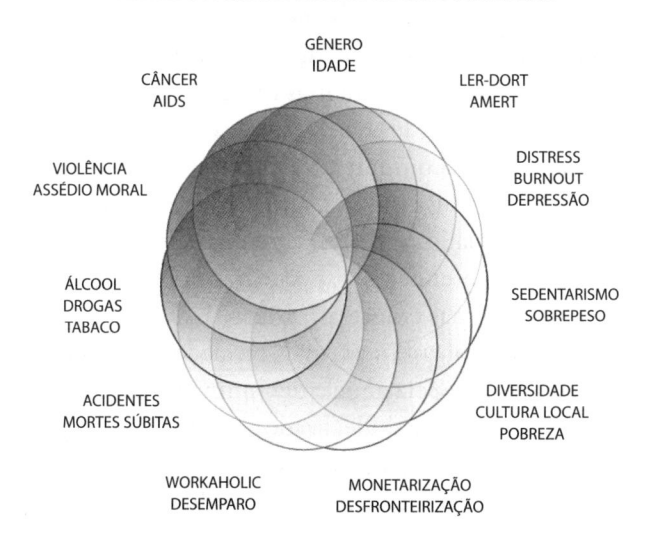

- GÊNERO IDADE
- CÂNCER AIDS
- LER-DORT AMERT
- VIOLÊNCIA ASSÉDIO MORAL
- DISTRESS BURNOUT DEPRESSÃO
- ÁLCOOL DROGAS TABACO
- SEDENTARISMO SOBREPESO
- ACIDENTES MORTES SÚBITAS
- DIVERSIDADE CULTURA LOCAL POBREZA
- WORKAHOLIC DESEMPARO
- MONETARIZAÇÃO DESFRONTEIRIZAÇÃO

a: cuidados primários com a saúde, promoção da saúde, hábitos alimentares, melhorias ergonômicas, segurança e riscos ocupacionais, psicopatologia do trabalho e carga psíquica. Daqui, estrutura-se o Conceito QVT, com foco na pessoa. Sintetizamos a seguir um panorama das principais pressões para gestão e sustentabilidade do bem-estar nas organizações.

Ainda hoje, o que se observa na maioria das organizações públicas e privadas são ações paliativas, aleatórias ou reativas às exigências de responsabilidade civil e criminal. No entanto, especificamente no âmbito da gestão de pessoas, há programas e estudos de redução da fadiga física e mental, tradicional tema da ergonomia. Há, na dimensão da atenção ao empregado, esforços gerenciais para entender a moral do grupo de trabalho, os problemas de desmotivação e, mais recentemente, os programas sobre balanço entre a vida pessoal e a profissional.

A responsabilidade social empresarial e o envelhecimento da população fortalecem a visão de desenvolvimento sustentável. Descortinam-se, no início do milênio, novos paradigmas para as questões de QVT.

Visando facilitar o desenvolvimento de estudos e o alinhamento de conceitos, desenvolvemos a tipologia de Escolas de Pensamento em Qualidade de Vida no Trabalho, com três linhas mestras:

- A Escola Socioeconômica
- A Escola Organizacional
- A Escola da Condição Humana.

A idéia de propor uma tipologia denominada Escolas de Pensamento de QVT – situando as demandas de qualidade de vida nas empresas – busca um avanço efetivo na compreensão das demandas no ambiente de trabalho da sociedade pós-industrial.

O tema Qualidade de Vida no Trabalho tem sido tratado num leque amplo. Define-se QVT desde cuidados médicos estabelecidos pela legislação de saúde e segurança até atividades voluntárias dos empregados e empregadores. A maioria desses caminhos nos leva à discussão das condições de vida e do bem-estar de pessoas, grupos, comunidades e até mesmo do planeta como um todo e de sua inserção no universo. Na verdade, acreditamos que a base da discussão do conceito de qualidade encerra escolhas de bem-estar e percepção do que pode ser feito para atender às expectativas tanto de gestores como de usuários das ações de QVT nas empresas.

Na atualidade, talvez a contribuição mais reveladora no campo da organização sociopolítica das nações seja aquela denominada de "terceira via". Giddens (1998:37 e 76), seu principal idealizador, situa os dilemas da sociedade nos últimos 15 anos: a globalização, o individualismo e as posições políticas esquerda e direita, que parecem não ter mais sentido.

Dimensões do Trabalho

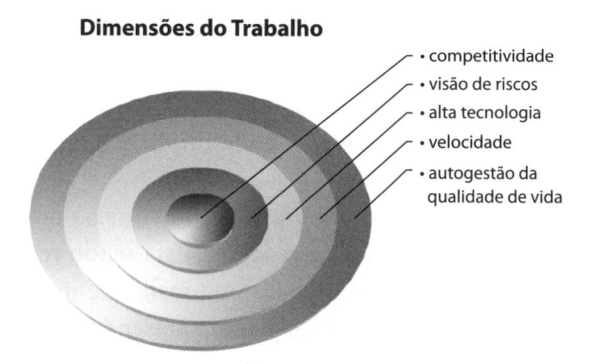

- competitividade
- visão de riscos
- alta tecnologia
- velocidade
- autogestão da qualidade de vida

Cresce a consciência sobre o desenvolvimento sustentável e o futuro das novas gerações, o que coloca em xeque o processo de globalização. Para o autor, o objetivo geral da política da terceira via deveria ser ajudar os cidadãos a abrirem caminho pelas mais importantes revoluções de nosso tempo: globalização, transformação na vida pessoal e relacionamento com a natureza. Os valores difundidos pela "terceira via" estão fundamentalmente assentados no princípio da igualdade social, na proteção aos vulneráveis, na liberdade com autonomia, nos direitos com responsabilidade, na autoridade com democracia, no pluralismo cosmopolita, entre outros. Esses princípios afrontam o conservadorismo neoliberal, principal fonte ideológica por trás da globalização. De forma esquemática, Giddens (1998:37 e 76) enumera os princípios básicos dessa nova corrente política:

- desenvolvimento da cidadania;
- responsabilidade e projetos sociais;
- igualdade com liberdade;
- preservação do meio ambiente;
- desenvolvimento sustentável.

"É claro que os dilemas não são separados, mas precisamos atar os fios", afirma Giddens (1998). "Atar os fios", quando se fala de Qualidade de Vida no Trabalho, começa com a análise das relações de trabalho nesta era da globalização e de seus paradoxos. A globalização tem impulsionado novas relações de trabalho, as quais trazem tendências que, certamente, se refletem na segurança, na saúde e nas expectativas do trabalhador. Cada vez mais avançada, a tecnologia proporciona equipamentos de proteção mais seguros, e a medicina preventiva pode contar, por sua vez, com estudos e mais soluções. Ao mesmo tempo, novos desafios surgem pela revolução nas relações de produção e nas formas ocupacionais, como o trabalho a distância. Reivindicações para diminuir a carga horária de trabalho acontecem em vários países e, quando atendidas, esse tempo livre para o trabalhador descansar ou fazer outras atividades é direcionado para o turismo e o consumo. Simultaneamente, a inclusão de novas tecnologias pode implicar a exclusão de pessoas da esfera produtiva.

Esses paradoxos da era moderna indicam a constituição de um novo paradigma das ciências sociais. A sociedade nacional está sendo recoberta, assimilada ou subsumida pela sociedade global, uma realidade que ainda não está suficientemente codificada. A sociedade global apresenta desafios empíricos e metodológicos, ou históricos e teóricos, que exigem novos conceitos, outras categorias, diferentes interpretações. As referências conceituais alteram-se rapidamente. Segundo o cientista político Octávio Ianni (1994:147): "Sempre houve um enorme debate sobre como a sociedade e o Estado relacionam-se, qual deveria subordinar o outro e qual encarnar os valores morais mais elevados. Assim, estamos acostumados a pensar que as fronteiras da sociedade e do Estado são as mesmas ou, se não, poderiam (e deveriam) ser. [...] Vivemos em Estados. Há uma sociedade sob cada Estado. Os Estados têm história e, portanto, tradições. [...] O único problema era que, à medida que o tempo corria, mais e mais anomalias revelavam-se inexplicadas nesse esquema de referência; e mais e mais lacunas (de zonas de atividade humana não pesquisadas) pareciam emergir."

No campo aqui investigado da Qualidade de Vida no Trabalho, independentemente da camada analítica, seja ela biológica, psicológica, social ou organizacional, novas referências ou novos paradigmas estão surgindo. Veja o que acontece na área da saúde, seguindo as posições de Santos & Westphal (1999:75): "A nova saúde pública surge do reconhecimento de tudo o que existe ser produto da ação humana, salvo o que se poderia chamar de natureza intocada, em contraposição à hegemonia da terapêutica, como solução para todos os males que poderiam atingir o corpo do homem. A saúde de um indivíduo, de um grupo de indivíduos ou de uma comunidade depende também de coisa que o homem criou... as interações dos grupos sociais, das políticas adotadas pelo governo."

Há, portanto, consciência da **construção social** da saúde pública, por vários atores sociais que se tornam parte integrante do processo de saúde e doença das pessoas.

ESCOLA DE PENSAMENTO QVT: ORGANIZACIONAL

A dimensão socioeconômica está presente e condiciona as formas de encarar teórica e analiticamente as questões de Qualidade de Vida no Trabalho.

No caso da saúde, por exemplo, a prática terapêutica deve ser entendida somente como um dos instrumentos modernos para a ação da sociedade na área. Sem a compreensão desses condicionamentos socioeconômicos gerais, principalmente na velocidade com que a globalização afeta as relações de trabalho e estas reagem, criando especificidades históricas e regionais, não será possível apreender as reais dimensões do conceito de QVT.

A análise de fenômenos específicos do trabalho, como saúde, segurança, motivação, adaptação de expectativas a condicionantes gerais, entre inúmeros outros, limita a compreensão da investigação. A rigor, Qualidade de Vida no Trabalho envolve uma dimensão específica do local em que as relações de produção ocorrem. Trata-se de reconhecer que grande parte das relações de trabalho, de suas práticas e seus valores nasce de experiências no *chão de fábrica*, dos processos de *controle da produção*, dos *tempos e movimentos*, evoluindo para *qualidade total* e *critérios de excelência*. Embora influenciada pelas condições gerais de organização socioeconômica, é nessa dimensão, que se pode designar de *organizacional*, que muitos pesquisadores apoiaram sua reflexão.

Talvez a referência paradoxal dessa escola seja Taylor, com seus estudos sobre as melhores formas de racionalizar a produção em massa, fenômeno típico do século XX. A razão do saber em Taylor era de natureza tecnológica, por meio do uso de melhores técnicas e métodos pelos empregados, estes vistos como uma das partes da complexa engrenagem produtiva. Após essa postura fragmentada, surge um movimento que enfatiza as relações humanas, abrindo espaço, mais para frente, às questões ligadas à saúde física e mental ou psicológica do trabalhador. Esse movimento foi iniciado por Elton Mayo e seus colaboradores, em Hawtorne. Os centros reais de liderança estariam apoiados nas relações interpessoais da unidade de trabalho. Seguem-se os modelos de teorias de administração X e Y de McGregor e as concepções de maturidade-imaturidade de Chrys Argyris. Esses estudos tiveram um novo marco com Maslow, com o desenvolvimento do conceito de *hierarquia de necessidades*. Hersberg, na seqüência, introduz as necessidades *higiênicas e de satisfação* como pontos focais do processo de trabalho (HERSEY & BLANCHARD, 1986). A partir da década de 1970, os gurus da qualidade, entre eles Juran e Deming, são os precursores da discussão das questões de *qualidade pessoal* como parte dos processos de qualidade organizacional. Já na década de 1990, os trabalhos norte-americanos de Schein, Handy, Mintzberg e Ulrich abordam novos conceitos sobre a *condição humana* no trabalho, em extenso conjunto de contribuições sob a perspectiva organizacional, no que se refere a competência, estratégia, cultura e talento.

Já com a denominação de *qualidade de vida*, Walton (1975) é o primeiro autor norte-americano que fundamenta, explicitamente, um conjunto de critérios sob a ótica organizacional, iniciando importante linha de pesquisa de satisfação em qualidade de vida no trabalho. Dentre os autores mais recentes, Spink é, sem dúvida, uma referência nacional e internacional, com a visão sociotécnica. Fernandes e Rodrigues destacam-se como pensadores e consultores contemporâneos das questões organizacionais de qualidade de vida no trabalho. Do conjunto de contribuições da escola organizacional, podem-se destacar as seguintes características:

- expansão dos processos de qualidade e produtividade para o de qualidade pessoal;
- política de gestão de pessoas – valorização e capacitação;
- marketing – imagem corporativa e comunicação interna;
- tempo livre – desenvolvimento cultural, hábitos de lazer e esporte;
- risco e desafio como fatores de motivação e comprometimento.

Há interfaces originárias especialmente nas áreas de saúde, benefícios, gestão pessoal, engenharia de produção, ergonomia, sistemas de gestão da qualidade, pesquisa, inovação tecnológica, balanço social, marketing e atividades de responsabilidade social. Essas interfaces têm a função de âncoras de ações e programas. No diagrama a seguir, destacamos estas âncoras mais freqüentemente encontradas nas estruturas e procedimentos das organizações.

ESCOLA DE PENSAMENTO QVT: CONDIÇÃO HUMANA NO TRABALHO

Toda pessoa é um complexo biopsicossocial, isto é, tem potencialidades biológicas, psicológicas e sociais que respondem simultaneamente às condições de vida. Essas respostas apresentam variadas combinações e intensidades nesses três níveis e podem ser mais visíveis em um deles, embora eles sejam sempre interdependentes. Esse conceito advém da medicina psicossomática e Lipowski, na década de 1970, foi um dos principais estudiosos dessa visão mais ampla e diferenciada da pessoa humana.

No mesmo período, também foi construída e divulgada pela Organização Mundial de Saúde uma nova visão de saúde-doença. Adotou-se o conceito de que "saúde é um completo bem-estar biológico, psicológico e social, e não apenas ausência de doença".

Nessa visão, estabelece-se uma nova importância para fatores psicossociais fundamentais para a explicação da saúde e da doença da sociedade contemporânea. Cada critério pode referir-se a características diferenciadas, assim fundamentadas:

- **Dimensão biológica** refere-se às características físicas herdadas ou adquiridas ao nascer e durante toda a vida. Inclui metabolismo, resistências e vulnerabilidades dos órgãos ou sistemas.
- **Dimensão psicológica** refere-se aos processos afetivos, emocionais e de raciocínio, conscientes ou inconscientes, que formam a personalidade de cada pessoa e seu modo de perceber e de posicionar-se diante das demais pessoas e das circunstâncias que vivencia.
- **Dimensão social** revela os valores socioeconômicos, a cultura e as crenças, o papel da família e as outras formas de organização social, no trabalho e fora dele, os sistemas de representação e a organização da comunidade a que cada pessoa pertence e da qual participa. O meio ambiente e a localização geográfica também formam a dimensão social.

Essa conceituação é descrita por Lipowski (1986) como o resgate de uma visão mais ampla do conceito de saúde que tem sido a tendência nas últimas décadas. A saúde não seria apenas a ausência de doença, mas também o completo bem-estar biológico, psicológico e social. Essa conceituação, adotada pela Organização Mundial de Saúde (OMS) em 1986, abre um campo significativo para a compreensão dos fatores psicossociais na vida moderna e, especificamente, no desempenho e na cultura organizacionais da saúde do trabalho.

Para atender às especificidades da cultura e do ambiente organizacionais, criou-se a *dimensão organizacional*, que se refere às questões de imagem corporativa, inovação e tecnologia, sistemas de controle, movimentações e registros, programas de treinamento e desenvolvimento e outras atividades específicas das empresas.

Visão BPSO
biológica, psicológica, social e organizacional

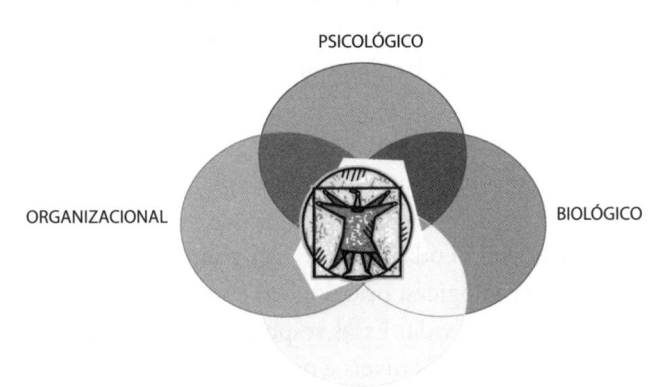

PSICOLÓGICO

ORGANIZACIONAL

BIOLÓGICO

SOCIAL

Essa compreensão do ser humano, em que o indivíduo é o seu corpo, revela condições de vida e marcas das experiências vividas e desejadas. Situa-se na mesma visão de integralidade e holística da pessoa. A escola biopsicossocial integra os conceitos da Filosofia, Psicologia, Fisiologia, Biologia, Sociologia e conhecimentos acerca da vida humana.

O conceito que propomos para Qualidade de Vida no Trabalho (QVT) é composto por três aspectos fundamentais:

- Auto-estima
- Percepção de equilíbrio
- Bem-estar e hábitos saudáveis

> Qualidade de Vida no Trabalho é, sob o nosso ponto de vista, o conjunto das escolhas de bem-estar único e individualizado que proporcionam auto-estima positiva, percepção de equilíbrio, hábitos saudáveis e prontidão para o correto desempenho no trabalho.

Dentro dos estudos sobre o tema, o construto Qualidade de Vida foi abstraído de um grupo de especialistas de diferentes culturas: subjetividade; multidimensionalidade; presença de dimensões positivas (mobilidade, por exemplo) e negativas (dor, por exemplo). O desenvolvimento desses elementos conduziu à definição de Qualidade de Vida no Whoqol Group (in: www.hcpa.ufrgs.br, 1998), como "a percepção do indivíduo sobre sua posição na vida, no contexto da cultura e do sistema de valores em que ele vive e em relação a seus objetivos, expectativas, padrões e preocupações". O reconhecimento da multidimensionalidade do construto refletiu-se na estrutura do instrumento, baseada em seis domínios: físico, psicológico, nível de independência, relações sociais, meio ambiente e espiritualidade/religião/crenças pessoais.

As linhas de pesquisa mais freqüentemente adotadas que se relacionam à condição humana no trabalho são:

A medicina psicossomática, com a visão de pessoa biopsicossocial, em que fatores psicossociais são fundamentais para a explicação da saúde e doença da sociedade moderna.

A visão biopsicossocial: Toda pessoa é um complexo biopsicossocial, isto é, tem potencialidades biológicas, psicológicas e sociais que respondem simultaneamente às condições de vida. Essas respostas apresentam variadas combinações e intensidades nestes três níveis e podem ser mais visíveis em um deles, embora todos sejam sempre interdependentes.

A camada biológica refere-se às características físicas herdadas ou adquiridas ao nascer e durante toda a vida. Inclui metabolismo, resistências e vulnerabilidades dos órgãos ou sistemas.

A camada psicológica refere-se aos processos afetivos, emocionais e de raciocínio, conscientes ou inconscientes, que formam a personalidade de cada pessoa e seu modo de perceber e posicionar-se diante das pessoas e das circunstâncias que vivencia.

A camada social revela os valores, as crenças, o papel da família, no trabalho e em todos os grupos e comunidades a que cada pessoa pertence e de que participa. O meio ambiente e a localização geográfica também formam a dimensão social.

Essa conceituação é descrita por Lipowski (1986) como resgate de uma visão mais ampla do conceito de saúde, que tem sido a tendência nas últimas décadas. A saúde não é apenas ausência de doença, mas também o completo bem-estar biológico, psicológico e social. Essa conceituação, adotada pela Organização Mundial de Saúde (OMS), em 1986, foi citada por Dejours (1986) e abre um campo significativo para a compreensão dos fatores psicossociais na vida moderna e, especificamente, no desempenho e na cultura organizacional da saúde do trabalho.

Essa compreensão do ser humano, em que o indivíduo é o seu corpo, revela condições de vida e marcas das experiências vividas e desejadas. Situa-se na mesma proposta conceitual da visão holística de homem.

"Viver numa era global significa enfrentar uma diversidade de situações de risco. Com muita freqüência, podemos precisar ser ousados, e não cautelosos, e apoiar a inovação científica ou outras formas de mudança." (GIDDENS, p. 45)

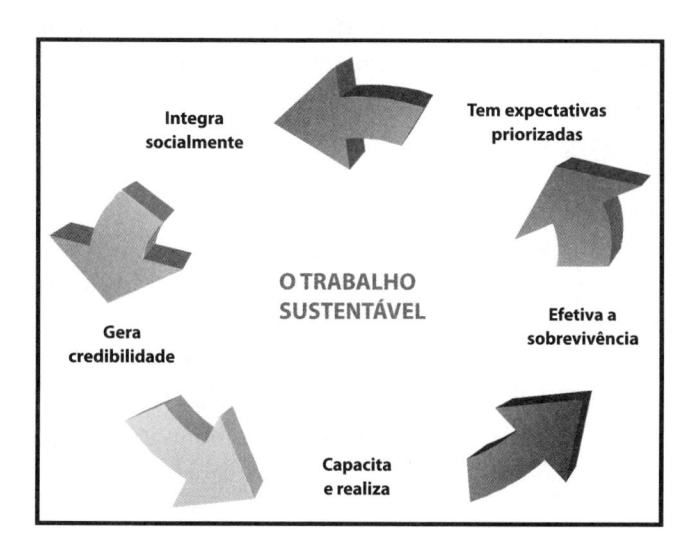

CONSIDERAÇÕES FINAIS

No cenário marcado pela exuberância tecnológica, a Qualidade de Vida é uma necessidade? Ou é um modismo pós-industrial? Ou, ainda, é uma resposta a pressões da vida moderna diante das novas exigências de adaptação ao viver globalizado?

A resposta é simples. Há uma nova realidade social: aumento da expectativa de vida, maior tempo de vida trabalhando em atividades produtivas, maior consciência do direito à saúde, apelos a novos hábitos e estilos comportamentais, responsabilidade social e consolidação do compromisso de desenvolvimento sustentável. A maioria dessas exigências é de natureza psicossocial. Elas atingem e modelam interativamente pessoas e instituições de qualquer tipo. Os efeitos sobre o bem-estar a médio e longo prazos são pouco conhecidos. O alerta está disparado: o estresse, incorporado na medicina por Selye há seis décadas, é o grande tema do momento no mundo do trabalho urbano.

Com essas pressões, o ambiente organizacional está rediscutindo burocracia, tempos e movimentos, relações humanas e ética. As novas referências de gestão são o autocontrole, o comprometimento, os círculos e as células de produção, a qualidade de processos e produtos, os ambientes virtuais, a gestão em redes de conhecimento, as inovações tecnológicas e o questionamento da credibilidade das instituições. A agilidade e a velocidade das informações ainda são limitadas pela necessidade de inclusão digital à tecnologia, mas vive-se a era do conhecimento.

A Qualidade de Vida no Trabalho (QVT) faz parte das mudanças pelas quais passam as relações de trabalho na sociedade moderna, em rápida transformação. Conforme relata Sampaio (1999), essa disciplina é discutida nas literaturas empresarial e científica desde a década de 1950. Essa competência foi desenvolvida a partir de disciplinas da área de saúde, evoluindo para englobar dimensões da Psicologia, da Sociologia e da Administração. Do ponto de vista socioeconômico, no entanto, há que se destacar a necessidade de alinhar responsabilidades no setor público e empresarial. Recente matéria de Abramavay (2007) destaca:

"A pressão social por justiça, eqüidade e sustentabilidade deve manifestar-se na esfera pública, do Estado... Ao mercado, o que é do mercado. À sociedade e ao Estado, o que lhes pertence... os mais importantes movimentos sociais contemporâneos."

Em essência, é um tema discutido dentro de enfoque multidisciplinar humanista. As visões e definições de QVT são multifacetadas, com implicações éticas, políticas e de expectativas pessoais e, embora atuais, há necessidade de crescente educação e construção do tema integrado à consciência social e organizacional.

REFERÊNCIAS

ABRAMOVAY, Ricardo. "Oposições à empresa verde". *Jornal Valor*, São Paulo, 30 de novembro de 2007.

ACIOLI, Álvaro. "O impacto da globalização na Saúde Mental". *Revista Brasileira de Medicina Psicossomática*, v. 1, n. 4, p. 212, outubro/novembro/dezembro, 1997, Recife.

ALBUQUERQUE, Lindolfo G. "Administração participativa: modismo ou componente de um novo paradigma de gestão e relações de trabalho". *Revista da ESPM*, v. 3, maio de 1996. São Paulo.

CAMPANÁRIO, M. ALIMONGI-FRANÇA. C. *Paradigmas da Qualidade de Vida no trabalho – QVT*. Estudo de Caso do IPT. Simpósio de Inovação Tecnológica. São Paulo: Pacto, 2000.

COLTRO, Alex. "Da formação educacional e do treinamento do administrador: as contribuições dos grandes pensadores ocidentais". *Caderno de Pesquisas em Administração*, v. 1, n. 9, p. 61-69, São Paulo, FEA/USP, 1999.

FERNANDES, E. C. e GUTIERREZ, Luiz H. *Qualidade de vida no trabalho (QVT): uma experiência brasileira*. RAUSP, v. 23, n. 4, p. 29-31-32, outubro/dezembro, 1998.

FLEURY, Afonso e FLEURY, Maria Tereza L. *Aprendizagem e Inovação Organizacional*. São Paulo: Atlas, 1995.

FPNQ–Fundação para o Prêmio Nacional da Qualidade. *Manual dos Critérios de Excelência*, 2002.

GASPARINI, C. A. L. "Contrato de massa: noção e interpretação". *Revista Jurídica*, n. 269, São Paulo, Síntese, 2001.

GIDDENS, Anthony. *A terceira via – reflexões sobre o impasse político atual e o futuro da social-democracia*. 3ª. Tiragem. Rio de Janeiro: Record, 2000.

HANDY, Charles. *A Era do Paradoxo*. São Paulo: Makron Books, 1996.

KEHL, Sérgio P. *Metaqualidade: um novo conceito de qualidade global*. São Paulo: Fundação Carlos Alberto Vanzolini, Rede Vanzolini de educação continuada a distância. Manual do Participante, 1995.

LANDES, David S. *Riqueza e a Pobreza das Nações*. 6 ed. Rio de Janeiro: Campus, 1998.

LAUDON, Kenneth C. e LAUDON, Jane P. *Management information systems*. 6. ed. New Jersey: Prentice-Hall, 2000.

LESCA, Humbert e ALMEIDA, Fernando C. de. *Administração estratégica da informação*, RAUSP, v. 29, n. 3, p. 66-76, julho-setembro, São Paulo, 1994.

LIMONGI-FRANÇA, C. *Interfaces da Qualidade de Vida na Administração. Fatores críticos de gestão*. Tese de Livre-Docência. FEA/USP, 2001.

_____, Rubens. *Instituições do direito civil*. São Paulo: Saraiva, 1993.

MARCOVITCH, Jacques. "O desafio de ensinar bem para todos". *Jornal da Tarde*, São Paulo, 19 de fevereiro de 2000:02.

MENDES, René et al. *Patologia do Trabalho*. SP/RJ/BH: Editora Atheneu, 1995.

MINDLIN, José. "Competitividade tecnológica e internacionalização". *Revista de Administração da USP* (RAUSP), v. 29, Coletiva de Depoimentos, 1994.

MORGAN, Gareth. *Imagens da organização*. São Paulo: Atlas, 1996.

OIT (Organização Internacional do Trabalho), Genebra, 2000.

RATTNER, Henrique. *Liderança para uma sociedade aceitável*. São Paulo: Nobel, 1998.

REVISTA BRASILEIRA DE ADMINISTRAÇÃO – Conselho Federal de Administração. (www.cfa.org.br). Brasília: 2007.

RODRIGUES, Avelino Luiz e GASPARINI, ACLF. "Stress & Trabalho". In: *Psicossomática*. Mello Filho, Julio (Org). Rio de Janeiro: Artmed, 2004.

ROUANET, Sergio Paulo. *Mal-estar na modernidade*. São Paulo: Companhia das Letras, 1993.

SELYE, Hans. *The stress of life*. Preface. McGraw-Hill Book Co, 1976.

SPINK, P.K., CLEMENTE, R. e KEPPKE, R. "Governo local: o mito da descentralização e as novas práticas de governança". *RAE*, v. 34, n. 1, p. 61-69, jan./mar. São Paulo: FGV, 1999.

SZNELWAR, Laerte I. e ZIDAN, Leila N. (Orgs.). *O trabalho humano com sistemas informatizados no setor de serviços*. São Paulo: POLI–USP/Editora Plêiade, 2000.

TSUKAMOTO, Yuichi. "Qualidade de vida é a chave para separar os instrumentos úteis à administração moderna daqueles que se tornam obsoletos". *Revista Inovação Empresarial*, setembro, 1992. São Paulo.

WOOD JÚNIOR, Thomaz (Cord.). *Mudança Organizacional: aprofundando temas atuais em administração de empresas.* São Paulo: Atlas/Coopers & Lybrand, 1995.

YUNUS, Muhammed. *O banqueiro dos pobres.* São Paulo: Ática, 2000.

CAPÍTULO 4

RESPONSABILIDADE SOCIOAMBIENTAL COMO DIFERENCIAL COMPETITIVO NAS ORGANIZAÇÕES DO SÉCULO XXI

José Ultemar da Silva
Alessandro Marco Rosini
Mônica Cairrão Rodrigues

RESUMO

Nos últimos anos, sobretudo a partir da segunda metade do século XX, frente às mudanças sociais, econômicas e culturais e organizacionais, muito se discute sobre a questão da responsabilidade socioambiental nas empresas. Na verdade, essa mesma globalização da economia e dos mercados, descobertas e mudanças de processos que promoveram o crescimento e desenvolvimento socioeconômico dos países, também promoveram a expansão dos desequilíbrios ambientais, sob a forma de desmatamentos, poluição e exclusão social em todo o planeta. Dessa forma, a grande discussão entre os atores econômicos e sociais é como promover o crescimento econômico e a competitividade sem provocar danos ao meio ambiente e às futuras gerações.

INTRODUÇÃO

As grandes transformações ocorridas nos últimos anos promoveram muitos benefícios à sociedade humana, tais como a redução das distâncias entre os povos de todo o planeta, o acesso aos meios de informação e o poder às sociedades organizadas, mas também causaram as mazelas e os prejuízos sociais e ambientais à mesma sociedade, que também se refletiram em vários outros segmentos.

Dessa forma, pressionadas por constantes avanços tecnológicos, globalização dos mercados, novos conceitos organizacionais, as empresas estão sempre buscando novas fórmulas de sobrevivência. Nesse sentido, a grande busca das empresas é sobreviver e permanecer no mercado para depois buscar fórmulas para voltar a crescer. Assim, nesse cenário de mudanças constantes, muitas empresas também são criticadas pela forma como são geridos seus processos produtivos.

As mudanças das empresas no cenário globalizado correspondem às ações das empresas em adaptação rápida às imposições conjunturais, de mudanças e conscientizações sociais e quebra de paradigmas, objetivando a sobrevivência das empresas e permitindo a competitividade de seus produtos. São essas mudanças impostas pela globalização, baseadas em altos investimentos de projetos sociais, de renovação tecnológica e organizacional que garantem os padrões internacionais de qualidade e o aproveitamento de nichos de mercado, em que só permanecerão os que estiverem realmente preparados.

Para as empresas e a sociedade, dentre os principais desafios do século, reside a preocupação em conceber um processo de crescimento que traga, intrinsecamente, a perspectiva de proteção da biosfera, bem como as propostas de inserção social da população.

A revolução tecnológica e mercadológica dos últimos 20 anos propiciou uma gama de transformações e, conseqüentemente, um novo contexto competitivo empresarial, em que os gestores precisam incorporar essa nova cultura organizacional e preparar-se para consolidar elementos de gestão social participativa com o incremento de novos moldes e projetos ambiciosos. Na verdade, as empresas precisam articular relações com o meio ambiente para justificar, garantir e consolidar seus objetivos na criação de uma imagem social desejada, face aos diversos grupos de interesses.

Nesse sentido, o avanço da administração moderna, que nos pressiona a fazer cada vez mais com menos recursos e em menos tempo, também gera um desafio concreto para as organizações em busca de compromisso social. Nesse contexto, também, constata-se que as teorias sobre planejamento estratégico, decisões estratégicas, parcerias e alianças advêm das teorias de administração, em que as empresas percebem que só há uma forma de sobrevivência num mundo altamente competitivo e globalizado: a união e a soma de esforços na busca pelo crescimento sustentável.

A globalização do problema ambiental suscita a questão da complexidade que permeia o conceito de desenvolvimento sustentável e exige que se pense de forma global mas que se inicie de forma local. Nesse sentido, a procura de um novo enfoque do desenvolvimento deve levar em conta não somente o aspecto econômico, mas também o ecológico, o político, o social e o cultural, os quais são, também, necessários ao crescimento e manutenção de todos os agentes envolvidos: seres humanos, fauna, flora e biodiversidade.

BREVE DISCUSSÃO SOBRE CRESCIMENTO *VERSUS* DESENVOLVIMENTO SOCIOECONÔMICO

O termo "desenvolvimento" sempre foi utilizado para indicar o processo de promoção de melhoria qualitativa das condições de vida da população. Porém, a existência das desigualdades nas condições de vida entre países e regiões fez com que surgissem diversas teorias a esse respeito desde os formuladores da economia clássica.

Para muitos cientistas sociais, crescimento e produtividade devem ser vinculados aos investimentos nas áreas sociais, pois somente a partir dessa conscientização é que o desenvolvimento poderá consistir na eliminação das privações que limitam as escolhas e oportunidades das pessoas. O progresso econômico baseado em acumulação capitalista não consegue solucionar os problemas sociais, pois o crescimento econômico demanda também um desenvolvimento social paralelo e eqüitativo.

Normalmente, os debates sobre modelos de desenvolvimento são marcados pelo questionamento da idéia posta pelos economistas clássicos e neoclássicos, baseada na utilização e na taxa de crescimento dos fatores de produção: capital, trabalho, recursos naturais e tecnologia. Assim, sob o argumento desses, o referencial de desenvolvimento é sempre o modelo capitalista industrial de produção e seus parâmetros de crescimento.

Castro (1996), ao discutir o tema, constata que, embora o desenvolvimento tenha se tornado um dos ícones do pós-guerra, os resultados obtidos nesse período ficaram muito aquém do prometido pelos desenvolvimentistas, pois o aprofundamento das crises, gerado pelo sistema capitalista, abriu enormes feridas em todo o planeta, desafiando a sociedade, o meio ambiente e o futuro da humanidade.

Segundo Cavalcanti (2006), diante do atual cenário de competitividade e globalização de que tanto se tem falado e discutido, diariamente, nas várias vertentes da mídia, clama-se por alternativas que amenizem as barreiras e as dificuldades que o próprio sistema capitalista vem gerando.

Na verdade, muitos economistas, segundo Sachs (1993), previam um crescimento das forças de produção, a qual geraria um processo amplo e completo de desenvolvimento econômico, estendendo-se, espontaneamente, a todos os domínios da atividade humana. O que se verificou, entretanto, foi uma crise social que acirrou as desigualdades de distribuição de renda e desfrute das condições de bem-estar.

De acordo com Kowarick (2001), o crescimento econômico não implica nem produz, necessariamente, o desenvolvimento social. Ao contrário, a experiência latino-americana tem demonstrado que o crescimento da economia, muitas vezes, se realiza à custa do desenvolvimento social, quando se percebe a intensificação da distância entre ricos e pobres.

As experiências de desenvolvimento econômico nas últimas décadas, em âmbito mundial, mostram que raramente as mudanças sociais acompanham o crescimento econômico e têm sido unilaterais os ganhos, em que somente os agentes produtivos são beneficiados com imensos lucros, enquanto o custo social é repassado à população, sobretudo às camadas inferiores.

Dessa forma, as noções atuais de desenvolvimento sustentável diferenciam-se amplamente da idéia de crescimento presente na teoria econômica clássica. Atualmente, em termos gerais, os agentes econômicos precisam relacionar-se com a sociedade e voltar-se também às questões ambientais, para que possam agregar valores aos produtos: valores éticos e morais, para que possam maximizar seus lucros. Assim, no momento em que se expandem os movimentos sociais baseados na preocupação com o meio ambiente, passou-se a tratar "desenvolvimento sustentável" como uma harmonização entre crescimento econômico e conservação da natureza.

Na verdade, as reflexões desses autores sinalizam para a importância de se conjugar as forças advindas de diferentes tipos de organizações para conceber e implementar uma iniciativa de desenvolvimento que se pretenda integrado, abrangente e sustentável. A nova visão, o desenvolvimento sustentável, não é um estado permanente de equilíbrio, mas sim de mudanças quanto ao acesso aos recursos e à distribuição de custos e benefícios.

AS DECISÕES ESTRATÉGICAS DAS EMPRESAS PAUTADAS NA GESTÃO SOCIAL

Sabemos que o crescimento é visto como necessário à ampliação das oportunidades de inserção produtiva nas empresas/países em escala mundial; porém, é preciso levar em consideração a compreensão do denominado crescimento sustentável, mensurado em várias dimensões descritas a seguir:

- *Sustentabilidade social*: baseada no principio da eqüidade na distribuição de renda e de bens, no princípio da igualdade de direitos e da dignidade humana e no princípio de solidariedade dos laços sociais.
- *Sustentabilidade ecológica*: ancorada no principio da solidariedade com o planeta e suas riquezas, bem como com a biosfera que o envolve.

- *Sustentabilidade econômica*: avaliada a partir da sustentabilidade social propiciada pela organização da vida material.
- *Sustentabilidade espacial*: norteada pelo alcance de uma equanimidade nas relações inter-regionais e na distribuição populacional entre o rural e o urbano.
- *Sustentabilidade cultural*: modulada pelo respeito à afirmação do local, do regional e do nacional, no contexto da padronização imposta pela globalização.

Fonte: Texto elaborado a partir dos dados do Consórcio CDS/UnB – Abipti – Ciência & Tecnologia para o Desenvolvimento Sustentável, Brasília, 2000, p. 42.

Nesse contexto, a proposta de desenvolvimento deixa de ser sinônimo de crescimento de alguns setores da economia para se transformar em proposta de aperfeiçoamento contínuo dos múltiplos fatores que influenciam o bem-estar social, buscando atender às necessidades do presente sem comprometer as gerações futuras.

Segundo Fischer (2002:217): "O tema da função social da empresa na economia capitalista alimenta polêmicas desde a revolução industrial. A fase do capitalismo monopolista acrescentou ingredientes ao debate, quando a expansão da economia industrial deu contornos mais nítidos aos desequilíbrios da distribuição da renda e à distância social entre os incluídos e os excluídos dos mercados em que se dão as relações econômicas de produção."

A partir do final da década de 1990, dentre as diversas transformações sofridas pelas organizações está a prevenção dos impactos produtivos na qualidade de vida da população, principalmente aqueles voltados à questão da saúde das pessoas. É visível, cada vez mais, a preocupação das empresas com alimentos mais seguros, com a procedência e a qualidade dos ingredientes, o modo de fabricar, a validade e a reciclagem das embalagens descartáveis.

Segundo Fisher (2002), o cenário complexo e contraditório da denominada globalização econômica, em que as empresas detêm grande poder de manipulação das forças de mercado, mas são também extremamente vulneráveis às mudanças de comportamento social, tornou-se propício ao ressurgimento da proposta de exercício da responsabilidade social por parte das empresas privadas.

Nesse sentido, muitas organizações têm voltado a atenção para a importância da responsabilidade social, principalmente quando são implantados novos processos produtivos e que são levados em consideração os danos sociais e ambientais. Essa análise dos riscos torna-se uma estratégia de grande valia na perspectiva de vendas, valor das ações e dos programas sociais já institucionalizados por muitas organizações.

De acordo com Camargo *et al.* (2001), "em razão dos custos elevados para a divulgação das atividades, somente 2% das empresas declaram ter utilizado algum meio de comunicação para trazer a público as informações sobre sua ação social". Ainda de acordo com o autor, "é necessária a preocupação com a divulgação de suas atividades sociais, pela cobrança da responsabilidade social pela sociedade".

Fischer (2002) ressalta que a preocupação de empresários e executivos, responsáveis pelas decisões estratégicas dos negócios, com a incorporação de uma cultura de responsabilidade social, vem sendo um processo longo e gradativo.

Os ganhos de competitividade das empresas introduzem também o conceito de responsabilidade social, apontando os significados das mudanças na medida em que ficam delineadas as estratégias competitivas de reputação social, as redes de relacionamento, resultantes da gestão das empresas.

Muitas vezes, os novos nichos mercadológicos somente serão possíveis a partir das redes de relacionamentos, que são o fio condutor entre os consumidores e a própria organização. Nesse contexto, as mudanças sociais são mais fáceis de acontecer, pois, de um lado, existe a necessidade das empresas de fidelização dos clientes e, do outro, as cobranças por produtos socialmente responsáveis e a vigilância constante dos grupos organizados.

Assim, as estratégias competitivas relacionadas à reputação social ganham, então, uma dimensão nas novas empresas, sendo estas responsáveis por um avanço rápido e significativo da tecnologia de proteção ambiental e das metodologias de produção ética e socialmente responsáveis.

Nessa análise, é cada vez maior o número de empresas que buscam compreender a importância da responsabilidade socioambiental no sentido de uma concorrência saudável, pois muitas empresas passam a copiar esses modelos bem-sucedidos, sistematizando as experiências, aperfeiçoando métodos e delimitando os avanços e as restrições das ações empresariais. A proposta é que as políticas de responsabilidade socioambientais dos governos, empresas e sociedade devem ser contínuas, a fim de reduzir os impactos causados pelas atividades produtivas.

O PLANEJAMENTO ESTRATÉGICO SOCIAL: O SUCESSO DAS ORGANIZAÇÕES

É consenso que o planejamento estratégico é uma das mais importantes funções ou processos administrativos, pois planejar significa preparar-se para encarar o futuro, estabelecendo uma direção a ser seguida. Para realizá-lo bem, os gestores precisam se preocupar em ter uma visão estratégica de como os processos da organização devem ser implementados ou alterados, de modo a atender às necessidades da organização no futuro próximo.

De acordo com Oliveira (2004), "o planejamento estratégico é um processo administrativo que proporciona sustentação metodológica para se estabelecer a melhor direção a ser seguida pela empresa, que está ligada à otimização do grau de interação com o ambiente organizacional, sempre atuando de forma inovadora e diferenciada". Ainda de acordo com o autor, "é o processo gerencial que possibilita ao executivo estabelecer o rumo a ser seguido pela empresa, com vistas a obter um nível de otimização na relação da empresa com o ambiente".

Quando se trata de planejamento estratégico com moldes sociais na busca por equilíbrio social, a responsabilidade social assume um sentido maior e mais concreto, tornando-se um diferencial na avaliação da eficácia das empresas.

Segundo Fischer (2002), nos processos de gestão empresariais atuais, a discussão do conceito de responsabilidade social passa a residir no planejamento da implementação das ações inerentes ao negócio, pois a atuação social da empresa deve refletir os valores subjacentes às estratégias da organização.

Dessa forma, no planejamento das ações empresariais que visam a lucratividade dos negócios, os gestores levam em consideração muitos fatores garantidores do sucesso do projeto, porém, no que tange aos planos estratégicos voltados às ações sociais, os gestores devem destacar as prioridades e urgências, planejar e definir estratégias a serem adotadas, destacar os objetivos e metas específicas a seguir, além de dimensionar recursos, alocando-os nos diversos projetos aprovados pela organização.

O sucesso do planejamento estratégico social de uma organização está na eficácia dos projetos em atingir os reais objetivos e na comunicação entre empresas e consumidores, permitindo à sociedade conhecer os valores sociais da empresa e, assim, conquistar a confiança e a preferência. Está, também, em demonstrar a transparência dos projetos e garantir uma boa reputação social.

RESPONSABILIDADE SOCIAL CORPORATIVA

Quando falamos em responsabilidade social corporativa, o discurso é muito amplo, mas não se deve esquecer que devem ser decisões de negócios que pautam os valores éticos. Para tanto, estas devem conter o estímulo ao desempenho que exceda as expectativas legais e comerciais das empresas e o respeito a pessoas, comunidade e meio ambiente. Assim, o investimento deve ser pautado no desenvolvimento social sustentável.

As organizações começam a implementar estratégias que visam manter um diálogo constante e transparente com a sociedade, de modo a garantir legitimidade, crescimento e sustentabilidade organizacional com posturas socialmente corretas, ambientalmente sustentáveis e economicamente viáveis. Para tanto, as organizações já começam a investir em novas estratégias organizacionais que resgatam princípios e valores éticos com os consumidores e demais colaboradores, os chamados *stakeholders*.[1]

Os *stakeholders* desempenham importantes papéis na definição das prioridades dos projetos, pois a influência dos diversos grupos de interesses organizados tem forte poder de desempenho das organizações, sempre discutindo os limites da função social das empresas.

Segundo Ashley (2002), os *stakeholders* – acionistas, empregados, clientes, fornecedores, distribuidores, governos, sociedade, o público que, de alguma forma, se relaciona com a empresa – são elementos extremamente importantes no planejamento estratégico das parcerias, pois reforçam os objetivos de maximizar sua riqueza ou valor. Essa preocupação foi, por vezes, entendida como materialista, gananciosa e, aparentemente, maculou a imagem da empresa durante muitos anos, vista como alheia às condições reais da sociedade.

Em meados do século XX, muitos países foram marcados por grande ascensão social. No Brasil, essas mudanças foram caracterizadas por uma visão de desenvolvimento por meio do crescimento da produção industrial, que tinha o desenvolvimento como sinônimo de crescimento urbano-industrial. Primeiramente pela passagem de uma sociedade rural para urbana, porém, a partir da década de 1990, quando as empresas brasileiras passaram por enormes transformações nos processos produtivos, que, por sua vez, tiveram profunda repercussão na estrutura social, constituíram também outros fenômenos de caráter ambiental.

O resultado desse processo de crescimento desordenado foi uma urbanização acelerada e descontrolada, migrações constantes, exploração irracional dos recursos naturais, baixo padrão de vida e injustiça social.

Atualmente, todas essas mudanças contextuais, com várias facetas, clamam por mudanças às empresas na promoção de projetos socioambientais voltados para ecologia, cultura, igualdade, diversidade, eqüidade, transparência e responsabilização social. Nesse contexto, surge também a necessidade de inovar a gestão empresarial e manter a competitividade.

No Brasil, existem poucas empresas que atuam na implementação de programas com a finalidade de reduzir o impacto total causado pelas atividades

---

[1] De acordo com o Ethos (2005), *stakeholder* é definido como qualquer indivíduo ou grupo que pode afetar o alcance dos objetivos organizacionais, ou que é afetado pelo alcance desses objetivos. Nessa técnica, muito utilizada atualmente, monta-se o macroambiente a partir de todos os grupos, indivíduos ou organizações que possam influenciar ou serem influenciados pela organização.

produtivas. Muitas se limitam ao cumprimento de exigências legais contra crimes ambientais e atendimento às legislações trabalhista e tributária.

EMPRESAS E COMUNIDADE: PARCERIAS PARA O DESENVOLVIMENTO SUSTENTÁVEL

Num mundo complexo e interconectado como o de hoje, as instituições não sobreviverão se tiverem visões que não extrapolem seus muros. Elas precisam olhar adiante e descobrir parceiros que possam ajudá-las a atingir resultados mais amplos e eficazes. O século XXI será a era das alianças. A articulação e a cooperação entre instituições do Estado, organizações comunitárias e setores do mercado crescerão em importância estratégica. As parcerias podem tomar várias formas e dinâmicas diferentes, trazendo uma infinidade de compensações positivas.

De acordo com Borger (2001), as companhias estão sendo cada vez mais pressionadas para olhar o impacto de suas operações para além das paredes institucionais, sob o risco de serem cobradas pela estreita visão sistêmica.

Segundo Noleto (2000), as parcerias e alianças tornam-se cada vez mais atuais à medida que crescem as organizações da sociedade civil e aumentam as demandas sociais e de intervenção na realidade. Assim, a concepção de parceria significa uma associação em que a soma das partes representa mais que o somatório individual de seus membros, pois, por meio da parceria, há um fortalecimento mútuo para atingir determinado fim.

Partindo do argumento de que empresas e sociedade civil compartilham recursos, humanos ou materiais, para a obtenção de resultados, a viabilização da estratégia de desenvolvimento depende também de mudanças no interior das organizações e da construção de novos modelos de gerenciamento que garantam a concretização de parcerias e alianças estratégicas, que representam um dos pilares dessa sustentabilidade.

Na opinião de Camargo (2001), as organizações deveriam ser transparentes em relação aos serviços prestados e promover um planejamento que leve em conta a avaliação das parcerias. Um bom exemplo seria a publicação do balanço social, o qual constitui um meio de promoção de mobilização dos empresários. Dessa forma, em muitas organizações, nota-se, portanto, a ausência de marketing social.

Segundo Gonçalves (1980), o Balanço Social é um instrumento de gestão e de informação que visa reportar, com transparência e evidência plena, informações econômicas, financeiras e sociais do desempenho das organizações aos diferentes atores com os quais se relacionam. A principal função do Balanço Social é demonstrar qualitativa e quantitativamente o desempenho social das organizações, englobando questões relacionadas aos públicos interno e externo.

Assim, empresas e sociedade enfrentam a rigidez das instituições para levar a cabo novos processos de desenvolvimento social sustentável. Instituições que tiveram papel relevante no passado não necessariamente se destacarão no futuro. Nos países em desenvolvimento, as instituições ainda se caracterizam pela burocracia e refletem heranças de autoritarismo e falta de transparência nas relações com a sociedade. Por isso, nem sempre se movem em direção às camadas excluídas.

A crescente amplitude e a complexidade de nossos desafios sociais e econômicos estão sobrepujando a capacidade institucional e econômica das organizações – com e sem fins lucrativos – de, isoladamente, lidar com eles. A cooperação emerge como espaço de novas possibilidades. Nenhuma entidade isolada dispõe de todos os elementos necessários para abordar com eficácia uma necessidade social identificada.

Nesse contexto, discussões como marketing verde, ecoeficiência, ética nos negócios, sustentabilidade, cidadania e governança corporativa estão, cada vez mais, presentes no cotidiano das organizações. Dessa forma, com muita rapidez, os temas emergentes de gestão estão saindo da periferia gerencial para se tornar aspectos centrais das estratégias empresariais.

CONSIDERAÇÕES FINAIS

O conceito de desenvolvimento sustentável ligado à preservação do meio ambiente é uma idéia concebida em anos recentes, quando se tornaram evidentes os danos que o crescimento econômico e a industrialização causaram ao meio ambiente, promovendo, assim, debates e discussões sobre as fórmulas e alternativas de se manter o desenvolvimento das nações frente ao esgotamento dos recursos naturais.

Atualmente, essas questões são discutidas, insistentemente, também, por governos, empresários, escolas e pesquisadores, no enfrentamento dos desafios impostos pela globalização dos mercados, pela emissão de poluentes, pelo aquecimento global e pelos danos irreversíveis à natureza. Assim, o que se espera é que cada agente (Estado, empresas e consumidores) faça a sua parte em prol do chamado "crescimento sustentável".

O modelo de desenvolvimento sustentável preconiza que as sociedades atendam às necessidades humanas em dois sentidos: aumentando o potencial sustentável de produção e assegurando a todos as mesmas oportunidades. Porém, a questão não é tão simples assim, pois frente à produção contínua dos bens e serviços, os gestores deverão otimizar cada vez mais o uso dos recursos naturais, em todos os sentidos.

Nesse contexto, os resultados das ações sociais das empresas, quando bem empregadas, constituem poderosos instrumentos de desenvolvimento sustentável, pois propiciam a inclusão social e despertam o incentivo ao empreendedorismo por meio de parcerias com o poder público, lideranças, sociedade organizada, criando, assim, um ambiente favorável a novos empreendimentos, gerando ocupações produtivas de forma sustentável que permitem o equilíbrio dos interesses com a biosfera, na esperança de um futuro melhor.

A partir do final da década de 1990, as organizações passaram por grandes transformações, pois, com o aumento da concorrência e com o surgimento dos produtos similares, a preferência dos clientes passa a ser conquistada por outras razões, tais como: compromisso social por elas assumido, produtos de qualidade que não agridam o meio ambiente, marca, produtos recicláveis, informações seguras, dentre outros detalhes que antes passavam despercebidos ao olhar das empresas.

Por conta das mudanças mercadológicas, as empresas passaram a basear-se na responsabilidade socioambiental como ferramenta competitiva e o consumidor é quem passa a ter um papel de destaque, pois passa a adquirir um novo perfil diante dessas transformações, em que vários setores da economia já vêm sendo fortemente pressionados a assumir posicionamentos mais socialmente responsáveis, principalmente aqueles que acarretam os impactos facilmente visíveis pela sociedade.

Sobre os desafios das organizações do século, um dos principais a serem debatidos é a tarefa dos gestores de conservar a instituição equilibrada economicamente, de modo a permitir sua auto-sustentação. Os envolvidos nessa luta encaram o desafio de manter e aprimorar os processos de gestão, qualidade e custo. Além do crescimento econômico, também o compromisso social, mantendo as parcerias e buscando novas participações no mercado, ao mesmo tempo em que são mantidas as atuais.

Os novos modelos de desenvolvimento não podem ser cópias do passado, pois o avanço econômico deve implicar também o avanço social e ambiental, devem chamar toda a sociedade para participar, pois essa dimensão é especialmente trabalhada no que tange ao fortalecimento das pequenas e grandes iniciativas voltadas para a proteção do ecossistema, entusiasmando, assim, governos, empresas e consumidores para o exercício de pensar a questão do crescimento sustentável.

Diante da nova realidade organizacional, os gestores têm de enfrentar novos desafios gerados pelo volume de informações disponíveis aos consumidores e à sociedade civil organizada, cada vez mais exigente. Assim, nas organizações, passa a existir não somente a necessidade de reduzir os custos e atingir alto padrão de qualidade, mas também novas estratégias para que os produtos e serviços possam fazer páreo frente às exigências éticas e sociais da sociedade.

Portanto, a responsabilidade socioambiental tende a ultrapassar os limites das relações clássicas das teorias administrativas, impulsionando o compromisso social das empresas frente aos processos produtivos, em que o meio ambiente parece ser a parte mais crucificada no processo de crescimento econômico.

REFERÊNCIAS

ASHLEY, P. A. (Coord.). *Ética e responsabilidade social nos negócios*. São Paulo: Saraiva, 2002.

BORGER, F. G. *Responsabilidade social: efeitos da atuação social na dinâmica empresarial*. São Paulo: USP, 2001. Tese. Faculdade de Economia, Administração e Contabilidade. Universidade de São Paulo, 2001.

CABRAL, A. e COELHO, L. (Orgs.). *O mundo em transformação: caminhos para o desenvolvimento sustentável*. Belo Horizonte: Autêntica, 2006.

CAMARGO, M. Franco de Camargo *et al*. *Gestão do Terceiro Setor no Brasil*. São Paulo: Futura, 2001.

CASTRO, Manuel Cabral de. "Desenvolvimento sustentável: a genealogia de um novo paradigma". São Paulo, *Revista Economia e Empresa*, v. 2, 1996.

CAVALCANTI, Marly (Org.). *Gestão social, estratégias e parcerias*. São Paulo: Saraiva, 2006.

CONSÓRCIO CDS/UnB – Abipti. *Ciência & tecnologia para o desenvolvimento sustentável*. Brasília, 2000, p. 42.

FISCHER, Rosa Maria. *O desafio da colaboração: práticas de responsabilidade social entre empresas e terceiro setor*. São Paulo: Editora Gente, 2002.

_____. "A responsabilidade da cidadania organizacional". In: FLEURY, M. T. L. (Org.). *As pessoas na organização*. São Paulo: Editora Gente, 2002.

GONÇÁLVES, Ernesto Lima. *Balanço social da empresa na América do Sul*. São Paulo: Pioneira, 1980.

INSTITUTO ETHOS. *Responsabilidade social das empresas: a contribuição das universidades*. São Paulo: Peirópolis: v. II, 2003.

KOWARICK, Lúcio. *Política social e combate à pobreza*. São Paulo: Cortez, 2001.

SACHS, Ignacy. *Estratégias de transição para o século XXI*. São Paulo: Studio Nobel, 1993.

CAPÍTULO 5

UM NOVO GESTOR. PEDRA FUNDAMENTAL PARA A GESTÃO SUSTENTÁVEL

Roberto Galassi Amaral

RESUMO

Mudanças sem precedentes na sociedade impactam organizações que demandam um novo *management*. Na crença de que não há novo *management* sem transformação do *manager*, igualmente acredita-se que a sustentabilidade passa necessariamente pela consciência do papel e do verdadeiro núcleo de seu trabalho: o ser humano. Com um olhar a partir das ciências da gestão, identifica-se um contexto mais relacional, trazido de forma especial pelo modelo de gestão subjacente à responsabilidade social corporativa e que se reflete no contexto organizacional, provocando uma profunda revisão de valores. As transformações em curso demandam nova configuração para o papel de liderança e impõem novos desafios. Uma liderança que se transforma primeiro antes de exigir isso dos outros e que busca a continuidade no que se refere à implementação plena das idéias. Uma liderança que zela pelo entusiasmo e sentido que as pessoas colocam naquilo que realizam, e aceita o contraditório como elemento natural da própria organização. Um novo contexto que confirma, de fato, a existência de uma organização viva, e não mecânica, como a gênese das ciências da gestão acreditou durante muito tempo. Ao reconhecer tais elementos, o *manager* consciente permite fluir as forças requeridas pela gestão sustentável.

INTRODUÇÃO

MUDANÇA. Seguramente uma das palavras mais pronunciadas na atualidade. Somos bombardeados por diferentes veículos de informação, por publicações oriundas do universo acadêmico, e não-acadêmico, e por formadores de opinião que ressaltam esse ingrediente da vida moderna.

Seus principais significados parecem estar associados a dois grupos distintos de comportamentos. Mudar significa, por um lado, transferir de um lugar para outro; remover, dispor de outro modo; deslocar, pôr em outro lugar; dar outra direção, desviar, variar.[1] Tais significados lançam luz sobre um espaço de mudança que parece se colocar no mundo externo ao indivíduo. Ainda que impulsionadas por sua escolha, essas mudanças ocorrem muito associadas ao plano físico concreto, denotando um tipo específico de mudança, em que efeitos rápidos acontecem com mais facilidade. Assim, o indivíduo desvia de algo em seu caminhar, troca de roupas em função da reunião que fará, muda as mobílias de sua casa.

Por outro lado, observa-se outro tipo de mudança. Mudar também significa substituir; alterar, modificar; transformar-se; tornar-se diferente do que era física ou moralmente; tomar outro aspecto.[2] Esses significados, diferentes daqueles contidos no grupo anterior, colocam ênfase sobre o mundo interior do ser humano na medida em que sugerem algo que acontece com mais profundidade e que é capaz de produzir o efeito que os significados sugerem. Estes exigem maior tempo para seu processamento, interferindo no período de surgimento do efeito da mudança.

Assim, o indivíduo altera um modo particular de se perceber e substitui sua roupagem por outra que lhe parece mais adequada, modifica seu comportamento, tornando-se mais alegre e positivo, e troca a mobília de sua casa, transforma sua visão de mundo e muda seu jeito de relacionar-se com o outro.

A expressão "mudança", por si só, já carrega um componente de ansiedade para o ser humano, na medida em que ele é impelido a alterar o contexto. Considerando as reflexões anteriores, pode-se destacar que mudanças que ocorrem no mundo exterior ao indivíduo certamente exigem menor comprometimento, diferentemente daquelas que ocorrem em seu mundo interior.

Adicionalmente, damos conta de que essa expressão ganhou a companhia de uma expressão: VELOCIDADE. Assim, tratamos agora não mais só da mudança, mas da velocidade da mudança, o que altera, de forma substantiva, o comportamento humano. Agora, o ser humano é pressionado não só pelos estímulos externos e internos, mas também pela velocidade da mudança que lhe é demandada. Espera-se que sua resposta seja rápida e ouvimos a famosa expressão "Não temos tempo para esperar".

---

[1] http://www.priberam.pt/dlpo/definir_resultados.aspx acesso em 7/9/08, 09:31
[2] http://www.priberam.pt/dlpo/definir_resultados.aspx acesso em 7/9/08, 09:39.

Em uma sociedade que valoriza a estética, o Ter no lugar Ser, e o consumismo – que se expande para todas as esferas da atividade humana –, é natural imaginarmos que predominam as mudanças do primeiro grupo, destacadamente aquelas para as quais o comprometimento do ser humano está mais associado ao tempo de resposta rápido. Daí a expressão "mudanças cosméticas", que sugerem mudanças no universo estético e exterior ao indivíduo.

Esse contexto de mudanças também vale para as organizações. Secretan (2002:33), ao discorrer sobre a organização evoluída, fala desse mundo exterior e interior apontando que "nossa personalidade é nosso exterior" e nossa alma, o interior. Dessa forma, inegavelmente, o ritmo das mudanças e as demandas por elas levam os indivíduos a priorizarem as mudanças externas, alimentando o culto à personalidade e colocando em segundo plano as mudanças qualitativamente superiores: aquelas relacionadas à alma.

Assim, o autor reforça que, no ambiente organizacional, há um verdadeiro culto à personalidade, ampliando a busca frenética pela mudança que traz como principal impulso a si mesma, em detrimento do culto à alma, espaço no qual, de fato, mudanças substantivas acontecem.

Um exemplo interessante dessa busca está registrado no trabalho publicado na revista *Administração em Diálogo*, da PUC/SP, pelos autores Paula e Wood Junior (2003, p. 77). Eles demonstram o crescimento do fenômeno que foi intitulado de *pop-management*, materializado pelo assédio dos executivos brasileiros aos livros de soluções enlatadas, mais parecidas com livros de "auto-ajuda" para administradores.

Esse estudo é realizado no contexto das livrarias de aeroportos e chama a atenção quer pela necessidade apresentada por seus leitores, no sentido de julgarem encontrar respostas e soluções aplicáveis rapidamente, quer pela busca frenética a essas publicações, quer ainda pelas promessas que essas publicações trazem. Explicitam, com essa atitude, que o agir urge e, portanto, deve ser feito. Parece que a execução basta, e não há necessidade de avaliar, diagnosticar ou refletir sobre causas de determinado problema. O mais importante é realizar.

A velocidade da mudança parece ser a justificativa para o surgimento desse fenômeno, mas, na verdade, é só mais uma faceta, por um lado, do já conhecido consumismo no qual a sociedade moderna ocidental está imersa. Por outro, demonstra o exercício no espaço da personalidade, como já vimos.

De certa forma, pode-se considerar que a pressão por resultados, associada à visão de curto prazo, no contexto organizacional, é o elemento propulsor das mudanças exteriores, favorecendo e tirando das pessoas a possibilidade de levá-las a mudanças mais profundas, tão necessárias para transformar nossa realidade.

Esses ingredientes respondem ao que assistimos nos ambientes organizacionais. Para cada novo "guru" que se apresenta para o *management*, uma nova solução surge e, com ela, processos que ainda não amadureceram são interrompidos, instalando a lógica da descontinuidade, favorecendo o baixo comprometimento e ampliando o clima de insegurança nas equipes de trabalho.

Compreender esse cenário passa necessariamente pela reflexão sobre o modelo que influenciou – e lamentavelmente ainda influencia – as ciências da gestão. Uma visão particular de mundo e de homem está contida naquilo que se convencionou chamar de modelo mecanicista e no qual o espaço destinado ao ser humano é a condição de apêndice do processo.

Fundamentos como "prever e controlar" marcaram esse modelo, formatando princípios e filosofias gerenciais próprias dessa visão e construindo organizações rígidas, pouco criativas, fortemente hierarquizadas e menos comprometidas com valores humanos. Na vigência desse modelo, mudam-se os elementos em desacordo com o sistema. Não se questiona o sistema.

Examinar, portanto, o fundamento do *management*, a lógica e princípios nele contidos, se torna fundamental. Nesse sentido, o *manager* assume papel preponderante no que se refere à compreensão desse contexto, no aprimoramento de sua consciência e na construção de uma gestão sustentável.

Isso ocorre, particularmente, porque esse modelo mecanicista já não responde satisfatoriamente às necessidades oriundas de um novo entendimento sobre as organizações, pois, por serem elas construídas e constituídas por seres humanos, ela é igualmente humana, e não máquina.

Assim um *management* comprometido com os princípios da visão mecanicista já não se sustenta num contexto em que há a compreensão de um novo modelo no qual o ser humano ocupa lugar destacadamente relevante.

Dowbor (2002:15), por exemplo, destaca as transformações ocorridas no mundo do trabalho e reforça que a natureza dessas mudanças difere muito daquelas que ocorreram no início e durante o último século. Afirma que "essa revolução atual não é mais de infra-estrutura, como a ferrovia ou o telégrafo, ou de máquinas, como o automóvel e o torno, mas de sistemas de organização do conhecimento".

Sua observação sugere, em primeiro lugar, que as mudanças de nosso tempo estão apoiadas no chamado conhecimento, gerando uma nova dimensão de respeito pelo ser humano, proprietário e depositário desse conhecimento, no contexto da atividade produtiva. Isso, por si só, já se traduz numa transformação de alto nível em relação ao passado, em que o ser humano somente tinha maior relevância quando associado ao aspecto da utilização de sua força na produção. Era um contexto no qual a industrialização ainda se colocava como forte e determinante para a economia dos países desenvolvidos e em desenvolvimento.

Um segundo elemento trazido é o reforço dado ao contexto de mudança tecnológica na qual vivemos. Nesse ambiente, a informação e a velocidade com que ela é gerada, e divulgada em nosso meio, passam a ser um dos desafios que enfrentamos. Daí a idéia de organização do conhecimento apresentada por Dowbor (2002).

Diante da franca utilização da tecnologia, o ambiente atual exige, então, uma adequada valorização do ser humano, bem como de suas competências de identificação, integração e organização do conhecimento humano.

Novas condições desse tipo, associadas ao entendimento de que organizações são organismos vivos, flexíveis, e não rígidos ou assemelhados a uma máquina, impõem ao *management* a busca por novos modelos de gestão que possam dar conta das novas exigências. Impõem, igualmente, ao *manager* uma revisão profunda de seus valores e uma tomada de consciência quanto a um novo papel a cumprir em um novo ambiente, dessa vez mais sustentável que o anterior.

Com esse espírito, examinar a Responsabilidade Social da Empresa (RSE) como um modelo de gestão comprometido com valores superiores se faz necessário, de tal forma que se possa tomá-lo como uma "ferramenta" poderosa, a partir do setor privado, a serviço da conjugação dos atores sociais que buscam o desenvolvimento sustentável.

Da mesma forma, é imprescindível considerar que o *manager* deste tempo somente se habilita a esse novo papel quando se abre para uma nova visão de mundo e de homem, que orienta suas escolhas pelos valores da alma como Secretan (2002) aponta e que toma o ser humano como o centro de suas ações. Trata-se, portanto, do cuidado necessário com a pedra fundamental da gestão sustentável, sem a qual qualquer esforço está comprometido.

A mudança, em seu sentido mais amplo, impacta a todos e em todas as esferas da atividade humana. Assim, o objetivo deste texto é refletir com o leitor sobre a importância que o *manager* assume neste momento histórico, por meio do exame sobre o tema da mudança e seus desdobramentos, em particular no universo do *management*, a partir das ciências da gestão, de seus desafios contemporâneos e do surgimento de novos modelos.

DO QUE ESTAMOS FALANDO QUANDO FALAMOS EM MANAGEMENT?

Como reflexão inicial, propõe-se examinar a contribuição trazida por Chanlat (2000, p. 31) para nos ajudar a consolidar um ponto de partida sobre "gestão" e "*management*".

"[...] gestão é definida, na maioria das vezes, como um conjunto de práticas e de atividades fundamentadas sobre certo número de princípios que visam a uma finalidade: o alcance da eficácia, freqüentemente econômica, sendo o *management* para a empresa privada o que a administração representa para o setor público [...] designa também práticas e processos [...] e também pessoas que detêm os postos na hierarquia das empresas: os dirigentes, os gestores, os executivos, e os gerentes."

Nessa afirmação, o autor traz primeiramente a relação entre práticas e princípios. Então, se há práticas racionais, mecânicas e que valorizam o curto prazo, os princípios que regem essas práticas estão identificados com tais desdobramentos. Em outras palavras, esses princípios instalados na cultura e na formação gerencial determinam práticas dessa natureza.

Outro elemento importante apontado pelo autor é o freqüente objetivo econômico na busca por eficácia. Essa afirmação faz refletir sobre como uma organização humana – conceito que será aprofundado mais adiante – pode ser orientada para as questões não-humanas.

Management também remete a processos, e estes se materializam quando uma organização age no sentido de atender clientes, cuidar dos funcionários ou mesmo comprar suprimentos. Essa expressão também se refere ao conjunto de pessoas que tomam decisões institucionalmente. Em outras palavras, são os definidores de princípios e filosofia que sustentam as práticas organizacionais.

Desse modo, embora o autor inclua práticas, processos e seus definidores no mesmo conceito, para efeito da reflexão contida neste texto, será utilizada a expressão "gestão" para sinalizar práticas, princípios e filosofia gerenciais no lugar de *management*.

Da mesma forma, será utilizada a expressão "gestor" no lugar de *manager* para indicar os definidores dessas práticas, princípios e filosofia de gestão. Com isso, deseja-se dar ênfase ao fato de que organizações são submetidas a mudanças que impactam gestão e gestores de formas distintas, na medida em que a gestão representa uma organização e gestor indica uma pessoa com um papel particular e funcional nessa organização.

Feitos esses comentários, retomemos então a reflexão de que uma organização que tende continuamente a buscar maximização econômico-financeira nega, de forma consciente ou não, a natureza humana da organização, deixando de atender e observar necessidades humanas na manutenção da harmonia organizacional. Chanlat (2000, p. 39) ainda destaca esse ponto quando examina a subordinação das questões humanas aos interesses econômicos que, embora legítimos, acabam distorcidos quando tomados como únicos interesses a serem tratados.

As questões do ambiente de trabalho, de motivação, de moral, de satisfação, de comportamento de grupo, de valores e de sentimentos são postas a serviço dos resultados positivos da empresa, com o objetivo de assegurar equilíbrio satisfatório entre o indivíduo e a organização; logo, o social subordina-se à eficácia.

Assim, a organização que se faz por meio das relações sociais, tem seus objetivos orientados por aspectos que ignoram essas relações, caracterizando-se pela subordinação do social à eficácia e orientada por necessidades e interesses, sustentados por princípios da racionalidade, do mecanicismo e do curto prazo.

O esgotamento de modelos de gestão cujos princípios são os citados consideram uma visão de mundo e de homem muito particular, demonstrando completa desconexão com o momento histórico que vivemos.

Ouve-se nos corredores organizacionais as vozes de diferentes personagens apontando os dilemas e as dificuldades vividas no exercício desses modelos. Organizações em conflitos, clientes valorizados apenas no ato da compra, fornecedores submetidos às pressões dos mais fortes, funcionários insatisfeitos, sociedade que não percebe a contribuição da organização, meio ambiente sendo agredido, alta competição e baixa colaboração são, entre outros, sinais do esgotamento de uma forma particular de conduzir a gestão da empresa.

Diante de sinais desse tipo, convém examinar um pouco mais alguns dos principais elementos contidos neste modelo e quais desafios são impostos à gestão contemporânea das organizações.

O primeiro elemento – e destacadamente marcante na escola das ciências da gestão – é o princípio de "prever e controlar". Historicamente, a gestão se apóia na busca pelo controle máximo sobre todos os aspectos da organização, acreditando que esse controle é o único instrumento que habilita os gestores a preverem de forma completa e eficaz.

Ancorada nos princípios da ciência tradicional, a crença no "prever e controlar", no limite, toma o próprio ser humano como algo que pode ser controlado e, da mesma forma, é possível prever satisfatoriamente seus comportamentos. Nesse sentido, a idéia de "recurso humano" traduz muito desse princípio.

Ora, sabemos que em um contexto de grande complexidade no qual todos nos inserimos, é no mínimo inocente imaginar que esses princípios sejam exeqüíveis. É fato, entretanto, que os ideólogos da tecnologia apontam para a inteligência artificial como panacéia para as dificuldades encontradas nesse campo. Acreditamos existir um longo caminho nessa discussão – sobre a qual, contudo, não nos deteremos.

A complexidade da natureza humana, a vida em sociedade e os próprios desafios impostos na condução de organizações construídas e constituídas por seres humanos impõem um desafio singular para as ciências da gestão, outrora ancoradas na certeza de seus processos. Trata-se do desafio da "incerteza" como ingrediente marcante nos processos gerenciais, alterando o foco do "prever e controlar" para "propor e acompanhar".

Dessa forma, a gestão concebe que seu planejamento é uma carta de intenções bem fundamentada e alicerçada no conhecimento específico de seu mercado, produto e tecnologia. Posta a intencionalidade, lança-se mão do acompanhamento com a clareza de que as respostas que serão dadas pelo mercado ou pela sociedade envolvida neste processo serão autônomas e independentes, jamais controladas por um ator externo.

O segundo elemento bem característico dos modelos e processos de gestão alinhados ao "prever e controlar" é a crença de que os interesses dos acionistas e investidores da empresa são os principais interesses de uma organização.

Há muita literatura nas ciências da gestão que se apóia nessa visão. Contudo, ao compreender a importância que clientes, fornecedores e funcionários exercem sobre os negócios de uma organização, fatalmente pode-se concluir que os negócios deste século resultam de múltiplos interesses oriundos de múltiplos agentes econômicos ou grupos de pessoas. Mattar (2001) fala da horizontalização do poder nas empresas, reforçando que há diferentes interesses igualmente relevantes a serem levados em consideração nos processos de gestão.

O terceiro elemento característico da gestão diz respeito ao núcleo da atenção das organizações. Como vimos, a racionalidade e a visão de curto prazo determinam sobremaneira que o núcleo orientador das decisões seja o aspecto econômico.

Entretanto, considerando que diferentes interesses passam a ser relevantes ou tão mais relevantes do que o capital, significa dizer que o ser humano passa a ser o núcleo orientador, pois é ele o proprietário dos interesses e direitos envolvidos naquele negócio. Seguramente, esse é um desafio significativo, no sentido de reorientar todo o sistema para privilegiar os aspectos humanos envolvidos, e não prioritariamente o econômico.

O quarto elemento da gestão, próprio do "prever e controlar", é a busca por respostas. Todo o estilo e filosofia envolvidos estão sempre em busca de resposta e/ou soluções. Na verdade, buscam-se padrões que possam ser implementados de forma rápida, assegurando a resolução dos problemas e garantindo que o menor tempo seja utilizado. Secretan (2002:14) reflete sobre isso quando comenta: "Parece-me que o maior desafio é fazer a pergunta certa. Isto não é fácil, porque, embora o especialista tenha um rol de respostas, não existe um rol de perguntas."

O exemplo trazido no início do texto sobre o "*pop-management*" talvez seja um exemplo cabal de que os gestores são impulsionados a realizar e resolver problemas, pois são cobrados avidamente por resultados e, como efeito disso, buscam encurtar caminhos na identificação de soluções.

Ora, buscar receitas e soluções prontas é acreditar que o mundo externo pode oferecer solução às questões, enquanto fazer perguntas significa ouvir a si próprio, demonstrando que as soluções vêm do mundo interior. Esse é, seguramente, um dos importantes desafios colocados para o mundo da gestão. Deixar a ênfase nas respostas e buscar ênfase nas perguntas.

O quinto e último elemento característico da gestão comprometida com "prever e controlar" e com o conjunto de elementos até aqui descritos está muito associado ao tema anterior. Sim, pelo fato de que modismos e soluções prontas no mundo da gestão são absolutamente freqüentes.

Por essa razão, encontramos na vida das organizações uma verdadeira "colcha de retalhos" de processos de inovação, de melhoria, de reengenharia e outros modismos que tornam o ambiente organizacional caótico.

Associado também à freqüente substituição de gestores, esse cenário caótico é reforçado, pois cada um que chega admite apenas sua tese e ignora, com freqüência, o percurso realizado pela organização e por seus antecessores, na trilha, às vezes, dos mesmos objetivos, mas com olhares diferentes. Tal descontinuidade impõe ao mundo da gestão um desafio adicional que não é de ser assertivo ou eficaz, mas sim de continuidade, sem a qual os processos não passarão de episódios espasmódicos, sem aderência e sem resultar em transformação.

CONEXÃO: ORGANIZAÇÃO – MODELO DE GESTÃO – GESTOR

Se a organização do tipo "prever e controlar" ignora o universo de interesses envolvidos na atividade da empresa, subordinando-os, todos, ao interesse exclusivamente econômico e acreditando que ela [empresa] controla todo o sistema, então lidamos com uma organização mecanicista.

Considerando os atuais desafios impostos à gestão, e gestores, entende-se que o modelo mecanicista não dá conta das questões de nosso tempo. Entretanto, uma nova visão de organização pode conduzir a um novo olhar sobre a gestão, gerando novos princípios e práticas, conseqüentemente as finalidades da organização podem ser ressignificadas.[3]

Diferentes autores têm trabalhado com a idéia de que organizações, construídas e constituídas por seres humanos, são organizações vivas, ou orgânicas, e não estáticas, rígidas ou passíveis de serem compreendidas sob a forma mecânica. Arie de Geus (2005:49-64), por exemplo, em seu trabalho de pesquisa, vincula a qualidade "viva" às empresas que são longevas, resistindo ao tempo e assegurando alta capacidade de adaptação.

Já Gareth Morgan (1996:74-79) aponta aspectos que determinam empresas "orgânicas". Entre estes, figuram (a) a ênfase na compreensão das relações entre as organizações e seus ambientes; (b) formas estruturais mais orgânicas e que favorecem a inovação; e (c) necessidade de relacionamento interorganizacional. Dessa forma, esse autor lança luz sobre a compreensão de que a organização está intimamente ligada a um universo maior e que ela se constrói a partir das relações que mantém com esse universo ampliado, facilitando o aspecto colaborativo subjacente ao relacionamento interorganizacional.

Por fim, Moggi e Burkhard enriquecem essa visão colocando a empresa orgânica como "empresas excelentes, ou seja, aquelas que estão sintonizadas com as macrotendências do milênio que se inicia" (2000:75), ou ainda como "entidade viva que é conectada com indivíduos ou grupos que a compõem" (2001:44).

Organizações com essas características apresentam uma visão de homem diametralmente oposta às organizações mecanicistas. As orgânicas ou vivas se sustentam em uma visão mais humanizada, pois concebem o homem como ser autônomo capaz de fazer as próprias escolhas, exigindo da gestão uma atenção especial com suas relações sociais.

Nesse contexto, modelos de gestão tradicionais e comprometidos com uma visão mecanicista tornam a vida organizacional insustentável, impondo rigidez aos controles e políticas, quando o mais adequado seria flexibilizar estruturas e organizar controles que permitiriam a existência de uma composição dos diferentes interesses em torno do que os envolvidos consideram mais adequado.

Da mesma forma, gestores sem a consciência dos próprios valores e visões sobre seu tempo histórico e seu papel nesse contexto dificilmente poderão contribuir de forma positiva para a construção de processos sustentáveis.

---

[3] A expressão ressignificada foi apropriada da Programação Neurolingüística (PNL), que utiliza ressignificar como "mudar a estrutura de referência para lhe dar um novo significado", conforme encontrado em: <http://www.pnlbrasil.com.br/artigos/glossari.htm acesso em 7/9/08; 10:10.

RSE como modelo de gestão

Na última década, em particular um tema tomou vulto na mídia e nos círculos empresariais. Trata-se da responsabilidade social da empresa (RSE) percebida de diferentes formas. Um bom caminho foi transcorrido, evidentemente ainda não o suficiente, mas seguramente relevante para a compreensão desse tema e, em especial, da participação do setor privado visando o desenvolvimento sustentável.

Assim, para as reflexões que este texto propõe, a escolha foi tomar a RSE primeiramente como um modelo de gestão, e não como uma ação específica. Em segundo lugar, como um modelo de gestão capaz de dar conta das questões de nosso tempo e das exigências demandadas pelo contexto de mudança.

Toma-se como referência o conceito preconizado pelo Instituto Ethos de Empresas e Responsabilidade Social (2005b), organização criada em 1998 por empresários, dirigentes e líderes empresariais, com o objetivo de mobilizar a comunidade empresarial e difundir esse tema:

"Responsabilidade social empresarial é uma forma de conduzir os negócios que torna a empresa parceira e co-responsável pelo desenvolvimento social. A empresa socialmente responsável é aquela que possui a capacidade de ouvir os interesses das diferentes partes (acionistas, funcionários, prestadores de serviço, fornecedores, consumidores, comunidade, governo e meio ambiente) e conseguir incorporá-los ao planejamento de suas atividades, buscando atender às demandas de todos, não apenas dos acionistas ou proprietários."

O primeiro elemento a ressaltar nesse posicionamento é a apresentação da RSE como forma de conduzir os negócios, ou a gestão da empresa, e que reorienta sua finalidade, no sentido de torná-la co-responsável pelo desenvolvimento social.

Na verdade, essa forma de gestão recupera a verdadeira finalidade de uma organização, reforçando que uma organização tem finalidade social e cujos benefícios que dela surgem devem fluir para a sociedade, recolocando o lucro como meio, e não como fim.

O segundo e importante elemento traduz a principal habilidade que deve ter: ouvir os diferentes interesses e incorporá-los em seu planejamento. Isso denota claramente um modelo de gestão que toma a organização como organismo vivo e, portanto, sabe que seus processos devem ser orientados pelas relações sociais da empresa.

Tal modelo representa também um importante instrumento no enfrentamento dos desafios impostos à gestão contemporânea. Primeiramente, ao tratar da questão da mudança, esse modelo exige dos gestores mudanças mais profundas em seu comportamento e no da organização, assim como debatemos na introdução deste texto.

Essa constatação remete-nos naturalmente a pensar que, se a RSE é um modelo de gestão apropriado para organizações que se percebem, e estão estruturadas, de forma orgânica, ele [modelo de gestão da RSE] pode ser implementado em uma organização mecanicista?

Julga-se que sim, mas cabe considerar que a visão de homem e de organização contida na organização mecanicista limitará a ação do modelo gestão da RSE e exigirá uma necessária consciência de seus gestores para transformar a gestão, se desejarem implementar mudanças substantivas e sustentáveis.

Talvez isso justifique por que há empresas que ainda persistem em tomar a RSE como "ação específica" e, em geral, vinculando-a de forma preponderante na comunidade, pois possuem limitações para introduzir o modelo de forma plena, face aos valores contidos na gestão dessas empresas.

No discurso, são empresas exemplares e até eventualmente premiadas, mas continuam conduzindo sua gestão de forma hierarquizada, colocando o interesse econômico acima dos interesses dos demais envolvidos. Por vezes, interpretam como romantismo o fato de se pensar em orientar a gestão de sua empresa a partir do que diferentes grupos desejam. Mostra, com isso, a ausência da característica "orgânica".

Para transformar e alterar o modelo vigente nas organizações, é necessário um nível diferenciado de consciência sobre si e sobre os processos nos quais se está inserido, de tal maneira que consiga lutar contra a burocracia e recuperar o sentido das coisas, sem o qual não haverá engajamento suficiente. Parece haver um vínculo importante aqui e que, se não for respeitado, a verdadeira transformação não ocorrerá: implementar o modelo de gestão da RSE implica necessariamente desenvolver os gestores e sua consciência.

Retomando a reflexão sobre as características que esse modelo traz e que atua no enfrentamento dos desafios impostos à gestão contemporânea, destaca-se, em segundo lugar, a incerteza como elemento de gestão, na medida em que há consciência da complexidade inerente ao contexto atual.

Ele é construído com base em diferentes e múltiplos interesses e reconhece que, se o ser humano não for colocado no centro, a gestão não conseguirá decodificar tais interesses. Ainda, ele é capaz desse enfrentamento por dialogar com diferentes interesses e saber que soluções prontas e rápidas não estarão alinhadas com os envolvidos.

Por último, também face às múltiplas relações, a descontinuidade não se sustentará, exigindo naturalmente que os processos sejam efetivos e plenamente implantados, sem o que os mesmos envolvidos não poderão reconhecer os resultados alcançados.

Sintetizando o que vimos até aqui, percebem-se duas naturezas distintas na ação de mudança. Uma que privilegia o contexto exterior impulsionado pela personalidade e pelos valores estéticos e materiais. Outra que privilegia o contexto interior, onde ocorre a verdadeira transformação impulsionada pelos valores da alma e da consciência.

Vimos que há organizações concebidas de diferentes formas sendo determinadas especialmente por modelos de gestão que carregam distintas visões de homem em seu bojo. Igualmente, vimos que as mudanças de nosso tempo impõem desafios especiais às ciências da gestão, quais sejam: (a) lidar com a incerteza no lugar do "prever e controlar"; (b) considerar múltiplos interesses no lugar de considerar apenas um interesse, em geral vinculado ao grupo de pessoas que detêm o capital da organização; (c) colocar o ser humano no centro das decisões, no lugar do econômico; (d) buscar ênfase nas perguntas no lugar de só buscar respostas e soluções prontas; e (e) assegurar continuidade, garantindo equilíbrio e harmonia organizacional no lugar de construir uma organização caótica.

Com um olhar a partir das ciências da gestão, identifica-se um contexto mais relacional, trazido de forma especial pelo modelo de gestão da RSE e que se reflete no contexto organizacional, provocando uma profunda revisão de valores.

Demandado por essa revisão, o gestor tendo sido formado por lideranças, escolas de gestão e modelos organizacionais alinhados com os valores mecanicistas certamente encontrará severas restrições, no sentido de sua necessária renovação.

Se organizações atualizadas no discurso – porque incorporaram avidamente as mudanças em seu mundo exterior –, mas não transformadas em sua essência, demandarem os gestores para as mudanças, haveria dúvida sobre quais mudanças a elas se referem?

Desse modo, é inegável a oportunidade que nos foi dada neste momento histórico. O ser humano, nas diferentes áreas de atuação, pode alterar seu contexto na medida em que busca atuar de modo consciente, o que implica mudanças em seu mundo interior, assim como Secretan (2002:16) nos faz refletir, no que tange ao contexto organizacional: "Não esperemos dentro de uma empresa forçar a equipe a tornar-se o que nós próprios ainda não nos tornamos. A evolução pessoal precede a evolução empresarial."

Com tais reflexões, cabe agora pensarmos juntos sobre o papel crucial do gestor na transformação de organizações mecanicistas em orgânicas. Da mesma forma, deve-se pensar no gestor considerando o contexto de emergência da RSE como um modelo de gestão capaz de contribuir para o desenvolvimento sustentável.

Um novo gestor para a gestão sustentável

Antes de nos determos neste tema, cabe justificar a escolha pela expressão "gestor". A literatura das ciências da gestão, quando trata do papel funcional associado ao gerenciamento, via de regra, destaca a liderança. Há uma infinidade de autores e publicações que debatem sobre as habilidades da pessoa do líder, das técnicas de liderança ou dos desafios que eles enfrentam no cotidiano das organizações.

Esses trabalhos exaltam a figura do líder considerando os elementos tradicionais do mundo da gestão, dentre os quais o tema da equipe e do time liderado. Para estes, organizações se constituem em grupos sobre os quais os líderes, ao exercerem a liderança, conduzirão aos resultados organizacionais esperados.

Chama-se a atenção do leitor para os elementos propostos neste texto, que considera um cenário de organizações com características mais orgânicas, tratadas nos itens anteriores. Assim, propõe-se refletir a respeito do papel do gestor, que não deixa de ter os elementos da liderança e que, eventualmente, pode até não ter liderados, mas toma decisões institucionais e, por isso, contribui para a construção dos princípios e práticas organizacionais.

Ao destacar em demasia o papel de liderança, podemos estar reforçando a idéia subjacente a um modelo tradicional de organização, em que se imagina a função "prever e controlar" tal como se debateu no início deste texto, além de enfatizar um caminho que lança luz no mundo exterior à pessoa do líder. A escolha foi por olhar o mundo interior onde efetivamente a transformação ocorre. Assim, convido o leitor a pensar no gestor e sobre sua consciência.

Quando se fala em consciência, não se está considerando apenas o conhecimento histórico, mas especialmente a visão crítica da realidade que vive, clareza sobre seus valores e crenças, além da compatibilidade entre esses elementos.

Tudo isso de tal sorte que permita ao indivíduo se perceber ator de sua realidade. Assim, consciência implica a busca determinada pelo exercício individual de autoconhecimento e auto-aprimoramento gerando a libertação de seu pensar e a conquista da verdadeira autonomia. Por essa razão, não se imagina consciência sem autonomia, tampouco autonomia sem consciência.

Outro aspecto relevante a considerar ao refletir sobre este tema é o fato de que um indivíduo consciente naturalmente trabalha a favor da consciência coletiva, na medida em que, uma vez autônomo, provoca mudanças a seu redor, impactando e promovendo a consciência dos indivíduos e das instituições a seu redor.

É fato também que o indivíduo consciente constrói o próprio caminho e busca se alimentar de processos onde essa consciência se potencializará. Grupos e organizações que restringem a expansão da consciência individual tendem a não favorecer o surgimento de uma consciência coletiva e, portanto, face à autonomia do indivíduo consciente, tal organização pode não ser escolhida por ele para receber o benefício de sua consciência. Perde a organização; perde a sociedade.

Este breve comentário sobre consciência e autonomia nos ajuda a considerar o papel que um gestor desempenha em uma dada organização, pois, de certa forma, ele se coloca como guardião dos elementos da organização, porque são capazes de manter acesa a chama do entusiasmo das pessoas e do sentido que o próprio trabalho assume em sua vida. É o que Secretan (2002) chamou de alma da empresa: o sentido e o entusiasmo das pessoas em estar naquela organização.

Com isso, o autor nos ajuda a demarcar o território que recebe o impacto da atuação do gestor, inspirando-nos a refletir sobre as forças necessárias para apoiar uma gestão sustentável no enfrentamento dos desafios contemporâneos e na tarefa de transformar organizações mecanicistas em organizações vivas.

A primeira força é requerida pelo desafio imposto à gestão de lidar com a incerteza. Organizações tradicionais ou mecanicistas têm o impulso de controlar promovendo mudança no mundo exterior dos gestores, ou seja, fazendo um *bechmarking* e buscando o que a outra organização fez para lidar com esse desafio.

O caminho gerado pela incerteza não deve ser, seguramente, aumentar a incerteza provocada pela busca rápida de soluções. O caminho ideal passa necessariamente pelo gestor e pela consciência das verdadeiras crenças e características da organização em que atua, buscando examinar os próprios valores e a conexão desses elementos.

Para realizar esse caminho, o gestor necessita da força da sabedoria, que implica trilhar o caminho da consciência na busca interior por conhecimento e prudência, aspectos necessários para lidar com um ambiente que nem é – nem será – estável, rígido e controlável. Assim, a força da sabedoria também é requerida no sentido da justiça necessária quando o gestor realizar seus julgamentos sobre processos a serem implementados, seus verdadeiros objetivos e resultados para a organização.

A segunda força é requerida pelo desafio de considerar múltiplos e diferentes interesses no lugar de orientar a gestão apenas pelo interesse daquele que tem capital sobre a organização. Trata-se da força do diálogo.

Como vimos nos itens anteriores, o modelo de gestão da RSE encontra mais facilitadores para sua implantação nas organizações percebidas e estruturadas de forma orgânica e, nestas, o diálogo se coloca como fundamental na tarefa de equilibrar e harmonizar diferentes interesses, assim como apontado por Prahalad (2003:141) quando abordou o trabalho emergente dos gerentes: "Aceitar e gerenciar a diversidade é um desafio gerencial."

Essa fala faz sentido quando se examina a história da ciência da gestão e de seus pressupostos de controle e padronização. Em um contexto multirrelacional, a diversidade, de fato, surge como aspecto dramaticamente relevante.

A consciência requerida do gestor é relevante no sentido da força do diálogo, pois ele implica, por vezes, muito mais o ato de ouvir do que de falar. Gestores que não trilham o caminho do autoconhecimento dificilmente se habilitam a aceitar diferentes verdades e tendem a se fixar em sua verdade particular.

Outro desafio imposto às organizações contemporâneas se situa no centro orientador das decisões organizacionais. A terceira força requerida para essa transformação é a dos valores humanos que podem recolocar o ser humano como fim, deixando o "ranço" característico da gestão mecanicista de tomar o homem como meio.

Hoyos Guevara e Dib (2007:47) reforçam a necessária mudança a ser enfrentada nesse aspecto. Comentam: "O grande desafio do século XXI será mudar o sistema de valores que está por trás da economia global, de modo que o torne compatível com as exigências da dignidade humana e da sustentabilidade ecológica." Essa força antropocêntrica somente será percebida se o caminho da consciência estiver sendo trilhado pelos gestores, o que os habilitará a realizar a mudança da alma da organização, como já fora apontado.

A quarta força requerida é imposta pelo desafio da ruptura de um modelo que enfatiza as respostas rápidas por outro que facilite o questionamento e a busca das perguntas necessárias. Trata-se da força do autoconhecimento e que se origina no caminho individual da elaboração da pergunta certa, como Secretan (2002) aponta. Assim, as escolhas humanas são sempre precedidas de perguntas e a qualidade dos resultados depende drasticamente da profundidade de sua pergunta.

Há um poema de Bettina Brentano (HAETINGER, 2001:13) que sintetiza bem essa relação entre a profundidade e a qualidade da resposta:

"Sim, tudo depende da pergunta; quanto mais profundas as perguntas, tanto mais veemente será a resposta – o gênio não fica a dever a nenhuma; mas temos receio de perguntar e, muito mais, de ouvir a resposta e de compreendê-la, pois isso nos custa esforço e dores; de outra fora, nada podemos aprender – de onde tiraríamos? Quem pergunta a Deus, a esse Ele responde com o Divino."

Se há um desejo de transformação efetiva do contexto organizacional, e da gestão, torna-se fundamental a existência no gestor do desejo genuíno de fazer as perguntas cruciais, sem as quais a ruptura com o "velho modelo" não ocorre.

Trata-se de um caminho corajoso e certamente difícil, mas somente um gestor consciente pode atuar a favor do que Kimberly e Hamid (2003:214) apontam: "A gerência dará um verdadeiro salto quando compreender que o indivíduo mudou." Ao reconhecerem as mudanças nas pessoas, gestores conscientes podem transformar a gestão.

A quinta e última força requerida para o enfrentamento dos desafios contemporâneos diz respeito ao produto da velocidade e quantidade das mudanças empreendidas nas organizações. Por serem essas mudanças orientadas pela busca rápida de soluções e muito associadas às constantes alterações nas orientações organizacionais, a descontinuidade, como já vimos, passou a ser um fenômeno muito presente na vida das empresas.

A força necessária para lidar com esse fenômeno não é outra senão a continuidade contida nas relações éticas. Nesse sentido, o gestor consciente reconhece a necessidade de mudanças, mas reconhece igualmente a necessidade de os processos atenderem a diferentes e múltiplos interesses, pois sabe que a descontinuidade das ações organizacionais não passa de uma forma de desrespeito com todos os envolvidos.

Ao substituir um processo em curso por outro para atender ao olhar particular de um novo gestor ou mesmo do principal acionista ou assemelhado, a organização incorre em uma questão ética, na medida em que julga ser seu interesse mais relevante do que o do outro.

O desafio ético, sempre presente em qualquer esfera de atividade humana, está presente também nas empresas e têm em seu conteúdo diferentes perspectivas. Somente um gestor consciente está apto a perceber as sutilezas das práticas organizacionais e os verdadeiros significados das ações empreendidas pelas empresas.

O tempo histórico em que vivemos não é marcado pelo reconhecimento da conduta ética objetiva, traduzida pelo cumprimento de leis ou princípios, como pagar impostos e remunerar adequadamente seus fornecedores. Nosso tempo é marcado pela necessária consciência sobre os aspectos sutis contidos nas relações da empresa com um conjunto ampliado de interesses, aspecto que nunca foi tratado devidamente nas escolas de negócios.

O gestor consciente reconhece que as mudanças mais profundas são determinadas pelo desejo verdadeiro de todos os envolvidos de trilhar o mesmo caminho, e isso implica o tempo necessário determinado pelos mesmos envolvidos. Essa é a força da ética, que viabiliza a continuidade das ações humanas, em uma empresa que também é um organismo vivo e humano.

CONSIDERAÇÕES FINAIS

A consciência de um gestor é, em primeiro lugar, a consciência de um indivíduo e tem íntima relação com suas crenças pessoais. Assim, o caminho de autoconhecimento do gestor é o autoconhecimento pessoal, que o mesmo indivíduo buscará em função do próprio amadurecimento e do desejo de tornar-se um ser humano melhor.

Esse aspecto deixa claro que aprimorar a organização passa necessariamente pelo aprimoramento de seus indivíduos, o que implica um "revisitar" de suas crenças pessoais.

A primeira delas é a crença no próprio ser humano e em sua capacidade de se reorganizar, enfrentar seus desafios éticos e ressignificar seus valores. Se houver dúvida sobre essa capacidade, a ação desse indivíduo na organização encontrará limitações consideráveis, especialmente porque sustentabilidade passa necessariamente pela consciência do papel e do verdadeiro núcleo de seu trabalho: o ser humano.

Num contexto em profunda transformação, no qual as exigências são mais de natureza comportamental, e de consciência, a coerência de seus valores individuais e suas práticas são especialmente requeridas.

A segunda é a crença de que a empresa, como organização humana, é capaz de buscar e harmonizar, por exemplo, controle e flexibilidade, foco interno e externo, resultados sociais e ambientais, além de apenas econômicos. Na ausência dessa certeza, qualquer discurso de sustentabilidade fica vazio, comprometendo profundamente o impacto dos resultados da mesma organização.

A terceira crença, talvez a mais crítica, aponta para a crença pessoal em si próprio. Esse ponto deve ser considerado por todos os gestores, na medida em que a formação em ciências da gestão tradicional implica a anulação "eu-individual", colocando-o subordinado ao comando de outro e à liderança de alguém, numa estrutura em que a hierarquia é o principal definidor dos rumos organizacionais.

Sem a necessária crença em sua capacidade de transformar o contexto no qual vive a partir da própria ação, dificilmente poderá cumprir o papel institucional de um gestor consciente diante dos desafios que aqui foram descritos. Ao reconhecer tais elementos, o gestor consciente permite fluir as forças requeridas pela gestão sustentável e se habilita a empreender, com consciência e coerência, as transformações que todos esperam.

Encerra-se este texto sublinhando a profunda crença na capacidade do ser humano em realizar tais transformações com as palavras de Secretan (2002:27): "Não existem organizações evoluídas – ou, no caso, éticas e bem-sucedidas –, apenas pessoas evoluídas, éticas e bem-sucedidas, que as criam."

REFERÊNCIAS

ASHLEY, Patrícia Almeida. *Ética e Responsabilidade Social nos Negócios.* São Paulo: Saraiva, 2003.

CHANLAT, Jean-François. *Ciências Sociais e Management: reconciliando o econômico e o social.* São Paulo: Atlas, 2000.

CHOWDHURY, Subir (Org.). *Administração do Século XXI: o estilo de gerenciar hoje e no futuro.* São Paulo: Prentice Hall, 2003.

DOWBOR, Ladislau. *O que acontece com o trabalho?* São Paulo: Senac, 2002.

DUARTE, Cristiani de Oliveira Silva e TORRES, Juliana de Queiroz. "Responsabilidade social empresarial: dimensões históricas e conceituais". In: *PRÊMIO ETHOS VALOR.* Instituto Ethos e Jornal *Valor Econômico. Responsabilidade social das empresas: a contribuição das universidades.* São Paulo: Fundação Peirópolis/Instituto Ethos, 2005, p. 13-60, v. 4.

GEUS, Arie de. "A empresa viva". In: *Gestão de Empresas Sustentáveis. Harvard Business Review.* Rio de Janeiro: Campus/Elsevier, 2005

GRAYSON, David e HODGES, Adrian. *Compromisso social e gestão empresarial.* São Paulo: Publifolha, 2002.

HAETINGER, Herwig (Org.). *Poemas, pensamentos: reflexões para nosso tempo.* São Paulo: Antroposófica/ Christophorus, 1998.

HITT, Michael, IRELAND, Duane e HOSKISSON, Robert E. *Administração e Estratégia.* São Paulo: Thomson, 2003.

HOYOS GUEVARA, Arnoldo José de e DIB, Vitória Catarina. *Da sociedade do conhecimento à sociedade da consciência.* São Paulo: Saraiva, 2007.

INSTITUTO ETHOS DE EMPRESAS E RESPONSABILIDADE SOCIAL. *Indicadores de Responsabilidade Social da Empresa.* São Paulo, 2004/2005.

_____. *Perguntas freqüentes.* Disponível em: <http://www.ethos.org.br/perguntas frequentes>. Acesso em 20 de setembro de 2005(a).

_____. *Perguntas freqüentes.* Disponível em: <http://www.ethos.org.br/DesktopDefault. aspx?TabID=3344&Alias=Ethos&Lang=pt-BR>. Acesso em: 10 de fevereiro de 2005 (b).

IPEA (Instituto de Pesquisas Econômicas e Aplicadas). *Pesquisa sobre ação social das empresas do sudeste: quem são onde estão,* 2000 e 2004.

KARKOTLI, Gilson e ARAGÃO, Sueli Duarte. *Responsabilidade social: uma contribuição à gestão transformadora das organizações.* Petrópolis: Vozes, 2004.

KIMBERLY, John e HAMID, Bouchikni. "O local de trabalho personalizado". In: MATTAR, Hélio. *Os novos desafios da responsabilidade social.* Palestra proferida na abertura da Conferência Ethos sobre Responsabilidade Social da Empresa, São Paulo, 2001.

MELO NETO, Francisco Paulo de. *Gestão da responsabilidade social corporativa.* São Paulo: Qualitymark, 2001.

MOGGI, Jair e BURKHARD, Daniel. *O espírito transformador: a essência das mudanças organizacionais do século XXI.* 2ª ed. São Paulo: Infinito, 2000.

_____. *Como integrar liderança e espiritualidade.* Rio de Janeiro: Negócio Editora, 2004.

MORGAN, Gareth. *Imagens da organização.* São Paulo: Atlas, 1996.

MORGENSZTERN, Vitor. *Administração antroposófica – uma ampliação da arte de administrar.* São Paulo: Gente, 1999.

MORIN, Edgar. *Educar na era planetária: o pensamento complexo como método de aprendizagem e erro e na incerteza humana.* São Paulo: Cortez, 2003.

_____ e LE MOINGNE, J. L. *A inteligência da complexidade.* São Paulo: Fundação Peirópolis, 2000.

PAULA, Ana Paula e WOOD JUNIOR, Thomaz. "Viagem epistemológica às livrarias dos aeroportos", *Revista Administração em Diálogo,* Programa de Pós-Graduação em Administração PUC-SP, n. 5, p. 77, 2003.

PRAHALAD, C. K. "O trabalho emergente dos gerentes". In: CHOWDHURY, Subir. *Administração no século XXI: o estilo de gerenciamento hoje e no futuro.* São Paulo: Prentice Hall, 2003, Cap. 10, p. 139-148.

PRIGOGINE, Ilya. *O fim das certezas: tempo, caos e as leis da natureza.* São Paulo: Editora Unesp, 1996.

SANTOS, Boaventura de Souza. "O social e o político na transição pós-moderna". In: _____. *Pela mão de Alice: o social e o político na pós-modernidade.* São Paulo: Cortez, 1996, Cap. 4, p. 75-93.

SECRETAN, Lance H. K. *Um nível acima: construindo organizações que estimulem a excelência*. São Paulo: Cultrix, 2002.

STEINER, George A. e STEINER, John F. "Corporate social responsibility". In: _____. *Business, government and society: a managerial perspective*. USA: McGraw-Hill, 2000. Cap. 3, p. 118-146.

TENÓRIO, Fernando Guilherme (Org.). *Responsabilidade social empresarial: teoria e prática*. Rio de Janeiro: FGV Editora, 2004.

TREVIÑO, Linda K. e BROWN, Michael E. "Gestão ética", *Revista GV – Executivo*, v. 4, n. 1, p. 62-79, fev./abr. 2005.

CAPÍTULO 6

SOCIEDADE E MEIO AMBIENTE: HISTÓRIA, PROBLEMAS, DESAFIOS E POSSIBILIDADES

Angelo Palmisano
Raquel da Silva Pereira

RESUMO

Este capítulo aborda as relações entre sociedade e meio ambiente, fazendo inicialmente um breve histórico dos principais problemas ambientais enfrentados, concomitantemente com alguns problemas sociais, passando posteriormente para os desafios que se apresentam na atualidade e que ameaçam o futuro da vida humana e do planeta. Entretanto, acredita-se que haja um conjunto de medidas que possam e devam ser tomadas para a mudança do rumo, dentre elas a da conscientização via educação (formal escolarizada e corporativa), o que seria apenas um primeiro passo nessa longa caminhada, mas indispensável para que outras ações possam efetivamente ocorrer. Somente após a conscientização efetiva é que os principais gestores das organizações começarão a abrir espaço nas empresas para a discussão ampla de questões tão importantes. Como preparar profissionais para essa consciência?

INTRODUÇÃO

Uma das grandes questões na atualidade é como as lideranças tratam a questão da sustentabilidade. Certamente, a forma de agir e as tomadas de decisão refletem o grau de consciência que os gestores possuem em relação aos desafios propostos – ou impostos – pelos problemas socioambientais, advindos da maneira como o ser humano vem se desenvolvendo, de modo especial após a Revolução Industrial e as evoluções tecnológicas, sobretudo com a invenção da internet e da telefonia móvel. A práxis da nova consciência surge por meio da necessidade de mudança, um desafio rumo ao desenvolvimento sustentável.

Desenvolvimento sustentável e responsabilidade social têm sido assuntos recorrentes na mídia e na academia. Entretanto, ainda são parcas as ações efetivas nesse sentido, se comparadas às possíveis de serem implementadas. O mais comum é esses temas estarem em pauta nas organizações ainda em reuniões específicas, muitas vezes esporádicas.

No que tange ao escopo do cumprimento das legislações, as empresas se preocupam mais, porém, naquilo que pode e deve ser feito para além da questão legal, existem apenas discussões – poucas ações.

Neste capítulo, abordam-se questões do macro e do microambiente, ou seja, o que ocorre dentro e fora do âmbito das organizações, no sentido de contribuição para a melhoria ou para a solução dos problemas apresentados, até porque os âmbitos são complementares e interdependentes.

Inicialmente, faz-se necessário contextualizar as tendências contemporâneas, como a polarização da economia, a redução do emprego formal, a necessidade de aumento da escolaridade, o maior fluxo de intercâmbio entre países, e a ampla utilização de internet e telefonia. Também é observável o crescimento do número de mulheres nas mais diversas áreas do mercado de trabalho e a maior expectativa de vida das pessoas, que, por sua vez, permanecem por mais tempo "na ativa".

Por outro lado, temos as mudanças climáticas, a elevação da temperatura do planeta e a elevação do nível dos mares, acompanhadas do esgotamento das reservas naturais.

E, para aquecer essas discussões, a conscientização da sociedade faz com que os consumidores fiquem atentos, procurando melhorar a qualidade de vida nos grandes centros urbanos, extremamente precária sob os pontos de vista social, econômico e ambiental.

Muitos desastres ambientais são preconizados, haja vista a industrialização, a explosão demográfica, a produção e o consumo exacerbado, razões que levam à degradação dos recursos naturais e à poluição do ar, do solo e da água.

Esse, então, é o pano de fundo que conduz às abordagens deste capítulo.

HISTÓRICO DAS PREOCUPAÇÕES SOCIOAMBIENTAIS

Segundo Nascimento, Lemos e Mello (2008), o início das preocupações ambientais se deu em 1920, com o *Economics of Welfare* (de Pigou), tributos ambientais sobre as externalidades, sob a justificativa de que os recursos naturais são bens públicos, trazendo o princípio do poluidor pagador.

Em 1962, foi publicado o livro *Silent Spring* (Primavera Silenciosa), de Rachel Carson, demonstrando que homens e animais estão em interação constante com o meio, trazendo à tona a conscientização de que a natureza é vulnerável às intervenções humanas. A publicação decorreu dos estudos de Rachel sobre os diclorodifeniltricloroetano (DDT), inseticidas produzidos e utilizados em larga escala naquela época para matar insetos que prejudicavam a agricultura, mas acabavam por matar também insetos inofensivos como abelhas e até alguns tipos de pássaros que sempre apareciam na primavera e que, notadamente, segundo a autora, estavam desaparecendo. Carson (1969) condenou o uso indiscriminado de pesticidas e agrotóxicos.

De lá para cá, muitos documentos foram escritos e muitas conferências vêm ocorrendo.

Em 1968, foi fundado o Clube de Roma, uma organização internacional cujo foco é analisar os problemas da humanidade e propor mudanças globais, sem a interferência de interesses políticos, econômicos ou ideológicos. A organização, que busca analisar os problemas da humanidade, em 1972, publicou o famoso relatório "Limites do Crescimento" (*Limits to Growth*), sugerindo a necessidade de redução da produção mundial e dos impactos ambientais para a preservação dos recursos naturais e redução gradual de resíduos. Tal relatório trouxe uma análise do que poderia acontecer se a humanidade não mudasse sua forma de desenvolvimento. A principal mensagem do relatório ficou conhecida como "crescimento zero".

Embora a proposta do Clube de Roma não tenha sido aceita, serviu como um alerta para que o mundo começasse a se preocupar em encontrar soluções para os problemas ambientais gerados pelo crescimento econômico, em especial aqueles originados pelas indústrias. Assim, o desenvolvimento humano continuou com um crescimento acelerado, elevando a quantidade de problemas ambientais e os riscos oferecidos à sobrevivência humana.

Ocorreram, então, muitas outras ações, e o problema do meio ambiente tornou-se objeto de debates em praticamente todos os países.

Também em 1972, ocorreu a I Conferência Mundial sobre Meio Ambiente, uma realização da Organização das Nações Unidas (ONU) que ficou conhecida como Conferência de Estocolmo, que teve como principais preocupações o crescimento populacional, o processo de urbanização e a tecnologia envolvida na industrialização (BELLEN, 2005).

O surgimento do conceito de *ecodesenvolvimento*, por Ignacy Sachs, em 1973, trouxe novas contribuições às discussões, na medida em que defendeu a possibilidade de crescimento, desde que de forma sustentada (SACHS, 1986).

Por outro lado, foi em 1976 que ocorreu o acidente ambiental tecnológico de Seveso, na Itália, quando uma nuvem de dioxina, produto altamente tóxico, chamou a atenção e alertou para os impactos gerados ao planeta. Milhares de animais morreram e outros milhares foram sacrificados para evitar que a dioxina entrasse na cadeia alimentar.

Em 1978, surgiu na Alemanha o primeiro selo ecológico, denominado Blauer-Engel, popularmente chamado de Anjo Azul. É um símbolo utilizado para produtos ou serviços com impacto ambiental reduzido ou positivo, considerando todo o ciclo de vida do produto (produção, utilização e descarte) e todos os aspectos ambientais, inclusive a preservação de recursos naturais. O selo contém o símbolo de meio ambiente das Nações Unidas e os dizeres "selo ambiental porque...", fazendo referência às principais características ambientais do produto. Por exemplo: "porque é feito de plástico reciclado" (CÂMARA BRASIL-ALEMANHA, 2007).

Em 1984, seguiu-se o acidente de Bhopal, na Índia, quando uma das maiores indústrias químicas do mundo soltou no ar 25 mil toneladas de um gás letal (isocianato de metila), provocando a morte de cerca de 3.400 pessoas.

No Brasil, foi lançado em 2007 o eco-selo Falcão Bauer/Idhea, que é um sistema de rotulagem ambiental para avaliar e garantir o desempenho sustentável de tecnologias e materiais fabricados em áreas como construção civil, movelaria, indústria têxtil e química. Seu nome é resultado da denominação dos criadores: o Instituto Falcão Bauer da Qualidade (IFBQ) e o Instituto para o Desenvolvimento da Habitação Ecológica (IDHEA). Baseado em critérios internacionais consolidados como o Anjo Azul, o *Good Environmental Australia Standart* (australiano), o *Methodology for Environmental Profiles* (inglês), entre outros, sendo o modelo adaptado à realidade brasileira, e consiste na avaliação do ciclo de vida do produto e seu desempenho, comprovados por meio de inspeções periódicas e ensaios laboratoriais.

As legislações específicas e os relatórios de impacto ambiental surgiram por volta de 1980, com o *end-of-pipe* (final do tubo), que tratou da questão dos efluentes, dos resíduos e das emissões, aspectos que causavam custo adicional.

Outro acidente ocorreu em 1986, em Chernobyl, na União Soviética, quando da explosão de um dos quatro reatores da usina nuclear, lançando no ar uma nuvem radioativa que contaminou uma enorme área.

O Princípio da Atuação Responsável (*Responsible Care*) foi criado no Canadá, em 1987, com foco nas indústrias químicas, disseminando o que denominou de SHE – *Safety, Health and Environment*. Objetiva promover o manuseio seguro de produtos, em pesquisas laboratoriais, na produção, distribuição ou utilização de produtos químicos. Trata-se de um compromisso assumido voluntariamente por indústrias químicas para com a saúde e segurança do planeta.

Percebido o impacto dos gases CFCs (hidrocarbonetos clorados e fluorados), estes foram banidos no Protocolo de Montreal, em 1987. Nesse mesmo ano, foi publicado o relatório da Convenção Mundial sobre Meio Ambiente e Desenvolvimento, realizado pelas Nações Unidas, denominado Nosso Futuro Comum, também conhecido como Relatório Brudtland, contendo o conceito de Desenvolvimento Sustentável como: "O que atende às necessidades do presente, sem comprometer a possibilidade de as gerações futuras atenderem às suas próprias necessidades" (BRUNDTLAND, 1988).

Seguindo a evolução do pensamento humano a respeito dos problemas ambientais, em 1989 houve a Convenção de Basiléia (Suíça), um convênio internacional que proibiu o envio de resíduos para países que não disponham de capacidade técnica, legal e administrativa para recebê-los. Contou com a presença de representantes de 105 países e da Comunidade Européia, que assinaram o documento que foi denominado Convenção da Basiléia, visando o Controle dos Movimentos Transfronteiriços de Resíduos Perigosos e sua disposição, que entrou em vigor em 1992, 90 dias após sua ratificação pelo Congresso/Parlamento do vigésimo país participante.

Os objetivos da Convenção da Basiléia são: minimizar a geração de resíduos perigosos (quantidade e periculosidade); controlar e reduzir movimentos transfronteiriços de resíduos perigosos; dispor os resíduos o mais próximo possível da fonte geradora; proibir o transporte de resíduos perigosos para países sem capacitação técnica, administrativa e legal para tratá-los de forma ambientalmente adequada; auxiliar os países em desenvolvimento e com economias em transição na gestão dos resíduos perigosos por eles gerados; trocar informações e tecnologias relacionadas ao gerenciamento ambientalmente adequado de resíduos perigosos.

Tais preocupações ocorreram porque países desenvolvidos estavam descartando resíduos perigosos em outros países mais pobres, até mesmo sem o conhecimento e o consentimento destes.

Ainda em 1989, outro enorme acidente, com o petroleiro da Exxon Valdez, no Alasca, que ao se chocar com a costa, deixou vazar 20 mil barris de petróleo, afetando praticamente toda a fauna da região.

Também na década de 1980 surge o conceito de economia ecológica (EUA). Já a idéia de ecologia profunda, citada por Fritjof Capra (2000), assim denominada por Arne Naess, integra as dimensões biológica, psicológica e espiritual. Posteriormente, surgiu o termo ecologia social e, que sugere um governo descentralizado, chamando a sociedade a participar mais ativamente das discussões e ações em prol do meio ambiente. Surgem acirradas discussões sobre a preservação (intactabilidade, não usar) e a conservação (aproveitamento controlado, usar com cuidado), procurando, em ambos os casos, a proteção ambiental.

Como conseqüência dessas discussões, alguns autores afirmam que o termo Gestão Ambiental é superficial e mecanicista, defendendo o termo Gestão Ecológica como sendo mais profundo, remetendo ao tratamento holístico e sistêmico, ético e ecológico, numa iniciativa de mudança de valores.

Foi no Brasil que ocorreu a Conferência da ONU sobre Meio Ambiente e Desenvolvimento de 1992, chamada de Rio 92 ou Cúpula da Terra. Nessa convenção, foram formuladas a Carta da Terra e a Agenda 21.

A Carta da Terra é um documento similar a um código de ética planetário, denota a necessidade de uma mudança nas atitudes e no comportamento das pessoas, incluindo revisão de valores e estilos de vida.

Já a Agenda 21 é um documento que enfatiza as preocupações para com o século XXI, antecipando as ações que cada país/região se propõe a tomar para evitar ou eliminar agressões ambientais e tratar de forma mais adequada a questão do desenvolvimento, que deve se basear no provimento de informações consistentes e confiáveis, planejando-se ações em busca do desenvolvimento sustentável.

Alguns anos se passaram até que surgisse um tratado internacional sobre o clima, formulado em 1997, no Japão, na Conferência das Partes da Convenção sobre Mudanças do Clima, também das Nações Unidas. Esse documento, denominado Protocolo de Kyoto, trata da neutralização de carbono e da redução de CO_2 (gás carbônico), causadores do efeito estufa. O protocolo não foi ratificado pelos Estados Unidos, sendo essa atitude extremamente egoísta e bastante criticada, haja vista ser esse considerado o país mais poluidor do planeta.

O Protocolo de Kyoto começou a vigorar em 2005, com a entrada da Rússia. São então 55 países que se propõem à meta de, entre 2008 e 2012, reduzirem em 5,2% (em relação à década de 1990) suas emissões de gases responsáveis pelo efeito estufa. Por meio do Protocolo, países ricos podem investir em Mecanismos de Desenvolvimento Limpo (MDL) nos países subdesenvolvidos, como forma de compensar seus excessos de poluição.

Somente nos anos 90 é que começou a se tratar a gestão ambiental de todo o processo produtivo, com foco na redução do impacto ambiental, na prevenção, em tecnologias limpas e na preservação ambiental. Surgiram muitas ONGs fortalecendo o Terceiro Setor, que amplia sua atuação de vigilância e denúncia, além de atuar onde o setor governamental, por diversas razões, não o faz.

É também na década de 1990 que aparece um grande número de normas e certificações para as empresas comprovarem estar poluindo menos, não significando, contudo, que não poluam.

Surge nessa década a BS7750 (1994), que estabelece especificações para os Sistemas de Gestão Ambiental e a série de normas ISO 14000 (1996), que estabelecem diretrizes sobre a gestão ambiental nas empresas.

Em 1999, em Londres, foi criada a norma não-certificável AA1000, que aborda o gerenciamento da responsabilidade social. Define as melhores formas de se garantir a utilização de instrumentos para prestação de contas de ações socialmente responsáveis, com ética e qualidade de relatórios contábeis e de auditorias.

Quanto à Responsabilidade Social das Organizações, também existem autores contra, como o recém-falecido economista Milton Friedman, que defendia a idéia de que a única obrigação de uma empresa é gerar lucro para seus acionistas e que gestores não estariam qualificados para cuidar de assuntos de interesse público. Mas, a maioria dos autores segue as idéias de Keith Davis, que entende existir tal responsabilidade em relação às obrigações das empresas, uma vez que são possuidoras de grande poder, o que lhes confere também grande responsabilidade (PEREIRA, 2002), considerada uma espécie de investimento social privado (AMADEU JUNIOR; GELMAN; MACEDO, 2008).

Ainda no tocante às normas e certificações, a SA 8000, criada em 1998, é uma norma internacional que define requisitos referentes às práticas sociais do emprego, para fabricantes e seus fornecedores, por fazerem parte da cadeia produtiva, abordando: trabalho infantil; trabalho forçado; saúde e segurança; liberdade de associação e direito a acordos coletivos; discriminação; práticas disciplinares; horas de trabalho, compensação e sistemas de gestão. Estabelece padrões que gerenciam os direitos dos trabalhadores, por meio da adoção de acordos internacionais existentes, incluindo as Convenções Internacionais do Trabalho, a Convenção das Nações Unidas pelos Direitos da Criança e a Declaração Universal dos Direitos Humanos. A obtenção da certificação de suas operações e de sua cadeia de fornecimento demonstra para os *stakeholders* a adoção de uma postura ética e transparente.

Dando seqüência cronológica, em 2002 foi realizada a Rio+10, em Joanesburgo, na África do Sul, em que os representantes dos povos reunidos reafirmaram o compromisso com o desenvolvimento sustentável. Firmaram, na Declaração de Joanesburgo sobre Desenvolvimento Sustentável, o compromisso de "construir uma sociedade global humanitária, eqüitativa e solidária, ciente da necessidade de dignidade humana para todos" (DJDS, 2002). A mesma declaração reconhece que a erradicação da pobreza e a mudança nos níveis de consumo são objetivos fundamentais para que se atinja um desenvolvimento sustentável. Essa reunião também chamou a atenção para a palavra "des"envolvimento, atribuindo a esta uma negação com o social.

Em 2004, foi lançada a ABNT NBR 16001:2004, norma brasileira que trata de Sistema de Gestão da Responsabilidade Social. Em 2010 será lançada a ISO 26000, norma internacional de Responsabilidade Social, não-certificável.

Evidentemente, muitas outras ações ocorreram, porém, destacam-se neste capítulo as mais relevantes, visando situar historicamente o leitor e contextualizar as discussões propostas.

Não se pode deixar de mencionar as COPs (Conferência das Partes), órgão superior da Convenção do Clima, composta por países que a ratificaram, tornando-se responsáveis por sua implementação. A primeira reunião, COP-1, foi realizada em 1995, em Berlim, e posteriormente outras COPs se sucederam anualmente. Em dezembro de 2007, ocorreu a COP-13, em Bali, na Indonésia, que esboçou um plano de redução de emissões de carbono, mas sem a previsão de metas obrigatórias por país. Estiveram reunidos diplomatas de 191 nações, que aprovaram o Mapa do Caminho de Bali, que pretende definir os caminhos viáveis ao combate ao aquecimento global após 2012, quando expira o Protocolo de Kyoto. O documento é importante na medida em que inclui nações que estavam sem compromissos firmados, mas ainda deixando para a COP-15, que ocorrerá em Copenhague (Dinamarca), em 2009, a definição das metas nacionais.

PREOCUPAÇÕES ATUAIS

Além de questões como aquecimento global, necessidade de redução das desigualdades sociais e miséria, uma das maiores preocupações organizacionais atuais aponta para o envolvimento de todos os *stakeholders* quando o assunto é desenvolvimento sustentável e responsabilidade social. *Stakeholders*, entendidos como todos os envolvidos no processo, intencionalmente ou não. E, por haver algum grau de envolvimento, são chamados partes interessadas.

Assim, são *stakeholders* os acionistas, sócios ou proprietários, os funcionários, os clientes, os fornecedores, a comunidade e até mesmo o meio ambiente. De forma mais abrangente, pode-se ainda considerar como partes interessadas a mídia, o governo, os sindicatos, os concorrentes, as ONGs e os bancos.

Conforme afirmam Souza e Almeida (2006), o lucro é condição necessária para a sobrevivência de uma organização, porém não é a única. O valor de uma empresa é, na atualidade, muito diferente do que era no passado, quando grandes instalações físicas e ativos financeiros o determinavam. Hoje, a percepção de valor vai muito além da tangibilidade. Empresas sem muito estoque e sem grandes prédios e máquinas podem possuir um valor bem maior do que lhes seria atribuído no passado. A marca é um valor que deve ser trabalhado, pois os consumidores, cada vez mais conscientes, podem elevá-la ou destruí-la.

Assim, questões como ética e responsabilidade social também agregam valor à marca, bem como governança corporativa, fatores que trazem maior segurança e transparência aos investidores e clientes.

Todas essas partes interessadas estão, em maior ou menor grau, se conscientizando sobre seu poder de influência nas decisões que as envolvem. Em outras palavras: a sociedade percebe que pode influenciar decisões empresariais, seja por meio da não-aquisição de determinado produto ou marca, por meio de participação efetiva em ações da comunidade do entorno da organização, ou ainda participando dentro da própria organização, com representantes de sua comunidade.

Como se pode observar, os gestores enfrentam hoje uma diversidade bem maior de situações para a tomada de decisão, que vai além do aspecto econômico-financeiro. O relacionamento é um atributo estratégico importante nesse contexto, uma vez que é por meio dele que as ações são "acreditadas" pelos *stakeholders*, garantindo vantagem competitiva.

As parcerias sociais são cada vez mais bem-vindas e ganham espaço nas agendas dos gestores, por assegurarem um melhor relacionamento entre as partes, buscando relações ganha-ganha, numa visão contemporânea em que o "e" prevalece sobre o "ou".

Quando se fala em parcerias, todos os tipos são válidos, sejam com o próprio público interno, ou com o externo, como com outras empresas, escolas, fundações, associações, igrejas, ONGs, cooperativas, fornecedores ou mesmo com o governo. O que determina a viabilidade inicial são os objetivos a serem atingidos.

Muitas outras preocupações tomam as discussões atuais sobre as questões ambientais e de desenvolvimento, tais como a Gestão Sustentável da Cadeia de Suprimentos (SCM – *Green Supply Chain Management*), envolvendo a Logística Reversa, que é uma nova área da logística que trata do gerenciamento e operacionalização do retorno de produtos, materiais e embalagens após sua venda e consumo, às suas origens, agregando-lhes valor, ou ainda conduzindo-os à melhor forma de descarte.

A logística reversa contribui substancialmente para a minimização dos impactos ambientais, fazendo parte do princípio da produção limpa, cuidando "do berço ao túmulo", de modo que o produtor responsabilize-se, inclusive, pelo destino final dos produtos gerados, possivelmente via reparo, reutilização ou reciclagem (LEITE, 2003).

Crescem os trabalhos relativos à Produção Mais Limpa (P+L), conceito utilizado para a constante aplicação de estratégias e técnicas que integram processos, produtos e serviços, objetivando aumentar a eficiência no uso de matérias-primas, água e energia, num esforço para eliminar ou reduzir o desperdício. É uma abordagem preventiva que beneficia não somente o meio ambiente, mas as próprias finanças organizacionais, uma vez que traz redução de custos e aumenta a competitividade.

As empresas, preocupadas com as questões ambientais, desenvolveram o que se chama de "marketing verde", uma ferramenta estratégica utilizada para promover e manter a imagem da marca junto à sociedade. Visa promover produtos e serviços ambientalmente responsáveis. Alguns governos já divulgam uma relação de produtos incentivando a compra verde (*green procurement*), de forma a educar e orientar consumidores.

Muitos rótulos ambientais, selos verdes, certificações, premiações, consultorias e publicidade de todo tipo estão sendo introduzidos no mercado, mas a pergunta que permanece é: é o suficiente?

Aparentemente, há mais estardalhaço do que resultados. Sim, há muitos resultados, mas o ser humano está longe de poder se despreocupar em relação aos problemas que, se no passado representavam preocupações somente "do futuro", hoje começam a ser "do presente".

Para garantir o sucesso de projetos, exigindo responsabilidade social, em 2003 o International Finance Corporation – IFC, instituição vinculada ao Banco Mundial, que financia projetos da iniciativa privada, criou uma série de exigências, conhecida como Princípios do Equador. Estes estabelecem critérios ambientais e sociais mínimos, que deverão ser atendidos para a concessão de crédito em financiamentos acima de US$50 milhões.

Tais regras incluem avaliações em critérios como o impacto ambiental do projeto sobre flora e fauna, a exigência de compensações em dinheiro para populações afetadas por um projeto, a proteção a comunidades indígenas e ainda a proibição de financiamento ao uso de trabalho infantil ou escravo.

Pesquisa do Bank Track, instituição que monitora as políticas de crédito das principais instituições financeiras do mundo, divulgou em 2007 estudos sobre as atuações socialmente responsáveis de 45 bancos, incluindo somente três brasileiros: Banco do Brasil, Bradesco e Itaú. A metodologia utilizada dividiu a pesquisa em sete áreas: agricultura; comércio de armas; florestas; hidrelétricas; mineração; pesca; e petróleo e gás. A conclusão é que a maioria está distante de ser socialmente responsável, e que as práticas estão muito distantes dos discursos.

Segundo a pesquisa, muitos dos bancos analisados estão dispostos a restringir a concessão de créditos à empresas que prejudiquem o meio ambiente. Entretanto, ainda não têm políticas claramente definidas sobre o assunto (WIZIACK, 2007).

O *Worldwatch Institute* –WWI acompanha o Estado do Mundo e divulga um relatório anual apresentando as conclusões obtidas em cada período. A edição de 2007, denominada Nosso Futuro Urbano, deu enfoque para as cidades como sendo cruciais para o combate à pobreza e mudança climática. O relatório alerta para a questão da imensa indigência urbana, afirmando que "muito mais da metade do 1,1 bilhão de pessoas projetado a ser adicionado à população mundial até 2030 viverá sob condições miseráveis, carentes de infra-estrutura" (WWI, 2007:3). O relatório afirma ainda que as cidades ocupam apenas 0,4% da superfície terrestre, mas representam a maior fonte de emissões mundiais de carbono, por essa razão sua importância para amenizar a crise climática.

Segundo o relatório, no início do século passado, a maioria da população mundial vivia em áreas rurais, mas já no próximo ano mais da metade da população estará habitando centros urbanos. O problema efetivo é a urbanização desordenada, capaz de gerar problemas à saúde humana e ao meio ambiente.

Ainda segundo o documento, dos 3,2 bilhões atuais de moradores urbanos, 1 bilhão vive em favelas, áreas carentes de necessidades básicas, como água potável e saneamento.

O Estado do Mundo 2007 afirma que alguns movimentos sociais estão ocorrendo, em que grupos comunitários e governos municipais desenvolvem políticas pioneiras no combate à pobreza e à degradação ambiental, superando, em alguns casos, os esforços de governos federais.

INDICADORES DE DESENVOLVIMENTO SUSTENTÁVEL

De modo geral, indicadores têm a finalidade de mensurar e propiciar o acompanhamento de metas. São, segundo a Organization for Economic Cooperation and Development (OECD, 1993), entendidos como parâmetros que fornecem informações sobre o estado de um fenômeno que se pretende acompanhar e analisar. Servem para comparação, avaliação e ainda para utilização no planejamento de ações futuras.

A criação de indicadores de sustentabilidade surgiu em resposta à necessidade de ferramentas de apoio à gestão, específicas para essa finalidade: a de operacionalização do desenvolvimento sustentável. Essas ferramentas possibilitam a avaliação, via mensuração e comparação, do grau de sustentabilidade e do crescimento econômico.

Em se tratando de indicadores de sustentabilidade, Bellen afirma que "julgamentos de valor estão sempre presentes nos sistemas de avaliação, nos diferentes níveis e dimensões existentes" (BELLEN, 2005:46).

Segundo Gallopin (1996), os indicadores de desenvolvimento sustentável devem contemplar alguns requisitos universais, tais como: serem passíveis de mensuração; contarem com a disponibilização de dados; possuírem metodologia transparente e padronizada de coleta e análise de dados; oferecerem certeza de viabilidade financeira para a realização do trabalho e, ainda, garantirem que sejam aceitos pelos tomadores de decisão, ou seja, devem ter credibilidade.

Os indicadores, preferencialmente, não devem ser muito complexos para que possam ser de fácil entendimento, embora devam contemplar as dimensões econômica, ambiental e social.

Os Indicadores de Desempenho Ambiental (*Environmental Performance Indicators – EPI*) já proporcionam vantagens iniciais porque requerem que as empresas façam um diagnóstico da situação atual para, em seguida, promoverem a convergência de esforços na medição direta ou indireta dos impactos ambientais causados por ela. Quando bem aplicados, possibilitam saltos qualitativos na produtividade, com benefícios evidentes para todos.

Em 1996, Mathis Wackernagel e William Rees publicaram o livro *Our Ecological Footprint – Reducing Human Impact on the Earth*, em que apresentaram o conceito de Pegada Ecológica, um indicador que propicia uma forma de medir o impacto humano na Terra.

A Pegada Ecológica reflete a área produtiva equivalente de terra e mar necessária para produzir os recursos utilizados e para assimilar os resíduos gerados pelo homem. Pode ser calculada para um indivíduo, uma comunidade, um país, ou mesmo para a população mundial.

A Pegada Ecológica avalia a extensão com que uma dada população se apropria do espaço biologicamente produtivo. Considerando-se a utilização de recursos naturais em todo o planeta, as atividades humanas afetam locais cada vez mais distantes com seus resíduos, detectando os espaços da expansão humana e dos níveis de consumo, que vêm aumentando bastante nas últimas décadas.

Para se calcular a Pegada Ecológica, é necessário estimar o consumo de bens e serviços (alimentos, vestuário, transporte, energia, lazer, habitação, dentre outros). Após esse primeiro cálculo, estima-se a área necessária à produção de cada item, dividindo a média anual de consumo desse item pela média de sua produtividade.

Cada uma dessas áreas é considerada equivalente a um tipo de área biologicamente produtiva, e sua soma constitui a Pegada Ecológica. As áreas biologicamente produtivas consideradas são: área cultivada; área de pasto; área de floresta; área de recursos marinhos; área construída e área de floresta necessária para absorver as emissões de dióxido de carbono, associadas ao consumo de combustíveis fósseis. É então conhecida como um instrumento de avaliação dos impactos antrópicos na Natureza.

No Brasil, o Instituto Ethos de Empresas e Responsabilidade Social fornece indicadores em sete temas: valores, transparência e governança; público interno; meio ambiente; fornecedores; consumidores e clientes; comunidade; e governança e sociedade. Tais indicadores são ferramentas que permitem a mensuração de práticas de responsabilidade social, viabilizando sua análise pela empresa que os utiliza, para que ela possa, a partir daí, planejar melhor suas ações. O Ethos possibilita ainda que a empresa encaminhe os resultados obtidos na aplicação desses indicadores para que sejam comparados com as melhores práticas empresariais, com a garantia de confidencialidade. Também foram desenvolvidos indicadores setoriais, que permitem maior precisão nas análises, já que são específicos.

O *Global Reporting Initiative* – GRI atua em cooperação com o *Global Compact*, cujo objetivo é buscar padronização na elaboração de relatórios de sustentabilidade, difundindo internacionalmente os 11 princípios auditáveis: transparência; inclusão; auditabilidade; abrangência; relevância; contexto de sustentabilidade; exatidão; neutralidade; comparabilidade; clareza e periodicidade.

A Occupational Health and Safety Assessment Series – OHSAS 18001 (Série de Avaliação de Saúde e Segurança Ocupacional) é uma norma sobre sistema de gestão da Segurança e da Saúde no trabalho que especifica como implantar um sistema de gerenciamento relativo a segurança e saúde do trabalho. É mais uma forma de atender a legislação e, ao mesmo tempo, gerir a melhoria contínua nas questões relacionadas à segurança e saúde no trabalho.

O documento é composto por indicadores, metas e planos de ação. Contém cinco seções principais: política de segurança e saúde ocupacional; planejamento; implementação e operação; verificação e ação corretiva; e análise crítica pela direção. Está estruturado para ser compatível com as séries ISO 9001:2000 e ISO 14001.

Pode ser considerada mais uma ferramenta de gestão sobre as práticas utilizadas pela organização para planejar, acompanhar e melhorar a gestão da saúde e segurança no trabalho, além de retratar a preocupação da empresa com a integridade física de seus colaboradores, outrora chamados simplesmente de funcionários ou empregados.

COMO PREPARAR OS PROFISSIONAIS PARA ESSA CONSCIÊNCIA

Considerando o exposto, a idéia é que se trabalhe o mais proativamente possível, evitando custos desnecessários para sanar impactos causados, como, por exemplo, para a descontaminação e os cuidados de saúde necessários, devidos a acidentes.

Além dos setores comumente envolvidos nessas questões, como produção e marketing, torna-se extremamente importante o envolvimento e a atuação da área de Recursos Humanos ou de Gestão de Pessoas para a rápida multiplicação de tais conceitos, permitindo assim que profissionais de diversas áreas do conhecimento se engajem nessa luta contra os desastres que estão por abater o planeta Terra.

Fazendo uma breve retrospectiva, nos anos 80 a área de RH preocupava-se exclusivamente com recrutamento e seleção, desenvolvimento, avaliação e recompensas. Na década de 1990 incluíram-se como tarefa da área de RH o Desenvolvimento Organizacional (DO) e as questões relacionadas a uma tratativa mais eficaz em relação à comunicação interna.

A partir de 2000, entraram em pauta novas tarefas de RH, dentre elas a responsabilidade para com os resultados, ou seja, para com o desempenho da organização, já que todos os profissionais que ingressam numa organização passam obrigatoriamente por essa área e por ela devem ser treinados e capacitados constantemente. As competências organizacionais são responsabilidades também de RH, inclusive ao pensar formas de reter os talentos da organização e de gerir não só as pessoas, mas os conhecimentos organizacionais.

Atualmente, cobra-se do RH o *know-how* social, tão importante quanto o tecnológico, pois, para que haja inovação, é preciso que a organização tenha profissionais motivados e criativos, além de tecnicamente preparados.

O desempenho organizacional depende, em grande parte, da área de RH, que, por sua vez, depende dos principais executivos da organização para pensarem estrategicamente como melhor preparar os profissionais para o futuro, disseminando claramente essas idéias para que se materializem.

Assim, o RH deve atuar como agente de mudança, gerar capital intelectual, propiciar e cuidar da aprendizagem organizacional, promovendo constantemente uma cultura de valorização das pessoas, para que elas possam executar suas tarefas de modo a beneficiar a organização e a sociedade.

Lamentavelmente, em muitas organizações, os profissionais são atraídos e contratados, mas, com o passar do tempo, passam a ser esquecidos, sem nenhum auxílio para o contínuo desenvolvimento. Dessa forma, se o profissional não evoluir, a organização também não evoluirá, o que não é bom para nenhuma das partes.

Entende-se que o RH deva sensibilizar e preparar os profissionais para uma atuação pró-Desenvolvimento Sustentável consciente. Isso é possível por meio não só de comunicações e treinamentos isolados, mas também pela cobrança de posturas mais evoluídas, tais como a contenção dos impulsos por impressões desnecessárias de documentos, o exercício para o menor consumo de água e energia nas ações cotidianas/rotineiras e a redução no uso de copos descartáveis, dentre outras ações, educando constantemente e evitando o consumo desenfreado e desnecessário.

Atualmenmte, profissionais estudam sobre a escolha de materiais de menor impacto ambiental para a composição dos produtos, sobre a redução da massa e do volume do próprio produto, sobre uma forma de produção mais limpa, sobre otimização de sistemas de embalagem e distribuição. Também são estudadas formas de redução dos impactos durante a utilização, tais como redução do uso de água e energia, bem como sobre formas de otimizar a duração da vida do produto, incluindo a logística reversa e as formas de descarte final pós-consumo.

Segundo Kazazian, "em menos de um século, o número de objetos que nos cercam mais que duplicou". E continua: "A durabilidade questiona a própria idéia de posse. É realmente necessário possuirmos todos os objetos que utilizamos? [...] Passar da posse do bem material à disponibilização de um serviço que satisfaça a mesma necessidade permitiria passar de uma sociedade de consumo a uma sociedade de uso, e assim aliviar a economia." (KAZAZIAN, 2005:47)

Quando refletimos sobre a real necessidade de posse de determinados objetos, parece mesmo irracional que tenhamos em uma casa mais televisores e aparelhos telefônicos que pessoas, fato cada vez mais comum, proliferando nas gerações atuais, resultando na individualização dos elementos que compõem a família.

A proposta seria a otimização de utilização de um mesmo produto por diversos usuários, reduzindo o custo ambiental. Para exemplificação, pode-se citar a utilização de uma mesma impressora por diversos funcionários, de salas distintas, situados num mesmo andar. Algumas organizações controlam mensalmente o gasto de cada funcionário com impressões, cópias de documentos e até mesmo ligações telefônicas, enviando a todos relatórios mensais comparativos, para que cada um se policie e, ao mesmo tempo, se conscientize sobre a real necessidade daqueles gastos financeiros e de recursos naturais.

A idéia de que "quem paga não sou eu, mas a empresa" está ultrapassada, pois quem paga é a humanidade, é o planeta.

A criação de uma cultura de sustentabilidade socioambiental (não só nas empresas) requer a disseminação de uma visão clara sobre o significado dessa sustentabilidade, envolvendo as interfaces entre as necessidades/desejos do mercado e os da sociedade.

O mundo pode efetivamente melhorar ou piorar de acordo com as ações empresariais que forem sendo tomadas. Por isso enfatiza-se o poder do gestor, do tomador de decisões, porque nas mãos, nas palavras e, acima de tudo, nos gestos dele é que está o balizamento para o rumo que se está tomando.

Alguns valores parecem ter sido abandonados, como o da tolerância, da cooperação, do respeito, da honestidade, dentre outros, tão necessários à continuidade da espécie humana. Muitos já perceberam que o caminho que estamos tomando não é o melhor. Há que se mudar a forma de agir e de pensar, enquanto há tempo. É importante que cada um tome consciência da importância de "fazer a sua parte", no dia-a-dia, nos pequenos gestos.

Muitas organizações adotaram o *Compliance*, que cuida da ética nos negócios por meio de um código de conduta que estabelece os valores da empresa, garantindo um grande controle interno, de modo especial sobre o mau uso do poder. Evidentemente, para isso as empresas necessitam orientar corretamente os funcionários sobre a forma de conduta, quando se depararem com ações que podem ser alvo de denúncias, mas que jamais sofram nenhuma forma de retalhação por terem cumprido sua obrigação de informar aquilo que está em desacordo com o esperado pela empresa e pela sociedade.

A punição reforça a disciplina e garante a efetividade do programa. Naturalmente, pessoas que ocupam altos cargos são os alvos preferidos, porque devem mesmo dar o exemplo. De qualquer forma, independentemente do cargo, todas as denúncias precisam ser rigorosamente analisadas, evitando-se qualquer possibilidade de equívoco, e as evidências precisam ser comprovadas antes de qualquer ação corretiva. Os mediadores do processo de implantação do *Compliance* devem ser treinados para instigar à reflexão, preferencialmente formando uma liderança conscientizada da importância desses valores.

Ressalta-se ainda a importância da comunicação referente às questões socioambientais, tanto em situações de normalidade quanto em situações de crise, o que vem a facilitar a compreensão do desempenho e do compromisso de uma organização para com a sustentabilidade. Essa comunicação pode ocorrer via relatórios de sustentabilidade, balanços sociais e ambientais, diálogo com as partes interessadas e envio de *press release* para a imprensa, dentre outras formas.

Podem-se criar áreas de comunicação específicas para o tratamento das questões socioambientais, inclusive com a contratação de profissionais especializados nessas áreas. A realização de eventos, cursos, palestras que informem e formem as pessoas é extremamente importante para a disseminação desses conhecimentos, que, num primeiro estágio, sensibilizará para, posteriormente, viabilizar o envolvimento de todos em projetos.

Outro fato interessante a ser acrescentado na discussão é o papel do educador. Embora alguns apreguem que o educador perdeu sua importância, tal argumentação pode ser facilmente contestada, haja vista que o educador necessita apenas perceber as mudanças ocorridas no processo ensino-aprendizagem, oriundas dos avanços tecnológicos que mudaram o perfil dos jovens, hoje muito mais participativos, com muito mais informação e, portanto, mais questionadores.

Esse perfil de jovem questionador é extremamente importante para o desenvolvimento humano, pois a riqueza de suas indagações e inquietações é que impulsiona a humanidade às novas conexões e descobertas.

O educador necessita instigar não só conhecimentos e ferramentas técnicas gerenciais, mas, sobretudo, o desafio para que cada indivíduo procure ser o mais ético possível, do início ao término de cada dia em sua vida. Só assim será possível multiplicar a consciência cósmica. O educador tem muito a contribuir nesse processo.

CONSIDERAÇÕES FINAIS

A relação sociedade e meio ambiente precisa mudar e esse caminho só se faz possível com uma maior e mais ampla conscientização das pessoas. O papel das organizações nesse contexto é fundamental para o alcance dos objetivos planetários, já que as organizações são a força motriz da sociedade atual.

A conscientização do ser humano pela responsabilidade que lhe cabe, seja como cidadão, seja como profissional, precisa acontecer rapidamente – ela ainda não ocorre na dimensão necessária –, mesmo que seja no sentido de precaução, de prudência e de bom senso. Questões importantes de serem tratadas, tais como a miséria e a fome não devem ser vistas sobre a ótica da regionalidade, como se fossem problemas de alguns e não de todos, bem como a geração de resíduos, a poluição da água, o esgotamento de recursos hídricos, minerais e fósseis, as mudanças climáticas, o efeito estufa, que parecem ainda distantes da compreensão do ser humano, haja vista a forma como as pessoas se comportam.

O planeta necessita da redução imediata de resíduos, mas continua-se consumindo embalagens descartáveis, sob argumentos como o da higiene. É o caso, por exemplo, das sacolas plásticas. Sabe-se que, em sua grande maioria, são reutilizadas, aproveitadas para colocar lixo; entretanto, são da mesma forma descartadas na natureza e levam muitos anos para se decompor. Existem diversos estudos para a substituição desse material proveniente de recursos minerais, sobretudo há pesquisas sobre a substituição do plástico tradicional pelo oxibiodegradável, um produto aditivado, porém ainda não se têm respostas suficientes a essas pesquisas, até porque se trata de invenção recente e pouco testada. O que se sabe é que se decompõem em 18 meses se deixadas expostas ao ar, mas não se sabe se, quando enterradas, mantêm a mesma capacidade de decomposição e, sobretudo, não se conhece o potencial tóxico do produto.

Incentiva-se o uso de sacolas não-descartáveis, inclusive assinadas por artista, com cores e design bastante diferentes das sacolas de lona utilizadas no passado.

Se nenhuma medida for adotada para reduzir o impacto das atividades humanas sobre a natureza, as conseqüências serão irreversíveis e terríveis. Haverá água? Haverá comida? A resposta a essas indagações pode ser mudada com modelos inovadores de produção, gestão e consumo, que, por sua vez, estão atrelados às políticas públicas socioambientais emergentes.

O comportamento atual da sociedade é expressão de nossa cultura de consumo e descarte. Só por meio da (re)educação haverá mudança. Reforça-se aqui o fundamental papel que a educação desempenha, pois, se as pessoas não conhecerem os problemas socioambientais que ameaçam a sobrevivência do planeta, jamais refletirão sobre a importância de adoção de uma postura de consumo consciente.

Para que as organizações se mantenham bem posicionadas no mercado, devem compreender e atuar frente aos desafios econômicos e financeiros, mas necessitam entender também sobre as políticas e os movimentos sociais que influenciam suas atividades mercadológicas. Assim, as dimensões ambientais e sociais são atualmente – e cada vez mais – incorporadas às estratégias das organizações, para a felicidade das gerações futuras.

Como os aspectos aqui abordados podem ser tratados?

Primeiramente, com o planejamento da sustentabilidade desejada, em nível governamental, empresarial e pessoal. Tal planejamento deve ser simples, com objetivos claros, para que todos os *stakeholders* possam entendê-lo e acreditar nele.

Sugere-se, além da criação de novos modelos e indicadores, que a sustentabilidade socioambiental possa ser integrada a cada ferramenta de gestão já utilizada, seja na esfera pública ou privada, procurando formas de quantificar as ações, não apenas teorizando sobre elas.

Logo após a etapa de sensibilização, faz-se necessária a capacitação das pessoas, pois de nada adianta falar sobre conceitos se estiverem longe do alcance do entendimento. É preciso conhecer os problemas, conscientizar-se deles para, somente então, poder se engajar de maneira não-superficial aos programas existentes ou criar novas propostas.

Assim como nos programas de Qualidade Total, não são necessárias grandes descobertas para que algo possa ser valorizado e colocado em prática. Pequenas ações também podem trazer um resultado efetivo tanto para a organização quanto para o planeta.

Para incentivar produtores e consumidores, a mídia encarrega-se de fazer pesquisa e publicação sobre as empresas *Top of Mind*, aquelas marcas que vêm à cabeça dos consumidores, divididas por categorias. Pois bem, a pesquisa estende-se agora às empresas "mais verdes", ou seja, que nome vem à mente de um consumidor quando a questão é ambiental?

As respostas iniciais das pesquisas realizadas demonstram que as mais lembradas, nas diversas categorias tradicionais, não são necessariamente as mesmas citadas quando a categoria refere-se a marcas identificadas pelos brasileiros com a preservação ambiental. Portanto, mais uma razão para que empresas que ainda não estão muito atuantes comecem a se preocupar em fazer algo pelo social e pelo ambiental, antes de caírem em descrédito junto aos consumidores.

Ao que tudo aponta, não há futuro para organizações que ignoram a questão da sustentabilidade.

REFERÊNCIAS

AMADEU JUNIOR, Alcides, GELMAN, Jacob Jacques e MACEDO, Luiz Carlos de. "A mobilização do setor varejista para a responsabilidade social: do assistencialismo ao alinhamento estratégico". In: GELMAN, Jacob Jacques e PARENTE, Juracy. *Varejo socialmente responsável*. Porto Alegre: Bookman, 2008.

BELLEN, Hans Michael van. *Indicadores de sustentabilidade: uma análise comparativa*. Rio de Janeiro: Editora FGV, 2005.

BRUNDTLAND, Gro Harlem. *Nosso futuro comum. Relatório da Comissão Mundial sobre Meio Ambiente e Desenvolvimento*. Rio de Janeiro: FGV, 1988.

CÂMARA BRASIL-ALEMANHA. *Blauer-Engel*. Disponível em: <http://www.ahkbrasil.com/selos-qualidade.asp>. Acesso em 24 de novembro de 2007.

CAPRA, Fritjof. *A teia da vida*. São Paulo: Cultrix, 2000.

CARSON, Rachel. *Primavera Silenciosa*. 2ª ed. São Paulo: Melhoramentos, 1969.

DJDS (Declaração de Joanesburgo sobre Desenvolvimento Sustentável). *Declaração de Joanesburgo sobre Desenvolvimento Sustentável*. Joanesburgo, 2002. Disponível em: <http://www.vitaecivilis.org.br/anexos/joanesburgo.pdf>. Acesso em 24 de novembro de 2007.

GALLOÍN, Gilberto C. "Environmental and sustainability indicators and the concept of situational indicators. A system approach". *Environmental Modelling & Assessment*, n. 1, p. 101-117, 1996.

KAZAZIAN, Thierry (Org.). *Design e desenvolvimento sustentável – Haverá a idade das coisas leves*. Trad. De Eric Roland René Heneault. São Paulo: Saraiva, 2005.

LEITE, Paulo Roberto. *Logística reversa: meio ambiente e competitividade*. São Paulo: Prentice Hall, 2003.

MEADOWS, D. L., MEADOWS, D. H., RANDERS, J. & BEHRENS, W.W. *Limites do crescimento – um relatório para o Projeto do Clube de Roma sobre o dilema da humanidade*. São Paulo: Perspectiva, 1972.

NASCIMENTO, Luis Felipe; LEMOS, Ângela Denise da Cunha; MELLO, Maria Cristina Abreu de. *Gestão socioambiental estratégica*. Porto Alegre: Bookman, 2008.

OECD (Organization for Economic Cooperation and Development). *Organization for Economic Cooperation and Development: core set of indicators for environmental performance reviews; a synthesis report by the group on the state of the environment*. Paris: OECD, 1993.

PEREIRA, Raquel da Silva. *Desenvolvimento sustentável como responsabilidade social das empresas – um enfoque ambiental*. São Paulo: Lorosae, 2002.

SACHS, Ignacy. *Ecodesenvolvimento, crescer sem destruir*. São Paulo: Vértice, 1986.

SOUSA, Almir Ferreira; ALMEIDA, Ricardo José de. *O valor da empresa e a influência dos stakeholders*. São Paulo: Saraiva, 2006.

WCED (World Commission on Environment and Development). *Our Common Future*. Oxford: Oxford University Press, 1987.

WIZIACK, Julio. "Falta responsabilidade ambiental a instituições bancárias", *Folha de São Paulo*. São Paulo: 15 dez 2007. "Caderno Dinheiro", p. B19.

WWI (Worldwatch Institut). Estado do Mundo 2007. Disponível em: <www.iuma.org.br>. Acesso em 20 de novembro de 2007.

CAPÍTULO 7

A FALÁCIA DO DESENVOLVIMENTO SUSTENTÁVEL

Koiti Egoshi

RESUMO

Este capítulo faz uma análise crítica sobre Desenvolvimento Sustentável. Também analisa outros assuntos correlatos, como a tão falada Responsabilidade Social, Ética e Ecológica, bem como o tão promovido e explorado Aquecimento Global. Demonstra que aquecimento global, tanto quanto resfriamento global, é um fenômeno pelo qual o planeta Terra já passou e sofreu infinitas vezes, como ainda irá sofrê-lo, quer a humanidade queira ou não. E, quanto ao Desenvolvimento Sustentável e à Responsabilidade Social, Ética e Ecológica, promovidos em altos brados por aí, não passam de grandes falácias interesseiras do século XXI – principalmente no Brasil da Nova República, dominado por um Estado Populista-Paternalista em conluio com poderosos grupos de interesse. São mais discursos demagógicos de políticos, e slogans marqueteiros de empresas. Por fim, propõe uma Efetiva Busca do Desenvolvimento Sustentável a partir do Desenvolvimento Auto-Sustentável dos Indivíduos.

INTRODUÇÃO

É fato incontestável: o *homo sapiens* triunfou na face da Terra. Hoje, ele reina soberanamente sobre os demais seres vivos e coisas ao seu redor. Essa existência de cada vez mais bilhões de humanos sobre a superfície terrestre é o maior fator de desequilíbrio ecológico, muito embora a Natureza, forte e dinamicamente, venha equilibrando, ao longo dos tempos, essa cada vez mais crescente distorção.

Hoje, o espécime humano é dominante, porque Deus (ou qualquer outro nome de seu agrado) o dotou de uma consciência superior que lhe possibilita não só melhor subsistência, como também sonhar, buscar e realizar progresso. O humano é o único animal na face da Terra que promove o progresso.

Progresso em todos os sentidos. A começar pela consciência superior que, ao longo dos tempos, permitiu ao humano ser portador do ato reflexivo, discernimento e bom senso – o que fez desenvolver a Filosofia e outros modos de refletir. A partir daí, não só ele controla, como também desenvolve cada vez mais sua mente e seu coração para a realização de suas necessidades, além da simples subsistência.

A começar pelo progresso do coração, que sente dor e prazer. Conscientemente, o humano sempre procurou eliminar e reduzir a dor – física e psicológica. Então, nasceram Eutanásia, Enfermagem, Medicina, Odontologia, Religião, Moral e Ética, Psiquiatria, Psicologia, Psicanálise e outras ciências e práticas afins. Em contrapartida, o humano sempre procurou aumentar o prazer – físico e psicológico. Daí, nasceram Casamento, Prostituição, Teatro, Rádio, Cinema, Televisão, Esportes, Turismo e outros afazeres e práticas afins.

Também o progresso da mente foi implementado ao longo dos tempos. Desenvolveu-se Conhecimento que, ao longo dos tempos, foi se organizando cada vez mais sistematicamente, sob a forma de Ciência, Tecnologia e outras epistemologias e práticas mais mentais. Ciências como Física, Química, Biologia, Geografia, História e Administração, que, ao longo da História, desenvolveram as tecnologias. Tecnologias como ferramentas e armas para lutar e guerrear; alavancas e máquinas para facilitar a vida, com menos esforços e mais resultados – seguindo a lei do menor esforço e do princípio de tirar vantagem em tudo.[1] Enfim, todas as tecnologias analógicas foram inventadas e desenvolvidas, até chegarmos aos dias de hoje, com as tecnologias digitais.

Na realidade, todas essas coisas do humano inventivo foram criadas e desenvolvidas ao longo dos tempos de forma mais ou menos caótica, mas cada

---

[1] Dizem por aí que esse princípio é brasileiro, mas não é não. É próprio do homem consciente e progressista querer sempre ganhar mais com menos, tirando vantagem de tudo. Não há nada de mal nisso; muito pelo contrário, isso tudo é muito positivo. Porque tudo isso significa produtividade, o princípio básico e fundamental do progresso e da Ciência da Administração. Afinal, produtividade significa produzir mais, em menos tempo, com menos custo e melhor que antes. Mas o próprio brasileiro rotulou esse princípio como algo ruim e assim ficou conhecido como "jeitinho brasileiro". Tudo começou com uma propaganda de cigarros Vila Rica veiculada na televisão, na década de 1970, em que Gérson, nosso canhotinha de ouro da Copa do México, falava: "O importante é levar vantagem em tudo, certo?" Esse negócio de levar vantagem em tudo acabou virando sinônimo de brasileiro aproveitador, corrupto e sacana. Desde então, esse princípio é conhecido entre nós como Lei de Gérson. Gérson de Oliveira Nunes (1941) e todo o povo brasileiro deveriam se orgulhar dessa filosofia brasileira, que é, ao mesmo tempo, capitalista e existencialista.

vez mais consciente e integrada – sob o turbilhão de consonâncias e dissonâncias cognitivas, entre desejos explosivos do coração e gélidos interesses da mente. Com guerras e pazes. A todo esse conjunto de coisas criadas e artificiais, denominamos civilização. E essa civilização foi cada vez mais desenvolvendo uma pesada Selva de Pedra sobre uma bravia Selva de Mato.

Ora, Selva de Pedra sobre Selva de Mato significa destruição do Natural e construção do Artificial. Desde os primórdios, o humano vem destruindo tudo a seu redor, e se prevalecendo no mundo: derrubando e queimando matas e florestas; alterando correntes de rios e oceanos; usufruindo de plantas e matando animais perigosos; invadindo terras alheias, saqueando pertences de outros e matando sem dó seus semelhantes; gelando, aquecendo e poluindo a atmosfera. Já desequilibrou tudo, a partir do momento em que o humano deixou de ser nômade e, cada vez mais, se transformou em sedentário.

A busca por um mundo melhor não tem sido senão a destruição da Selva de Mato e a construção da Selva de Pedra – esse processo que nós chamamos de Civilização. E essa civilização não deixa de ter seu lado muito egoísta – do humano, em relação aos demais seres vivos e coisas deste mundo. Conseqüência: o humano bateu o recorde de 6,6 bilhões de habitantes em 2007. Imagine que a previsão para 2037 é de mais de 10 bilhões! E você sabe quanto éramos no Ano 1? Uns 250 milhões, estimativamente.

Repetindo: essa população mundial de humanos já é, antes de tudo, o maior desequilíbrio ecológico – a prevalência do humano em todos os cantos da Terra, em detrimento de outros como leões e outros felinos, hoje quase em extinção. Natural seria que humanos servissem de comida para felinos e outros animais perigosos, mantendo-se, assim, o equilíbrio ecológico – com muito menos humanos pisando e pesando demasiadamente sobre a superfície da Terra. Mas, não, temos gente demais hoje.

E seremos insuportáveis bilhões uns sobre outros o tempo todo, no futuro próximo. Que a verdade seja dita: pessoas não agüentam ficar muito próximas umas das outras, o tempo todo, em consonância. Conseqüências: aumentarão na devida proporção mal-estares, conflitos, encrencas e violências entre humanos, em escala global. Você ainda não percebeu que vêm aumentando barbaramente o trânsito, os acidentes e as brigas de trânsito nas grandes cidades, como também vidas ceifadas em pacatas cidades do interior? Isso sem falar em grandes concentrações humanas de feriados prolongados, nas praias ou nas avenidas, onde quase sempre acontecem fatos lamentáveis.

Pois então, este trabalho defende que o principal problema do humano é a existência dele mesmo – não tanto as ações dele que provocam Aquecimento Global e outros desequilíbrios ecológicos. E que Desenvolvimento Sustentável e Responsabilidade Social, Ética e Ecológica, promovidos em altos brados por aí, não passam de grandes falácias interesseiras do século XXI.

Para tanto, primeiramente discorreremos sobre Aquecimento Global, depois sobre o chamado Desenvolvimento Sustentável e, finalmente, sobre a questão da Responsabilidade Social, Ética e Ecológica.

O FANTASMA DO AQUECIMENTO GLOBAL

Pois então, você aí, não se deixe iludir por essas historinhas falaciosas sobre o tal do aquecimento global – se não é conversa para boi dormir, é para alguém ganhar dinheiro, muito dinheiro. Ou para alguém se projetar na sociedade. Ou então de alguém bem-intencionado que ainda não despertou e está por fora da realidade. De qualquer forma, há no mínimo um enorme exagero em todo esse alarde sobre o aquecimento global.

Se você discorda de mim, dê uma espiada no Al Gore, aquele ex-vice-presidente que perdeu a eleição para presidência dos Estados Unidos, justamente para George Walker Bush – que não está nem aí para essa historinha de aquecimento global. Mas, quanto a Al Gore, ele ri à toa, faturando alto em suas palestras, passeando pelo mundo afora. O pior de tudo é que a quase unanimidade da humanidade acredita piamente nele e em alguns cientistas, que vivem também faturando livros, jornais e revistas, palestras e consultorias, apregoando que o fim do planeta Terra está próximo, se continuar do jeito que está! Bem que Nelson Rodrigues[2] dizia que "a unanimidade é burra". E eu digo que são todos "maria-vai-com-as-outras". Além deles, toda a indústria apocalíptica está ganhando rios de dinheiro com ofertas de soluções antipoluição. A indústria cinematográfica nem tanto, porque ela sempre viveu de cenas apocalípticas, e hoje todo mundo já se cansou de assistir a filmes em que todos morrem queimados nas florestas ou se afogando.

De fato, de tempos em tempos, aparecem os profetas do Apocalipse, essa é a verdade. E, como se não bastasse, agora é a vez de alguns cientistas se portarem como tais – por mídias impressas, televisivas, radiofônicas e agora internéticas, aparecem com seus velhos métodos científicos, para provar que o aquecimento global está em nível intolerável. E até políticos que não sabem mais do que rosnar sofismam que só babaca acredita, estão culpando seus inimigos pela desgraça – dão uma de entendidos, mas nem sabem do que estão falando.

[2] O pernambucano Nelson Rodrigues (1912-1980) foi praticamente um autodidata que se fez jornalista, escritor, dramaturgo e filósofo. Como nos informa a TV Cultura: "Mesmo sendo bom leitor, Nelson nunca se interessou pelos estudos e menos ainda pela disciplina, tanto que abandonou a escola em 1927."

A verdade é que todo mundo está à mercê do fantasma do aquecimento global e não propriamente do aquecimento global. Todo mundo imaginando um apocalipse final, um dilúvio final, uma desgraça final – porque acham que só o humano é o grande causador de todo esse mal, que irá destruir, de uma vez por todas, a humanidade. Ledo engano!

Todo mundo está sendo contaminado pelo *meme* do aquecimento global, por intermédio das mídias que o noticiam diuturnamente – essa é a verdade. Tanto é verdade que muitos sequer sabem o que realmente é esse processo de aquecimento global. Só entendem que é algo ruim para a humanidade, e ponto final.

Segundo Dawkins[3] (2001, p. 211-222), *meme* é uma idéia que, uma vez apregoada, ecoa como verdadeira para grande parte da sociedade, senão da humanidade como um todo – como um vírus, que se replica de mente em mente. Exemplos de *memes*: crer em Deus que todo mundo crê, acreditar em vida pós-morte, ter necessidade de professar uma religião porque "todo mundo tem", torcer por um time de futebol porque "todo mundo torce", assistir à corrida de Fórmula-1 porque "todo mundo assiste", e assim por diante.

Também Goebbels contribuiu com a *memética*, mediante sua técnica de propaganda nazista, que diz que "uma mentira contada mil vezes torna-se verdade". É verdade: se você insistir por n vezes na imprensa algo como verdade, quase a humanidade inteira tende a ser *memetizada*. É o que acontece com as chamadas "listas dos livros mais vendidos" e "rank das músicas mais tocadas", ou então de notícias veiculadas sobre os filmes de grande sucesso de bilheteria. A maioria atribui ao mentor nazista Josef Goebbels (1897-1945) essa idéia de tornar uma mentira verdadeira. Porém, isso também pode ser uma grande mentira histórica: para outros que contestam a maioria, a frase original pode ter sido criada por algum filósofo da Grécia Antiga, ou então, por um sábio oriental: "Uma mentira contada seis vezes torna-se verdade."

Esse mesmo *memetismo* está acontecendo com toda essa história de aquecimento global. Coitadas das crianças de hoje, que estão nascendo com esse estigma – levarão a vida inteira pensando que morrerão queimadas, senão afogadas pelas águas derretidas das geleiras! Como diz Dawkins, é "a ameaça do fogo infernal. Muitas crianças e até mesmo alguns adultos acreditam que sofrerão tormentos horríveis após a morte se não obedecerem às regras dos sacerdotes. Esta é uma técnica sórdida de persuasão, que causou grande angústia psicológica por toda a Idade Media e até mesmo hoje" (DAWKINS, 2001, p. 219).

---

[3] Clinton Richard Dawkins (1941), africano filho de pais ingleses, nasceu no Quênia e mudou-se aos 8 anos para a Inglaterra, onde concluiu seus estudos de Zoologia e Biologia na Oxford University. Foi professor na University of California, em Berkeley, Estados Unidos, de 1967 a 1969. Desde 1970, é professor na Oxford University. Em 1976, o neodarwinista selou para sempre seu sucesso, com a publicação de sua obra máxima *O Gene Egoísta*.

CRIANÇAS E ADULTOS, NÃO TENHAM MEDO DE FANTASMAS

Pois então segue uma lista de três motivos para você relaxar e não se estressar com tanta bobagem que estão falando e escrevendo por aí:

1. **O humano, sozinho, não tem toda essa capacidade destrutiva** para poluir a atmosfera e danificar a camada de ozônio – a homeostase (processo natural e dinâmico de busca de equilíbrio) da Terra e do Universo é infinitamente mais poderosa. Quer uma prova? Aquelas duas bombinhas atômicas que derrubaram em Hiroshima e Nagasaki, em 1945, matando uns 220 mil japoneses. Hoje, 62 anos depois, as duas cidades estão completamente recuperadas – Hiroshima, com mais de 1 milhão de habitantes, e Nagasaki, com mais de 440 mil! Pelo que se depreende, se a atmosfera local foi danificada, acabou sendo recuperada.
2. **A própria natureza se autopolui – ela, sim, é infinitamente poderosa.** É o caso de florestas que emitem metano e provocam o efeito-estufa (uma parcela de raios infravermelhos refletidos pela superfície terrestre é absorvida por gases na atmosfera, causando o aquecimento adicional da Terra). Não só florestas emitem metano – os bilhões de animais e aves também poluem a atmosfera, com o metano produzido pela flatulência que descarregam no ar pela válvula de escape. E não adianta querer fugir à responsabilidade, porque você faz parte da humanidade de mais de 6,6 bilhões de humanos que também descarregam metano, e aos montes – via flatulência de todos os dias e de todos os momentos! E claro, tudo isso e mais outros fatores, abrem buracos na camada de ozônio, que nos protege dos raios ultravioleta letais do Sol.
3. **A natureza é um processo contínuo de criação e destruição sem-fim – é a Realização da Vontade de Deus.** Hindus que o digam, com seus deuses *Brahman* (criador), *Vishnu* (da manutenção) e *Shiva* (da destruição). Quer o humano deseje ou não, sofremos e sofreremos todas as matizes desse processo de criação e destruição – a autotransformação da Natureza, na base do *Yang-Yin* (processo contínuo de mudanças entre dois pólos opostos entre si, segundo a inteligência chinesa). Aliás, somos fruto de passagem nesse processo – que muda continuamente – somos frutos da composição atmosférica de 21% de oxigênio, 78% de nitrogênio e o restante de outros gases. Se o oxigênio aumentar um pouco acima desse patamar, tenderemos a morrer carbonizados; caso contrário, sofreremos asfixia até morrer. Mesmo que o humano se adapte a essas mudanças, um dia sucumbirá de vez, se Deus quiser.

Porque tudo muda e tudo está mudando. Tudo vai e vem. Então, não pense você que existirá para sempre – Eterno, somente Deus, Infinito no Espaço e Eterno no Tempo. Ainda bem que não, senão já pensou você pagar infinitamente imposto de renda, IPTU e um monte de contas todo mês?

Então, para que se preocupar tanto, se o *homo sapiens* está com os dias contados?

A verdade é que a Natureza é um infinito processo de aquecimento e resfriamento na eternidade do tempo. Somos fruto de desastres ecológicos na base do aquecimento e do resfriamento, desde o *big bang* do nosso Universo – que, de tanto esquentar na máxima densidade da matéria no ponto zero, explodiu em uma labareda de detritos de fogo. E um desses detritos transformou-se na Terra, cuja superfície se resfriou, onde os gases se combinaram para formar a atmosfera que hoje abriga incontáveis vidas orgânicas e inorgânicas, que, por sinal, estão em profunda transformação – inclusive nós, humanos, que um dia desapareceremos como espécie para dar lugar a outra. Porque esta é a regra geral da vida no Universo de Deus, que não privilegia ninguém nem coisa alguma.

Ou você ainda não percebeu que vários outros *homos* (*Cro-Magnon, Neanderthal, Erectus* etc.) vaguearam pela Terra, antes de ceder lugar ao famigerado *homo sapiens*, como bem nos mostra Capra (1996)?[4] Pois então, não tenha tamanha pretensão para "*ad eternamente*" preservar sua espécie! Nem se frustre por não conseguir preservar outros seres vivos, porque você não conseguirá! Já pensou se tivessem preservado os dinossauros do tipo *Tyrannosaurus Rex*? Não estaríamos aqui discutindo sobre aquecimento global há muito tempo, porque todos nós teríamos servido de comida a eles – e eles não estariam nem aí, preocupados em preservar a espécie *homo sapiens*...

Em outras palavras, é impossível controlar coisas globais como aquecimento global e resfriamento global porque não temos controle da homeostase da Terra, e muito menos do Universo, no qual ela e nós todos estamos inseridos!

Mas, como diz Dawkins (2001), somos um amontoado de genes egoístas, que querem a todo custo preservar e multiplicar a espécie.

Sim, somos egoístas, gostamos de conforto e evitamos dor e sofrimento.

Sim, não só somos egoístas por natureza, como também gostamos de conforto e temos medo de perdê-lo. Além disso, buscamos a todo custo evitar a dor e o sofrimento que são próprios da vida.

---

[4] Frtjof Capra (1939), austríaco, doutorou-se em Física pela Universidade de Viena em 1966, mas radicou-se e vive nos Estados Unidos. Atualmente, é diretor-fundador do Center of Ecoliteracy, em Berkeley, Califórnia. Fez fama ao relacionar misticismo com ciência, em sua obra máxima *O Tao da Física*, em 1975.

Esta é a grande razão pela qual gritamos, e nos preocupamos tanto, em prol da preservação do meio ambiente e do desenvolvimento sustentável. Mas não podemos controlar o macrocosmo da *homeostase* da Terra e do Universo – jamais conseguiremos isso! Pobres daqueles humanos que pensam que, com políticas governamentais e atitudes de mobilização ecológicas, poderão evitar o presumível aquecimento global! Quem somos nós, senão míseros humanos à mercê de forças cósmicas incognoscível e infinitamente poderosas?

Fatalmente, teremos, sim, o aquecimento global e até o resfriamento global – porque fazem parte da Natureza de Deus. Com o aquecimento global, teremos, sim, as geleiras se derretendo e avolumando rios, mares e oceanos, como também provocando redução de terras habitáveis – isso já aconteceu outrora, inúmeras vezes na face da Terra! Não se iluda com o que dizem os ambientalistas e os "salvadores da pátria", que apregoam por aí que a coitadinha da Terra está a perigo, e você poderá salvá-la, tomando uma atitude ecológica assim e assado! Porque, com certeza, a humanidade futura passará por apocalipses, tanto quanto a humanidade passada já passou, queira você ou não! Também passará pelo resfriamento global, como também já passou, em várias eras glaciais – que dizimaram, inclusive, os gigantescos dinossauros!

Mesmo no nosso período histórico, como analisam a astrofísica Sallie Baliunas e o astrofísico Willie Soon, ambos de Harvard-Smithsonian Center for Astrophysics, houve fenômenos climáticos: "O Período de Aquecimento Medieval, entre 800 e 1300, e a Pequena Idade do Gelo, de 1300 a 1900, ocorreram globalmente e numa época em que a emissão de gases industriais com efeito-estufa ainda não se havia tornado abundante" (APPELL, 2003, p. 10-11).

Aliás, como diz Lovelock,[5] a Terra não tem nada de coitadinha: "O ambientalista que gosta de acreditar que a vida é frágil e delicada e que está em perigo diante da brutalidade do homem não gosta do que vê quando olha o mundo através de *Gaia*. A donzela desamparada que ele esperava resgatar surge como uma mãe canibal saudável e robusta" (LOVELOCK, 2001, p. 89-90). Então, nós é que somos uns coitadinhos!

Em seguida, vamos tentar entender essa outra falácia chamada Desenvolvimento Sustentável.

---

[5]James Ephraim Lovelock (1919), inglês, é químico pela Manchester University e doutor em Medicina pela University of London. Nos anos 60, ele prestou consultoria à NASA – National Aeronautics and Space Administration. Realizou pesquisas com a norte-americana Lynn Margulis (1938), doutora em Genética pela University of California, e ambos lançaram a Hipótese Gaia – a idéia de que a Terra é um organismo vivo. Para gregos da Antiguidade, Gaia era a deusa da Terra.

O CHAMADO DESENVOLVIMENTO SUSTENTÁVEL

Nada como entender de Desenvolvimento Sustentável, tomando por base a Dialética Hegeliana[6] – já que, como bem define Gaarder (1996), "o que chamamos de filosofia de Hegel é, de fato, um método para se entender o curso da história". Então, seguindo essa lógica de Hegel, deduzimos que Desenvolvimento Sustentável é síntese. Senão, analisemos:

1. Ação (Tese): (movimento de) DESENVOLVIMENTO ECONÔMICO E SOCIAL

O humano na face da Terra sempre promoveu o desenvolvimento econômico e social, a torto e a direito.

O que é Desenvolvimento Econômico e Social?

É progresso material com destruição da Selva de Mato e construção da Selva de Pedra, seguindo a Ciência da Economia, que considera os recursos naturais inesgotáveis e, se necessário, renováveis.

2. Reação (Antítese): (movimento à) PROTEÇÃO AMBIENTAL

Como o humano é portador de consciência, ele sente que os recursos naturais estão se esgotando, a poluição está tomando conta e cada vez mais gente ocupa espaço a seu redor. Daí, ele imagina que o futuro próximo será ruim. Então, ele parte em defesa da proteção ambiental.

O que é Proteção Ambiental?

É a manutenção da Selva de Mato e o bloqueio à Selva de Pedra, que podem resultar em estagnação e retrocesso material à humanidade.

3. Solução (Síntese): DESENVOLVIMENTO SUSTENTÁVEL

De um lado, desenvolvimento econômico. De outro, proteção ambiental. O humano entra em dissonância cognitiva cada vez mais. Que fazer? Solução: desenvolvimento sustentável.

E o que é Desenvolvimento Sustentável?

É a tentativa de Equilíbrio e Conciliação entre DESENVOLVIMENTO ECONÔMICO e PROTEÇÃO AMBIENTAL – o grande paradoxo da humanidade. Em outras palavras, DESENVOLVIMENTO SUSTENTÁVEL é aquele que atende às necessidades presentes, sem comprometer as necessidades futuras da humanidade.

---

[6] Georg Wilhelm Friedrich Hegel (1770-1831), filósofo alemão, lançou sua idéia que hoje é conhecida como Dialética Hegeliana, cujos elementos básicos são tese, antítese e síntese.

Contrariando a Ciência da Economia, que considera os recursos naturais inesgotáveis e renováveis, e reconhecendo que tais recursos são esgotáveis e, uma vez explorados arbitrariamente, isso pode resultar em desequilíbrio ecológico prejudicial à humanidade.

Atendendo a apelos dos jovens da Contracultura em protestos em festivais como o de Woodstock,[7] a partir da década de 1960.

É preocupação da Organização das Nações Unidas (ONU) a partir da década de 1970.

Sim, nós, coitadinhos, podemos, sim, controlar esse nosso microcosmo de nossas atividades no cotidiano, de imediato e em curto prazo – para que soframos menos e vivamos confortavelmente cada vez mais. Conciliando Desenvolvimento Econômico e Social com Proteção Ambiental.

Reforçando: desenvolvimento sustentável é aquele desenvolvimento econômico-social que tanto satisfaz necessidades presentes da Humanidade quanto suas presumíveis necessidades futuras. Nesse sentido, são admiráveis e de grande valor os movimentos ecológicos e ambientais, sim. Daí, tanto quanto possível, devemos nos conscientizar do desenvolvimento sustentável, evitando ao máximo:

1. A poluição atmosférica, não porque iremos destruir a atmosfera, mas sim para continuarmos respirando bem, e com um mínimo de problemas de saúde.

Deveremos, então, controlar a emissão de poluentes industriais, mas sem comprometer o progresso das empresas – desenvolvendo e aplicando tecnologias ecológicas. Iniciativas como o Protocolo de Kyoto que estabelece limites para a emissão de gases industriais, devem ser seguidas – mas também quem for contra merece ser respeitado, porque deve ter suas razões. O mais importante é encontrar o caminho do meio que satisfaça ambas as necessidades.

2. A poluição hídrica, não porque iremos destruir rios, mares e oceanos, mas sim para continuarmos a usufruir água potável e fauna aquática sem contaminação.

Deveremos então, definitivamente, cercear a prática de jogar detritos industriais em rios, mares e oceanos, bem como desenvolver e aplicar tecnologias ecológicas.

---

[7] "Woodstock Music and Art Fair: an Aquarian Exposition" foi um evento musical de protesto, notadamente contra a Guerra do Vietnã (1965-1975). Em três dias de Paz, Amor e Música, de 15 a 17 de agosto de 1969, em uma fazenda do Estado de Nova York, mais de 400 mil jovens curtiram as apresentações das maiores bandas, astros e estrelas da década de 1960, como Jimi Hendrix, Janis Joplin, Joan Baez, Joe Cocker, Creedence Clearwater Revival, The Who, Santana, Jefferson Airplane e Grateful Dead. Saiba mais em http://www.egoshi.com.br/espiritual/Woodstock.html.

3. A poluição do solo, não porque iremos contaminar a terra, mas sim para evitar a proliferação de doenças e anomalias provocadas por lixos e detritos químicos perniciosos.

Deveremos, então, cercear a prática de jogar detritos químicos perniciosos, bem como promover o controle e o tratamento de lixos urbanos – desenvolvendo e aplicando tecnologias ecológicas.

4. A poluição térmica, não porque acabaremos com a água, mas sim para manter sua pureza tanto quanto possível, para satisfazer a necessidade de oxigênio da biosfera.

Deveremos, então, estabelecer limites do volume de água quente sobre água fria – desenvolvendo e aplicando tecnologias ecológicas de resfriamento de água quente, purificação de água poluída e, por que não, tecnologia de fabricação de água potável.

Entretanto, tudo isso somente deixará de ser apenas falácia se os humanos realmente necessitarem preservar o meio ambiente em um mundo dominado por interesses econômico-financeiros. Senão, a falácia tende a continuar.

Por que o mundo é assim tão conturbado?

Porque sim! Esta é a resposta mais verdadeira – a resposta de uma criança. E "eu fico com a pureza da resposta das crianças", como canta Gonzaguinha[8] e afirma taxativamente Osho[9] em seus livros!

Porque é assim mesmo! A Natureza é assim mesmo. O nosso intelecto é que classifica a Natureza como ambígua, contraditória e paradoxal, por ela se comportar desse modo. Nosso intelecto é que tenta enquadrar a Natureza no limitado molde da Ciência.

Mas a Ciência e sua filha, a Tecnologia, têm a solução para a maioria dos problemas humanos. Ao mesmo tempo, ambígua, contraditória e paradoxalmente, elas geram problemas. Quer um exemplo?

A Ciência da Medicina reduziu a dor e o sofrimento, como também aumentou o tempo médio de vida de cada um, de tal sorte que um indivíduo tende a viver mais com mais saúde. Mas, ao mesmo tempo, tende a gerar uma série de problemas para esse mesmo indivíduo e também para a humanidade.

O indivíduo tende a se cansar da vida, porque, quanto mais vive, mais pena sente de si e presencia a desgraça dos outros – e, quanto mais avançar na idade, tende a se frustrar cada vez mais, porque se torna cada vez mais impotente em

---

[8]O carioca Luiz Gonzaga do Nascimento Junior (1945-1991), o famoso cantor e compositor Gonzaguinha, era filho do pernambucano e também cantor e compositor Gonzagão – Luiz Gonzaga (1912-1989), o rei do baião, ainda mais famoso que ele.
[9]O indiano Osho (1931-1990) foi um dos maiores, senão o maior mestre de autoconhecimento, autodireção e auto-administração da vida que este mundo já conheceu.

todos os sentidos, em um mundo cada vez mais dinâmico – que exige rapidez na tomada de decisões e na prática de ações. A animação da vida se exaure física e emocionalmente ao longo do tempo. E não adianta contrariar, porque é a Lei da Vida. Não é à toa que Bruce Lee[10] dizia que não queria viver muito – feliz dele, porque morreu jovem e no auge, antes de completar 33 anos.

Quanto à humanidade, fatalmente sofrerá o desequilíbrio ecológico causado pelo humano sobre si mesmo, que tem como conseqüência a superpopulação, a qual se estende cada vez mais. Porque antes o equilíbrio estava nas mortes mais rápidas (por doenças e guerras), acompanhando o crescimento vertiginoso da prole. Hoje, com o avanço da Medicina e da Paz sem Guerra, tendemos a morrer velhos e fracos aos poucos, e não novos e fortes. Essa superpopulação acarretará e já está acarretando desequilíbrio não só ecológico, como econômico-social e psicossocial. Já estamos sofrendo isso nas grandes cidades: trânsito infernal e violência cada vez mais comum na Selva de Pedra – que são apenas dois dos inúmeros problemas que tendem a se avolumar, porque, cada vez mais, o espaço terrestre é reduzido para cada indivíduo. Assim, ninguém agüenta o outro, e vai pro pau mesmo! Isso sem falar no desemprego em massa e no rombo cada vez maior da Previdência Social.

Mas não se preocupe e deixe de se estressar, porque é assim mesmo!

Goze da alegria de viver. Enquanto e quanto puder. Mesmo na desgraça, se conforme, porque é assim mesmo. Seja uma criança feliz. *Let it* be.[11] Fique com a pureza da resposta das crianças, como gostosa e sabiamente cantou Gonzaguinha:

> **Viver e não ter a vergonha de ser feliz**
> Eu fico
> Com a pureza da resposta das crianças
> É a vida, é bonita e é bonita
> Viver, e não ter a vergonha de ser feliz
> Cantar e cantar e cantar
> A beleza de ser um eterno aprendiz
> Ah meu Deus eu sei, eu sei
> Que a vida devia ser bem melhor e será

---

[10] Bruce Lee (1940-1973), o mais famoso astro de Kung Fu e artes marciais de todos os tempos, nasceu em San Francisco, Califórnia. Pela versão oficial, morreu de edema cerebral provocado por um analgésico fornecido por uma amiga artista, quando sentiu uma forte dor de cabeça. Foi um verdadeiro rebelde e revolucionário das artes marciais, criando um estilo sem estilo que denominou de Jeet Kune Do.

[11] "Let it be" é aquela adorável música dos Beatles que foi gravada em sua última sessão de gravação de estúdio em janeiro de 1969, e lançada em maio de 1970.

Mas isso não impede que eu repita
É bonita, é bonita e é bonita

Também entoe aquele trecho de uma antiga música do Ney Matogrosso:[12] "Se correr o bicho pega, se ficar o bicho come."

Mas, infelizmente, depois de desfrutar a alegria de viver como criança, retornemos ao chato e falacioso mundo dos adultos, analisando o social, o ético e o ecológico.

A QUESTÃO DA RESPONSABILIDADE SOCIAL, ÉTICA E ECOLÓGICA

Responsabilidade Social, Ética e Ecológica é um IDEAL.

Um Ideal que todos devemos seguir porque necessitamos SOBREVIVER e PROGREDIR.

Para SOBREVIVER e PROGREDIR, é necessário não só PAZ e HARMONIA entre humanos, como também promover o BEM-ESTAR GERAL com o ECOSSISTEMA do qual fazemos parte. Fazemos parte de um Todo. As Partes constituem o Todo. O Todo é importante, as Partes também, igualmente. Cada um é Parte de um Todo. Uma Parte interage com as outras e com o Todo. Uma depende das outras, e do Todo.

Para termos PAZ e HARMONIA entre humanos, é necessário ter Responsabilidade Social, seguindo a Ética. Ética é um conjunto de valores humanos em comum coletivo, que pessoas tentam seguir em determinado contexto social – e nem todos conseguem e seguem, porque cada um é regido por sua individualidade de impulsos e intenções em causa própria. Justamente porque cada um busca e é obrigado a buscar o progresso.

Para promovermos o BEM-ESTAR GERAL com o ECOSSISTEMA do qual fazemos parte, é necessário agir com Responsabilidade Ecológica e promover Desenvolvimento Sustentável.

Responsabilidade Ecológica pressupõe não agredir nem destruir integrantes ou componentes do ecossistema atual, sem real necessidade. Desenvolvimento Sustentável implica agir pela sobrevivência e promover o progresso, sem comprometer o ecossistema futuro, como analisamos anteriormente.

No entanto, o real está sempre bem distante do ideal. Empresas e governos fazem um tremendo alarde, anunciando-se promotores de Responsabilidade

---

[12]O matogrossense Ney de Souza Pereira (1941), ou Ney Matogrosso, mudou-se para São Paulo em 1971, e foi convidado a compor o grupo musical (que, na época, recebia o nome de conjunto) "Secos & Molhados", que fez um tremendo sucesso por uns três anos e, depois, se dissolveu.

Social, Ética e Ecológica. Mas, paradoxalmente, fazem exatamente o contrário – quanto mais alardeiam, menos fazem o que promovem. Acabam sendo os mais irresponsáveis sociais, éticos e ecológicos. Vale a pena aqui conferir alguns exemplos notórios de hoje:

1. "Apagão" Aéreo

De 1970 a 2007, a população aumentou de 90 milhões para quase 190 milhões de habitantes no Brasil – um acréscimo de 100 milhões, isto é, 111%. O movimento dos aeroportos aumentou na devida proporção e até mais – mais pessoas circulando e viajando, mais empresas operando, mais aviões decolando e aterrissando. Mas a infra-estrutura aeroportuária do Brasil não acompanhou esse gigantesco crescimento. Principalmente São Paulo, que continuou com o mesmo número de aeroportos: Viracopos, construído na década de 1930 para transporte de carga e homologado em 1960 para passageiros; Congonhas, inaugurado em 1936; e Cumbica, em 1985.

Só se aumentou o número de empresas, profissionais, passageiros, bagagens e cargas no mesmo espaço delimitado há umas três décadas. Não poderia ocorrer coisa pior que a queda do avião *Airbus A320* da *TAM*, no vôo JJ-3054, em 17 de julho de 2007, que vitimou 199 pessoas.

E, desde então, o que presenciamos social, ética e ecologicamente?

Empresas, funcionários (públicos e particulares), amigos e familiares de vítimas, uns culpando os outros em meio a agressões verbais e até físicas em aeroportos – da forma mais anti-social e antiética possível. Seria tudo muito lindo e maravilhoso se todos solidariamente lamentassem a tragédia e cada um assumisse parte da culpa – isto, sim, seria um comportamento social e ético exemplar de uma nação superior, de pessoas conscientes.

Mas não. Até mesmo o governo, que, prontamente, deveria prestar apoio a familiares e parentes, fez de conta que nada houve nos primeiros dias após o acidente, para depois, descaradamente, sair se defendendo e querendo encontrar culpados pela tragédia. Foi um verdadeiro pandemônio de sucessivas acusações e impropérios uns sobre os outros, um tal de salve-se quem puder – entre o presidente da República e seus ministros, ministros e funcionários da INFRAERO (Empresa Brasileira de Infra-Estrutura Aeroportuária), entre a INFRAERO e a TAM Linhas Aéreas. Enfim, os mais fortes demitiram e os mais fracos foram demitidos, como se fossem os únicos culpados. Além destes, os que sempre realmente "botam a mão na massa" e trabalham foram presos, como alguns pobres controladores de vôo.

Além disso, ninguém tomou nenhuma providência sobre *overbookings*, que acontecem há muito tempo, excesso de atrasos e cancelamentos de vôos, desvios e perdas de malas que tanto prejudicaram e prejudicam os viajantes.

É lamentável constatar que, desde 1985, após o ciclo militar e o início da redemocratização do Brasil, os cegos dos sucessivos governos brasileiros vêm ignorando os preceitos do Diamante de Porter (PORTER, 1989).

Pelo que se depreende desse modelo de Diamante de Porter, criar infra-estrutura para desenvolver insumos básicos é um fator de diferencial competitivo para o progresso de um país.

No caso do Brasil, a falta de infra-estrutura – notadamente na área aeroportuária, como também na portuária e rodoviária – tem emperrado o progresso do país. E causado inúmeros problemas, inclusive o do já famoso apagão aéreo – que resultou no maior acidente aéreo que nosso país sofreu, que ora acabamos de analisar.

2. Procon

A Telefonica foi campeã de reclamações do Procon (Fundação de Defesa e Proteção do Consumidor) em 2006, conforme noticiou o tradicional e fidedigno jornal *O Estado de S.Paulo* em 15 de março de 2007 (FREITAS & FRANÇA, 2007).

Deu um jeito de sair da incômoda situação. Promoveu uma "festinha de integração" da diretoria da Telefonica com mais de 100 funcionários do Procon de todo o Brasil, no dia 6 de dezembro de 2007. Com almoço nobre, vinho e presentes para todos no Hotel Mercure, na zona norte da cidade de São Paulo. Tudo pago pela Telefonica – conforme noticiado pelo também tradicional e fidedigno jornal *Folha de S.Paulo* em 7 de dezembro de 2007 (PINHO, 2007).

Realmente o governo e seus órgãos de proteção e defesa da cidadania "fazem tudo pelo social".

Se órgãos de proteção e defesa da cidadania fazem tudo pelo social como o Procon, pobres de nós, simples cidadãos indefesos, à mercê das empresas e dos grandes grupos de interesse econômico que tomaram conta do Brasil!

3. Contribuição Provisória sobre Movimentação Financeira

Itamar Franco criou o IPMF (Imposto sobre Movimentação Financeira) em 1993, para fazer caixa e sair gastando. Adib Jatene, no governo FHC, teve a idéia de ressuscitá-lo em 1996, talvez com a justa idéia de favorecer a saúde do Brasil. Com outro nome: CPMF – Contribuição Provisória sobre Movimentação Financeira.

Trocou imposto por contribuição, justamente para se desviar de melindres legais e direcionar a aludida receita somente para a Saúde. Mas acabaram dando um jeito mesmo, a fim de cobrir o rombo dos cofres públicos, parte da fortuna foi parar em mãos sujas da corrupção. Para a saúde mesmo, praticamente nada.

Lula, que foi frontalmente contra a CPMF quando não era governo, ao final de 2007 brigou com unhas e dentes, negociou cargos e benefícios junto a partidos e políticos para que fosse aprovada sua prorrogação. Ainda bem que não conseguiu. Bem que ele tentou descaradamente, com muita cara-de-pau, tornar permanente o provisório.

Para compensar essa perda da fortuna da CPMF, ele tentará aumentar IOF (Imposto sobre Operações Financeiras), IRPF (Imposto de Renda Pessoa Física), IRPJ (Imposto de Renda Pessoa Jurídica) e outros impostos e, além disso, tentará reduzir o orçamento de áreas prioritárias como a da própria Saúde, da Educação e da Infra-Estrutura.

E a Saúde Pública continua precária – com tantos governantes e políticos "fazendo tudo pelo social" e com muita "responsabilidade social, ética e ecológica". Imaginem se não fizessem – seria melhor.

4. Congestionamento de trânsito

Outro exemplo notório é o cada vez maior congestionamento de trânsito na cidade de São Paulo. E os crescentes problemas da maior megalópole do Brasil daí decorrentes. Mas o que isso tudo tem a ver com responsabilidade social, ética e ecológica? Muito a ver.

Porque tanto quanto em aeroportos, ferrovias e portos, o movimento nas rodovias do Brasil e vias públicas de São Paulo aumentou nos últimos 30 anos, mas não tivemos a necessária ampliação da infra-estrutura, muito menos providências para evitar o caos em que se transforma Sampa, principalmente em dias e noites de chuva. Muito pelo contrário. Empresas vendem carros e mais carros, sabendo que irão entupir vias públicas – elas querem mesmo é faturar. E o governo e seus órgãos públicos, por sua vez, querem mesmo é faturar impostos, taxas e contribuições que incidem sobre a venda de carros.

Assim, empresas vociferam que seguem preceitos de responsabilidade social, ética e ecológica; governos e políticos alardeiam e dizem fazer tudo pelo social. Nada mais mentiroso, enganador, hipócrita e falacioso. O Estado brasileiro de hoje é como escreveu com muita propriedade Machado (1993, p. 132) sobre o fim do governo militar e o início da Nova República: "Estávamos em fins da ditadura militar, entrando na ditadura empresarial."

Realmente o Brasil de hoje está à mercê da "ditadura empresarial" de poderosos grupos de interesse (nacionais e internacionais) que tomaram conta do Estado em conluio com políticos populistas e paternalistas, que sempre aparecem na democracia. Em outras palavras, de um lado, políticos populistas que ganham votos dando peixe, em vez de ensinar o povo a pescar; de outro, empresários oportunistas e empresas que doam dinheiro para campanhas eleitorais de candidatos fortes e/ou fazem negociatas com funcionários públicos governantes, para deitar e rolar no mercado. É esta a triste realidade que se tem desvelado, sempre que incontáveis maracutaias foram descobertas no Brasil. O mais curioso é que justamente aqueles políticos populistas, demagógicos e corruptos que os militares expulsaram do cenário político em 1964 retornaram com roupagem nova e discursos libertários e eloqüentes a partir de 1985. Pobres de nós, brasileiros: saímos da ditadura dos militares para nos afogar em um sufocante mar de lama putrefata e fétida da democratura.

Sim, democratura – um misto de democracia com ditadura. Talvez tenha sido isso que Aristóteles[13] quis dizer quando afirmou que a democracia tende à anarquia.

De um lado, democracia de votos em que políticos populistas e corruptos são eleitos por milhões de cidadãos fracos, ingênuos e incautos, que apostam tudo em um governo paternalista do tipo "salvador da pátria", "paizão" e provedor de necessidades de sobrevivência e progresso. Por outro lado, ditadura de empresas (tomando aqui emprestado o termo de Machado), que investe e financia políticos mais fortes e populares. Todos eles, com um interesse comum: dinheiro, poder e sucesso. Principalmente dinheiro, que compra poder e sucesso.

Essa democratura em que o Brasil está se afogando é extremamente sufocante porque maracutaias satisfazem apenas uma ínfima parcela da população extremamente privilegiada (políticos, funcionários públicos e empresários corruptos), enquanto cada um dos indivíduos honestos que pagam tributos não recebe a devida compensação pelo que duramente paga.

Lamentavelmente, o Brasil da Nova República pertence à maracutaia dos sacanas que metem a mão no dinheiro público, e daí, cada vez mais, é uma nação de indivíduos (em relação aos indivíduos dos países desenvolvidos como Estados Unidos) que não usufruem melhoria no bem-estar de seu dia-a-dia porque:

1. A infra-estrutura a seu redor fica estagnada cada vez mais. Não sobra dinheiro para a infra-estrutura de benfeitorias sociais (estradas, ruas, avenidas, praças, rodoviárias, portos e aeroportos; hospitais, clínicas, prontos-socorros, ambulatórios, laboratórios e farmácias); cemitérios, velórios, crematórios e serviços funerários; escolas; creches, asilos e or-

---

[13]Aristóteles (384 a.C. – 322 a.C.) foi discípulo de Platão (429 a.C. – 347 a.C.), que, por sua vez, foi de Sócrates (470 a.C. – 399 a.C.). Aristóteles, "em seu livro *Política*, estuda a organização do Estado e distingue três formas de administração pública, a saber: 1. Monarquia ou governo de um só (que pode redundar em tirania). 2. Aristocracia ou governo de uma elite (que pode descambar em oligarquia). 3. Democracia ou governo do povo (que pode degenerar em anarquia)" (CHIAVENATO, 1983, p. 22).

fanatos; forças armadas, polícias e outros serviços de segurança pessoal e patrimonial.
2. Como conseqüência da falta de uma melhor infra-estrutura, o custo de vida (dinheiro e tempo) do cidadão comum aumenta, alavancando o já alto Custo Brasil que, além do mais, tem prejudicado a nossa competitividade internacional.
3. Sua renda não cresce tanto quanto a dos indivíduos dos países desenvolvidos como os Estados Unidos. Ao contrário, cresce, sim, a renda de grandes empresas e pessoas mais ricas, contribuindo mais ainda para a concentração da renda.

Em outras palavras, a tal "ditadura empresarial" significa mais interferência do Estado na economia brasileira por parte dos políticos corruptos no poder, em causa própria – que prejudica toda a nação como um todo. Tanto é verdade que, Guandalini (2007) destaca: "Até 1980, o Brasil ponteava entre as nações que mais cresciam no planeta. O país chegou a exibir taxas de crescimento anuais superiores a 10% – em 1973, bateu em 14%. Hoje, os brasileiros amargam um dos piores desempenhos comparativos. De 1996 a 2005, China e Índia avançaram a um ritmo anual de 9% e 6%, respectivamente. No mesmo período, a média brasileira foi pouco superior a 2%, enquanto a renda *per capita* nacional, um dos principais indicadores do padrão de vida de uma sociedade, permanecia estagnada." Então, a tradicional revista *Veja* foi perguntar aos sete ganhadores do Prêmio Nobel de Economia (Douglas North, Edward Prescott, Gary Becker, James Heckman, Paul Samuelson, Robert Mundell e Robert Solow) por que o Brasil parou de crescer e não consegue acompanhar o mirabolante ritmo da China e da Índia. Cada qual com sua fundamentação teórica explicou a causa, mas todos convergiram para o mesmo ponto: "ditadura empresarial" de poderosos grupos de interesse (nacionais e internacionais), que tomaram conta do Estado, em conluio com políticos populistas e paternalistas, que sempre aparecem na democracia.

Analisando-se cada uma das idéias desses autores expostas ao jornalista Guandalini (2007), concluímos que elas são complementares, conforme expomos a seguir:

Becker: "Há ainda o que eu chamaria de 'capitalismo de compadres' – algumas famílias ou setores privilegiados conseguem favores e empréstimos do governo. No caso mexicano, no setor televisivo e nas telecomunicações. Suspeito que isso também seja verdadeiro em outros países da América Latina, como o Brasil."

North: "O Brasil é um país cheio de promessas e possibilidades, mas que foi tomado de assalto por grupos de interesse que souberam se aproveitar do Estado em seu próprio benefício. E ainda se aproveitam. Esses grupos se protegem da competição, numa ação que tende a fechar a economia e barrar a eficiência."

Mundell: "O Brasil é um dos países mais fechados do mundo, ficou em 81º lugar em um ranking de abertura econômica elaborado pela Heritage Foundation, com informações de 157 países (o mais aberto é Hong Kong). A característica comum a todos os países fechados, como o Brasil, é que eles têm baixa renda *per capita*. Não há como ter crescimento sem empresários, sem pessoas que iniciem novos negócios."

Samuelson: "Quanto à América Latina e ao Brasil, é surpreendente que nunca tenham se beneficiado desse processo de forma integral, apesar de surtos episódicos de crescimento. O padrão político de democracias populistas parece ter sido um fator que inibiu o desenvolvimento."

Solow: "Não há nenhuma razão intrínseca para que o Brasil não tenha o sucesso dos asiáticos. É uma questão de seguir políticas adequadas, o que é mais difícil quando o governo não tem uma maioria estável no Congresso. Nenhum país com tradições democráticas, como o Brasil, poderia manter, como faz a China, uma enorme população rural em situação de extrema pobreza. Ser um país democrático traz certas limitações. Aqui não vai uma crítica à democracia – só um registro de que, apesar dos méritos inegáveis desse sistema, é mais difícil para o Brasil ter a estabilidade política que lhe permitiria crescer rapidamente."

Prescott: "Ainda que sensibilidades possam se ouriçar, é preciso reconhecer que regimes democráticos, como o brasileiro, não são precondições para o sucesso econômico. Pelo contrário: muitos países saíram da pobreza sob regimes autoritários. Vejam os casos de Pinochet, no Chile, Franco, na Espanha, Park, na Coréia do Sul, ou Chiang Kai-shek, em Taiwan."

Para selar de vez essa nossa assertiva sobre a "ditadura empresarial" de poderosos grupos de interesse (nacionais e internacionais) que tomaram conta do Estado em conluio com políticos populistas e paternalistas, que sempre aparecem na democracia – o que prejudica toda a nação como um todo –, oportunamente apresentamos aqui a última pesquisa da Heritage (que, inclusive, Mundell mencionou) de 2008. Por uma feliz sincronicidade, quando se estava fechando o presente trabalho, a internet trouxe em primeira mão o resultado da pesquisa, divulgado nos primeiros dias de 2008. Essa pesquisa da Heritage Foundation, em parceria com o *Wall Street Journal*, veio a corroborar essa assertiva, ao classificar o Brasil entre 163 países, na 101ª posição em liberdade de mercado, atribuindo como principal causa a corrupção, conforme noticiado no site UOL Online (CLETO, 2008).

E, assim, o Brasil não pára de cair no precipício do Livre-Mercado da Heritage: 58ª posição em 2003, 60ª em 2004, 62ª em 2005, 70ª em 2006, 99ª em 2007 e 101ª em 2008.

Como resultado, o padrão de vida do cidadão comum brasileiro cai – principalmente a classe média, que paga tantos tributos. Na melhor das hipóteses, não melhora tanto quanto poderia melhorar – em relação a outros mais desenvolvidos que são os primeiros da Heritage (como Austrália, Canadá, Estados Unidos, Grã-Bretanha, Irlanda, Japão, Nova Zelândia, Suíça e outros) e/ou em desenvolvimento que também estão bem colocados e muito à frente do Brasil — como Hong Kong (1ª colocada na Heritage), Cingapura, Chile, Trinidad e Tobago, Bahamas, Barbados, El Salvador, Uruguai, Jamaica e Panamá.

É difícil acreditar, mas outra notícia lastimável é aquela que acaba de se receber da Agência Estado: "O grupo especial de fiscalização móvel do Ministério do Trabalho e Emprego libertou no ano passado 5.877 trabalhadores mantidos em condições análogas à de escravos em fazendas do País" (PEREIRA, 2008). Sim, parece notícia de 1888, mas é de 2008 mesmo! Pelo jeito, mesmo 120 anos depois da Lei Áurea, que legalmente aboliu a escravidão no Brasil, ainda persiste a escravidão enrustida e sacana no Brasil Selva de Mato – onde ainda vivenciamos muito de selvageria, barbárie e violência, que, sem dúvida, também contribuem para a inferior posição do Brasil na pesquisa da Heritage.

Empresas querem mesmo é faturar – e não há nada de errado nisso. Afinal, a maior responsabilidade social, ética e ecológica de uma empresa é gerar lucro. Peter Drucker (1909-2005) vem nos corroborar nessa assertiva, afirmando que "o primeiro dever – e a responsabilidade permanente – do gerente da empresa" é "lutar pelos melhores resultados econômicos a partir de recursos empregados ou disponíveis. Tudo o mais que se espera dos gerentes, ou que eles possam querer fazer, depende do bom desempenho econômico e de resultados lucrativos ao longo dos próximos anos" (DRUCKER, 2002, p. 61).

Milton Friedman (1912-2006), o grande defensor do livre-mercado, também tem a idéia de que empresas vivem para o lucro, e não propriamente para gerar riqueza para acionistas, tampouco para fins sociais, conforme atesta Guandalini (2006, p. 140-141).

Então, o que fazer para que não só o trânsito de São Paulo, como também o Brasil como um todo, não se transforme num caos, com a natural e permissível atuação desenfreada das empresas?

A solução é, ao mesmo tempo, muito simples e quase impossível: a atuação do Estado como árbitro imparcial, conciliador e moderador entre os mais diversos agentes da sociedade e da economia. Embora um mal necessário, o Estado brasileiro seria promissor se retornasse às suas origens – e voltasse a desempenhar tão-somente suas mais puras quatro funções básicas e fundamentais.

Essas quatro funções básicas e fundamentais do Estado, qualquer que seja, são:

1. Conciliar as forças econômico-sociais, sempre em choque entre si

Muito provavelmente foi assim que se desenvolveu a primeira grande função do Estado, encarnada em um terceiro, homem forte, esperto e inteligente acima da média, para exercer o poder que hoje denominamos Judiciário de um montão de juízes, desembargadores, promotores e outros funcionários públicos auxiliares, em esferas federal, estadual e municipal. A melhor metáfora talvez seja aquele troglodita mais forte, esperto e inteligente acima da média que se intrometeu entre outros dois que brigavam pela mesma mulher – e fez a conciliação que possibilitou uma convivência pacífica entre os quatro.

2. Legislar em prol de uma vida em comum em uma população cada vez maior, para desenvolver uma sociedade mais justa

Esse homem forte, esperto e inteligente, com a ajuda de seus seguidores, começou a formalizar a prática de conciliação, mediante algo escrito e aplicável ao bem-estar comum e, daí, desenvolveu-se o Direito Positivo, tão comum hoje em dia. Nasceu então um Moisés (outra metáfora) para impor seus Dez Mandamentos à sua gente selvagem, bárbara e violenta. E, por tabela, a humanidade criou o Poder Legislativo de um montão de senadores (na esfera federal), deputados (nas esferas federal e estadual), vereadores (esfera municipal) e outros funcionários públicos auxiliares (em esferas federal, estadual e municipal).

3. Implementar e administrar infra-estrutura comum a todos ou em "condições gerais de produção"[14]

A partir do momento em que o homem deixou de ser nômade e se tornou sedentário, começou a plantar vegetais, criar animais para abate e produzir as primeiras tecnologias. E daí, quando começou a efetuar trocas comerciais com seus excedentes de produção doméstica, ele sentiu a necessidade de se deslocar de um lugar a outro. Mas só havia a bravia Selva de Mato, para atrapalhar.

---

[14] "Condições Gerais de Produção" é um termo aqui emprestado do português João Bernardo (1946), grande pesquisador e teórico autodidata do marxismo. Como destaca Costa Pinto (2008), "por causa de sua militância política, foi-lhe negado o acesso às universidades portuguesas" e, então, "até hoje, João Bernardo não tem qualquer título universitário, tem apenas um curso secundário". Porém, sem dúvida, os resultados de sua pesquisa são de elevado nível científico e epistemológico – tanto é que são estudados em cursos de pós-graduação *stricto sensu* como o da EAESP/FGV (Escola de Administração de Empresas de São Paulo da Fundação Getulio Vargas). Segundo João Bernardo, "as Condições Gerais de Produção" são de "caráter tecnológico material: infra-estruturas de transportes de matérias-primas, infra-estruturas extractivas, infra-estruturas de energia e transportadoras de energia etc., bem como as de caráter burocrático-administrativo" (BERNARDO, 1977, p. 80), que propiciam a "integração tecnológica" entre empresas (BERNARDO, 1977, p. 66). O próprio processo de educação e ensino "passou a ser uma das condições gerais de produção" (BERNARDO, 1977, p. 79).

Tinha de vencê-la a qualquer custo, abrindo estradas, construindo pontes etc., entre um local e outro de produção. E, como ninguém queria arcar permanentemente com esse trabalho sujo, pesado e perigoso (que os japoneses denominam de 3 Ks – *Kitai*, *Kitsui* e *Kiken*, respectivamente), mais uma vez um terceiro (prestador de serviço público) foi contratado em comum acordo entre os demais – dessa vez, para destruir a Selva de Mato e construir a Selva de Pedra. Assim começou a nascer o Poder Executivo de hoje.

4. Promover e administrar o bem-estar social, ético e ecológico

Muito cedo, o humano descobriu que não bastava implementar e administrar infra-estrutura comum a todos. Seria necessário cuidar de algo mais. Algo mais que sempre sobra na infra-estrutura – vivos e mortos.

Com o tempo, à medida que aumentou a complexidade de trabalhos 3 Ks[15] e ia aumentando a população, cada vez mais se necessitou de grupos de profissionais especializados para administrá-los de forma mais efetiva. Não deu outra: aprimorou-se e agigantou-se a terceira função do Estado, o Poder Executivo de hoje, de um montão de executivos públicos (presidente da República e seus ministros, na esfera federal; governadores e seus secretários, na esfera estadual; prefeitos e seus secretários, na esfera municipal) e outros funcionários públicos auxiliares (em esferas federal, estadual e municipal).

O ser humano nasce, vive e morre, como todos os outros seres vivos e coisas. Se morrer, não pode deixar o corpo por aí, porque apodrece, derrete e fede, a ponto de atrapalhar a vida dos vivos – então, o humano teve de aprender a enterrar os mortos embaixo da terra, em vez de deixar seus restos mortais aos urubus, que incomodam quem está vivo. Nascia, assim, a importante profissão de coveiro, e se criava uma estrutura pública chamada cemitério. Depois o velório, e outras estruturas e serviços agregados. Portanto, aquilo que tanto falam de agregar valor (ao produto original ou principal) vem de longa data!

Mas, caramba, nasce-se e vive-se sofrendo, até morrer! Na maioria das vezes, tem-se mesmo é dor física por doenças e ferimentos. Então, fez-se de tudo para estancar essas dores – no princípio, de improviso e, depois, cada vez mais, com conhecimentos, habilidades e atitudes profissionais, dando origem a profissões de enfermeiras, médicos e paramédicos, bem como construindo asilos para idosos alquebrados sem família e orfanatos para crianças abandonadas, hospitais para doentes e feridos. Até se chegar aos dias de hoje, com mais serviços agregados: farmácias, ambulatórios médicos, laboratórios de exames e

---

[15] Justamente por falta de mão-de-obra 3 Ks, hoje em dia, desde a década de 1980, mais de 300 mil descendentes de japoneses e assemelhados do Brasil estão trabalhando no Japão. Esses trabalhadores são chamados de *dekasseguis*. Dekassegui significa, em japonês, qualquer pessoa que deixa o país em que vive para trabalhar em outro, a fim de ganhar dinheiro.

toda uma rede de indústria farmacêutica que conhecemos. Depois, o humano descobriu que também tinha dor sentimental e emocional, e que tal natureza psicossomática poderia até acarretar doenças e dores físicas, além de fazê-lo sofrer – assim, ao longo dos tempos, foram criadas ciências e terapias, como Psicologia, Psiquiatria, Psicanálise e outras correlatas.

Resolvidos todos os problemas dos mortos e dos vivos? Não!

Não, porque desde que o humano se transformou em sedentário, demarcou um fértil território e disse, de forma bem egoísta, aos outros: isto é meu! Pior: aquele mais forte, esperto e inteligente tomou territórios e roubou pertences de outros mais fracos, ingênuos e incautos, e disse: tudo isso é meu! É minha propriedade! E assim, sucessivamente, os mais fortes foram tomando, roubando e saqueando até formar reinados e monarquias em nome de Deus, que perduram até hoje. Se não formaram reinados e monarquias, criaram impérios de empresas, propriedades e posses.

Ainda bem que quase todos os reinados e monarquias absolutistas se transformaram em repúblicas democráticas – assim, em tese, todos começaram a ter a oportunidade de usufruir de propriedades e posses, sem ser aqueles "abençoados por Deus". Afinal, todos têm o direito natural de viver em paz e com saúde, seja quem for – pois todos nós somos filhos de Deus, não é mesmo?

Mas o "tudo isso é meu!" individual evoluiu para o "tudo isso é nosso!" coletivo – movido pela necessidade de expandir negócios –, que resultou em centenas de países hoje. E, para assegurar a posse de um território perante os possíveis invasores ávidos por tomar, roubar e saquear, cada país criou suas cada vez mais sofisticadas equipes de segurança, tanto para proteger o território conquistado e demarcado quanto para roubar e anexar novos territórios. Assim nasceram as milícias de antigamente, que evoluíram de forma civilizada para as Forças Armadas (Exército, Marinha e Aeronáutica) de hoje.

Não só os países, mas também os indivíduos, quanto mais posse e dinheiro têm, mais necessitam das Forças Armadas.

Além de Forças Armadas para proteger e assegurar as demarcações territoriais, também é necessária a Polícia (esferas municipal, estadual e federal) para manter a ordem social – porque o humano, por natureza, tende a fazer aos outros aquilo que taxamos de maldade. Não só aqueles que praticam maldades, mas aqueles transgressores da ordem social constituída (ladrões de propriedades e bens em geral, bem como arruaceiros que atrapalham a produção econômica da sociedade) são mantidos prisioneiros em cadeias públicas – dando origem aos excluídos da sociedade civilizada.

Mas, apesar disso tudo, faltava algo mais – a chave do progresso com bem-estar de cada humano e da humanidade como um todo. Desde Moisés (uma metáfora legislativa), o humano, a duras penas, foi se conscientizando de que havia a necessidade de impor um Sistema de Recompensas e Punições (Os Dez Mandamentos) para frear o ímpeto selvagem, bárbaro e violento da natureza humana – para que todos pudessem viver em paz, com um mínimo de sofrimento físico e psicológico. Daí, além da legislação (e do Estado de Direito), desenvolveu-se aquilo que chamamos de Educação – com suas leis, regras e atitudes cada vez mais padronizadas na crescente sociedade.

E essa educação foi se tornando cada vez mais ensinada, replicada e eternizada – daí o já tradicional termo corrente "Educação e Ensino". O processo de educação (o ato de despertar valores humanos, de dentro para fora) e ensino (o ato de incutir conhecimentos, de fora para dentro) se expandiu tanto que hoje faz a escola que o humano freqüenta e faz alavancar a ciência e a tecnologia.

Assim nasceram as várias atividades que perfazem a quarta função do Estado – promover e administrar o bem-estar social, ético e ecológico de toda uma sociedade cada vez mais civilizada.

CONSIDERAÇÕES FINAIS

Como se depreende de toda a análise efetuada, o Estado é um mal necessário – para promover e administrar o bem-estar social, ético e ecológico de toda uma sociedade cada vez mais civilizada. E, claro, isso significa mais do que nunca tentar a tão difícil, senão praticamente impossível, realização do desenvolvimento sustentável.

Porque, como bem defendeu Hobbes (1988), Natureza é o estado de guerra de todos contra todos (*Omnium contra omnes*) e o mundo no qual o homem é o lobo do homem (*Homo homini lupus*), de um lado; por outro lado, cada indivíduo busca sua autopreservação – *conatus* ou *endeavour* – e autoperseveração para si. Desse modo, a solução é o Estado, acima de indivíduos e empresas, para controlar o estado da natureza e assegurar a paz, a segurança e o conforto, instituindo uma Sociedade Civil e um *homem artificial* ou civilizado.

Para garantir a paz, a segurança e o conforto, os homens devem renunciar ao direito natural sobre todas as coisas, desistindo cada um de ser obstáculo à autopreservação dos outros.

Essa renúncia mútua é o *contrato*, e a promessa de seu cumprimento chama-se *pacto*. A partir desses dois princípios, nasce todo um sistema de recompensas e punições na sociedade civil, com analisamos, ao citar Moisés. Caso contrário, retornaremos à selvageria, à barbárie e à violência natural da Selva de Mato.

Queremos, sim, Selva de Pedra com civilização, ciência, tecnologia e todo o bem-estar que temos hoje, com tudo que restou hoje de Selva de Mato. Se não é utopia, é querer demais. Mas podemos tentar.

Podemos tentar a busca de um concreto e efetivo desenvolvimento sustentável. Que concreto e efetivo desenvolvimento sustentável seria esse?

Seria um Desenvolvimento Sustentável que, na medida do possível, realizasse a manutenção e a melhoria do nosso habitat (Selva de Mato) para vivermos bem hoje, com saúde e dinheiro suficiente para usufruir a Civilização (Selva de Pedra) em franco progresso. E, se realizarmos isso hoje, estaremos agindo também em prol da humanidade futura.

Como se pode depreender, a questão para nós, pobres e míseros humanos, não é o aquecimento global. Tampouco o resfriamento global. Por quê?

Porque, lembrando o que já expusemos anteriormente, ambos os fenômenos são regidos pela homeostase da Terra, que, por sua vez, é regida pela homeostase cósmica, infinitamente mais poderosa que toda e qualquer providência da humanidade. A Terra e outros astros do Universo, e o próprio Universo, sempre foram catastróficos, trágicos e calamitosos. Aliás, nós somos produtos desses fenômenos. E esses fenômenos fazem parte da Natureza, queira a humanidade ou não. É muita infantilidade a humanidade querer controlar e frear esses fenômenos – eles são irreversíveis. Os espertos é que ganham fama e dinheiro, aproveitando da infantilidade e da ignorância de bilhões de humanos.

Mesmo porque a "desgraça" já está feita, conforme analisamos anteriormente: excesso de humanos, com 6,6 bilhões de habitantes no planeta em 2007. E a perspectiva para o futuro é a insuportável superpopulação. Sem dúvida, a humanidade com sua Selva de Pedra sobre Selva de Mato é que propiciou tamanho resultado. E não tem como brecar o desenvolvimento da Selva de Pedra – não tem como frear o progresso do humano, que é irreversível. Por outro lado, teremos de fazer algo para que a Selva de Mato não chegue a zero – porque, se deixarmos, o humano detona e polui tudo, até morrer asfixiado.

Desse modo, o sonho, ou utopia, do Desenvolvimento Sustentável, só poderá se dar na medida do possível, porque:

1. Humanos tendem a tomar as providências necessárias somente se a necessidade assim o impuser.
2. Humanos, tanto quanto outros seres, tendem sempre a entrar em conflitos e desavenças, fazer maldades e crueldades, e são de difícil conciliação entre si – porque são diferentes entre si em tudo. Aliás, o Universo todo é repleto de diferenças, que constituem toda a diversidade. É isso que faz este nosso mundo ter graça! A diversidade de diferenças.

3. Nessa diversidade de diferenças, há sempre aqueles mais ambiciosos e egoístas, com desenfreado desejo de exercer poder sobre outros e crescente avidez por posses materiais – ora, isso de um lado alavanca o progresso, mas de outro cria disputas e conflitos, além de causar desgraça aos mais fracos, ingênuos e incautos.
4. Há cada vez menos espaço para cada um viver, em função da crescente superpopulação – assim, tendemos a sofrer mais conflitos. Daí, a necessidade cada vez maior da Selva de Pedra expandir-se sobre a Selva de Mato. Mesmo que humanos migrem para outros planetas audaciosamente, indo aonde nenhum deles jamais esteve, o resultado será o mesmo: mais um humano no Universo sempre resultará na destruição de mato para a construção de pedra também em orbes extraterrestres.

Mais do que nunca, é imprescindível que o Estado, de forma eficaz e eficiente, desempenhe suas funções de Conciliação, Legislação, Administração das Condições Gerais de Produção e Administração do Bem-Estar Social, Ético e Ecológico – seguindo conhecimentos, habilidades e atitudes promovidas pela Ciência da Administração.

Por outro lado, é imprescindível desmantelar, senão reduzir ao mínimo, a atual e perversa cumplicidade do Estado Populista-Paternalista com a "ditadura empresarial" de poderosos grupos de interesse (nacionais e internacionais). Ambos vivem em função do mesmo objetivo: a força dos milhares e os milhões de cidadãos. Políticos populista-paternalistas buscam a grande massa popular e se fortalecem com os milhares e milhões de votos de cidadãos. Empresas, idem: por sua vez, buscam esses mesmos milhares e milhões de cidadãos para vender seus produtos e torná-los seus fiéis consumidores. Daí, um apóia o outro para tirar proveito para si. Que fazer para quebrar essa corrente para frente, que é extremamente perniciosa à grande classe média brasileira?

Há duas formas: uma, pela força das armas; outra, de forma pacífica.

A primeira forma foi deflagrada no Brasil da década de 1960, mas só obteve um sucesso relativo nos primeiros 10 anos do Regime Militar (1964-1985) – pois, depois de Geisel (1974-1979), o país desandou e teve de desembocar para a democracia de votos em 1985.

Embora se concorde com a assertiva de Solow, que afirma que "ser um país democrático traz certas limitações", e com Prescott, que percebe que "muitos países saíram da pobreza sob regimes autoritários", a melhor saída ainda é a pacífica. Pacífica, de que forma?

Pacífica em longo prazo, promovendo e implementando o processo de Educação e Ensino às camadas menos intelectualizadas da nação. E, no Brasil, pelo que consta, temos ainda muito a fazer com "a cabeça do brasileiro". É o que mostra a Pesquisa Social Brasileira, com 2.363 entrevistas, realizada entre 18 de julho e 5 de outubro de 2002.

Ao analisar os resultados dessa pesquisa, Almeida (2007, p. 18) conclui que:

1. "A qualidade da democracia aumenta quando a população é mais escolarizada" e "a democracia só é possível em sociedade com níveis mais elevados de escolarização".
2. "Em estudo recente baseado em uma notável pesquisa empírica, Ronald Inglehart demonstrou, juntamente com Christian Welzel, que mais riqueza e mais educação levam pessoas a rejeitar a autoridade superior e buscarem formas de "auto-expressão". Pessoas mais educadas tendem a se afastar da autoridade superior e a rejeitar relações sociais verticais em benefício de relações de poder mais "horizontais".

E, por fim, Almeida (2007, p. 26-27) conclui sobre "a cabeça do brasileiro":

1. Como a maior parte da população brasileira tem escolaridade baixa, pode-se afirmar que o Brasil é arcaico. Assim, a mentalidade de grande parte de sua população obedece às seguintes características:

   apóia o "jeitinho brasileiro";
   é um povo hierárquico;
   é patrimonialista;
   é fatalista;
   não confia nos amigos;
   não tem espírito público;
   defende a "lei de Talião";
   é contra o liberalismo sexual;
   é a favor de mais intervenção do Estado na economia;
   é a favor da censura.

2. Para a população de baixa escolaridade, que apóia a quebra de regras patrocinada pelo "jeitinho brasileiro", há também uma tendência em se mostrar tolerante com a corrupção.

   Como se percebe, o que, na verdade, necessitamos é de uma profunda transformação interna dos indivíduos.

O desenvolvimento sustentável só será possível a partir do Desenvolvimento Auto-Sustentável dos Indivíduos.

Claro que ninguém jamais será totalmente auto-sustentável por excelência – porque somos irremediavelmente dependentes de outros seres e outras coisas deste mundo. Mas a auto-sustentabilidade que aqui se propõe é aquela em que um indivíduo tem a maior autonomia possível no que concerne ao econômico-financeiro e social. Isto é, no sentido de saber usar a vara para pescar, sobreviver e progredir, e não no sentido de só esperar o peixe de governos para continuar simplesmente a sobreviver – e continuar dependente.

Nessa Selva de Pedra dominando a Selva de Mato, só é possível ter indivíduos altamente auto-sustentáveis com Educação e Ensino direcionado à auto-reflexão, ao autoconhecimento e à autodireção – em síntese, à alta espiritualidade.

Quanto mais uma nação for composta de indivíduos auto-sustentáveis, mais trabalhadores sérios teremos, e estes, mais conscientes, deixarão de ouvir falácias e discursos demagógicos de políticos – ao contrário, exigirão resultados positivos e, se necessário for, farão *recall* (um recurso constitucional que 18 estados norte-americanos têm para impor *impeachment* por voto popular a um governante por má gestão – como aconteceu com o governador da Califórnia Gray Daves, que foi substituído por Arnold Schwarzenegger em 2003).

Quanto mais uma nação for composta de indivíduos auto-sustentáveis, menos necessidade terá de políticos populistas e paternalistas em conluio com poderosos grupos de interesse que só manipulam a grande massa de fracos, ingênuos e incautos, para tirar proveito próprio.

Ao contrário, quanto menos indivíduos auto-sustentáveis, mais haverá necessidade de "dar o peixe" a eles – o que dará vazão à perversa atuação daqueles políticos populistas e paternalistas em conluio com poderosos grupos de interesse. E, ao longo do tempo, tudo isso vira uma bola de neve de tamanha magnitude que a classe média (que paga tributos) acaba pagando não só pelo dinheiro público que vai parar no bolso dos políticos, como também pelo peixe que o Leviatá distribui aos desocupados e acomodados cada vez mais numerosos.

Pode ser pura e radical ideologia capitalista, mas o trabalho legal é o principal e o mais salutar elo de relacionamento social entre os indivíduos. Ao contrário, ócio em demasia, via de regra, é pernicioso – pessoas desocupadas tendem a pensar e fazer bobagens. Afinal, neste mundo tudo tem de se mover e fluir, senão fica estagnado e apodrece. Aquela música que cantamos há pouco ensina bem isso: "Se correr o bicho pega, se ficar o bicho come."

Se ficar o bicho come, então é melhor correr. Se cansar, pára, para depois correr de novo.

Correr de novo e sempre, em busca do Progresso e do Efetivo Desenvolvimento Sustentável – enquanto Gaia permitir.

REFERÊNCIAS

ALMEIDA, Alberto Carlos. *A Cabeça do Brasileiro*. São Paulo: Record, 2007. Analisa e comenta os resultados da Pesquisa Social Brasileira realizada entre 18 de julho e 5 de outubro de 2002.

APPEL, David. "Bate-boca – Afirmação de que Aquecimento Global não é induzido pelo homem reacende debate", *Revista Scientific American*, agosto de 2003, n. 15.

BECKER, Dinizar Firmiano. *Desenvolvimento Sustentável*. Santa Cruz do Sul: Edunisc, 2002.

BERNARDO, João. *Marx crítico de Marx*. Volume II. Porto: Afrontamento, 1977. Sobre Condições Gerais de Produção.

BUARQUE, Sérgio C. *Construindo o Desenvolvimento Local Sustentável*. São Paulo: Garamond, 2002.

CAMARGO, Ana Luiza de Brasil. *Desenvolvimento Sustentável*. São Paulo: Papirus, 2003.

CAPRA, Fritjof. *A Teia da Vida*. São Paulo: Cultrix, 1996. Sobre a origem da vida na Terra.

_____. *As Conexões Ocultas – Ciência para uma Vida Sustentável*. São Paulo: Cultrix/Amana-Key, 2002. Sobre Ecologia e Desenvolvimento Sustentável na visão de um físico quântico.

CHIAVENATO, Idalberto. *Introdução à Teoria Geral da Administração*. 3ª Edição. São Paulo: McGraw-Hill, 1983. Sobre as mais diversas teorias e práticas que contribuíram para a Ciência da Administração.

CLETO, Paulo. "Brasil fica em 101º em ranking de liberdade econômica; corrupção atrapalha". Disponível em UOL Online – http://economia.uol.com.br/ultnot/valor/2008/01/15/ult1913u82022.jhtm. Acesso em 17 de janeiro de 2008.

COSTA PINTO, João Alberto da. "A propósito do marxismo de João Bernardo". Disponível em http://www.espacoacademico.com.br/043/43cpinto.htm. Acesso em 23 de janeiro de 2008.

DAWKINS, Richard. *O Gene Egoísta*. Belo Horizonte: Itatiaia, 2001. Análise de um neodarwinista sobre o desenvolvimento dos genes e das espécies, na base do egoísmo.

DRUCKER, Peter. *A Profissão de Administrador*. São Paulo: Pioneira, 2002. Sobre a maior responsabilidade social, ética e ecológica de uma empresa: gerar lucro.

FREITAS, Carolina e FRANÇA, Pedro Henrique. "Telefonica lidera lista de reclamações do Procon em 2006". Disponível em http://www.estadao.com.br/ultimas/economia/noticias/2007/mar/15/174.htm. Acesso em 15 de março de 2007.

GAARDER, Jostein. *O Mundo de Sofia – Romance da História da Filosofia*. São Paulo: Companhia das Letras: 1996. Sobre Hegel e outros filósofos ocidentais.

GUANDALINI, Giuliano. "Por que o Brasil não cresce como a China e a Índia?" Disponível em http://veja.abril.com.br/160806/p_086.html. Acesso em 13 de janeiro de 2008. Revista *Veja*, edição 1969, 16 de agosto de 2006.

_____. "O filósofo da liberdade". Revista *Veja*, edição 1983, ano 39, n. 46, 22 de novembro de 2006, p. 140-141. Sobre Milton Friedman.

_____. "Por que o Brasil não cresce como a China e a Índia?". Revista *Veja*, edição 1969, 16 de agosto de 2006.

HOBBES, Thomas. *Leviatã*. 4ª ed. São Paulo: Nova Cultural, 1988. [Coleção "Os Pensadores".]

HOTEL MERCURE. Disponível em http://www.accorhotels.com.br/guiahoteis/Mercure/hotel_main.asp?cd_hotel=179. Acesso em 2 de janeiro de 2008.

LOVELOCK, James. "Gaia – Um Modelo para a Dinâmica Planetária e Celular". In: THOMPSON, William Irwin et al. *Gaia – Uma Teoria do Conhecimento*. São Paulo: Gaia, 2001.

MACHADO, Roméro da Costa. *A Fundação Roberto Marinho*. 11ª edição. Rio de Janeiro: MCA, 1993. Sobre a história da Rede Globo.

_____. *A fundação II – Uma biografia de corrupção*. Rio de Janeiro: MCA, 1992. Sobre a história da Rede Globo.

OSHO. *A Sabedoria das Areias – Volume I*. São Paulo: Gente, 1999. Sobre autoconhecimento, autodireção e auto-administração da vida.

PEREIRA, Elvis. "Libertação de trabalhador escravo foi recorde em 2007". Disponível em http://www.estadao.com.br/economia/not_eco110407,0.htm. Acesso em 16 de janeiro de 2008.

PINHO, Márcio. "Líder em queixas, Telefonica promove 'festinha' para Procon". Disponível em http://www1.folha.uol.com.br/folha/cotidiano/ult95u352595.shtml. Acesso em 7 de dezembro de 2007.

PORTER, Michael. *Vantagem Competitiva das Nações*. Rio de Janeiro: Campus, 1989. Sobre "O Diamante de Porter".

_____. *Estratégia Competitiva*. 5ª ed. Rio de Janeiro: Campus/Elsevier, 1986. Sobre "As 5 Forças de Porter".

TV CULTURA. Nelson Rodrigues. Disponível em http://www.tvcultura.com.br/culturanointervalo/perfil.asp?programaid=31. Acesso em 22 de janeiro de 2008.

CAPÍTULO 8

QUALIDADE DE VIDA E EDUCAÇÃO EM SISTEMAS PSICOSSOCIAIS

Jorge de Albuquerque Vieira

RESUMO

Neste capítulo, discutiremos questões situadas na fronteira entre a chamada metaciência, em sua dimensão externa, e os sistemas educacionais, tomando como contexto o problema da qualidade de vida e da Ecologia. Enfatizaremos aspectos da Ecologia Humana, tentando explicitar características do comportamento humano e de sua relação com seus vários ambientes. Adotaremos um enfoque ontológico sistêmico e semiótico, segundo as propostas de Mario Bunge, Charles Sanders Peirce e Jakob von Uexkull, demarcando, assim, um cenário biossemiótico coerente com os conceitos de Semioesfera e Mundividência. A seguir, especificaremos a discussão para a dinâmica dos grupos de pesquisa e os processos de ensino e educação, enfatizando a questão da produtividade de conhecimento acerca da complexidade, voltado para o problema da melhoria da qualidade de vida.

INTRODUÇÃO

A atual crise ambiental tem gerado, nos últimos anos, uma crescente consciência do risco que a espécie humana sofre por não estar preparada para lidar com sua própria natureza, o que pode vir a comprometer sua permanência no planeta, assim como a de outras formas de complexidade.

Essas preocupações não têm sido atingidas somente por meio de processos racionais e lógicos, mas talvez mais por meio de sofrimentos que são conseqüências de nossa visão limitada em lidar e agir sobre o que pensamos ser a realidade. Por outro lado, além do citado processo de conscientização, notamos um esforço crescente vindo, principalmente, da área científica mais "exata" na geração de conhecimento sobre o problema da *Complexidade* (no seio da questão ambiental, por exemplo, quando áreas específicas em Tecnologia preocupam-se com modelagens e simulações para a compreensão e possível controle de situações de acidentes ambientais, como no caso da indústria do petróleo). Esforços mais desgastantes têm sido realizados nas áreas das chamadas ciências humanas, que lidam com objetos mais complexos do que aqueles trabalhados nas ciências "exatas". Seja por meio de um sentimento de preocupação e medo diante das mudanças ambientais e psicossociais, seja por meio de desenvolvimentos aparentemente técnicos e voltados para interesses racionais, o que temos observado é uma tendência cada vez mais intensa na direção do trabalho inter e, se possível, transdisciplinar, que é o requisito necessário para elaborar o problema epistemológico da complexidade.

Até o início do corrente século, o pensamento científico manifestou-se, em maioria, por meio de uma grande compartimentação, tornando os cientistas em especialistas e criando limites para a elaboração dos conceitos da complexidade. Ver, por exemplo, o confronto entre a Física mais clássica, com seu tempo físico e por vezes uma visão reducionista, com a Biologia, rica em processos não-lineares, processos emergenciais e exigindo uma reconsideração em nossas visões acerca do tempo (PRIGOGINE & STENGERS, 1984).

No início do século XX, principalmente, notamos a emergência das primeiras teorias e prototeorias construídas na busca da compreensão da complexidade, todas elas enfatizando o aspecto sistêmico da realidade. Todas elas têm como objetos aqueles de uma complexidade maior do que a permitida no nível ontológico do físico, e muitas vezes relacionando objetos pertencentes a vários níveis. Assim, conceitos físicos, químicos e biológicos (e todas as variáveis interníveis possíveis) começaram a encontrar referenciais nos quais podiam ser relacionados, livrando-se, assim, dos limites das especializações rígidas (embora mais seguras). O desenvolvimento dessas linhas de pensamento veio amparando progressivamente a crescente necessidade do que hoje podemos chamar consciência ecológica: a Ecologia, uma ciência relativamente nova, lida com objetos de vários tipos (físicos, físico-químicos, químicos, biológicos, biofísicos, bioquímicos, psicológicos, psicofísicos, psicoquímicos, biopsicológicos, sociais, biosociais, psicossociais etc.).

Ou seja, o que, para os especialistas, poderia parecer algo bem demarcado e do domínio da ciência mais ortodoxa comparece rapidamente como um problema envolvendo, entre vários objetos complexos, aqueles da natureza humana. Surge a necessidade de enfrentar uma *Ecologia Humana*, pois, entre as espécies ameaçadas no momento da história planetária, está a nossa – e bem cotada para isso. E, nesse contexto, é visível a forte dependência entre Ecologia e Etologia, com ênfase naquelas de caráter humano.

Parece-nos óbvio que tais preocupações só podem ter possibilidade de enfrentamento por meio de *pesquisadores educados nas visões de síntese e emergência*, o que exige algum cuidado quanto a escolhas conceituais de natureza ontológica. De maneira geral, a biosfera terrestre é um sistema hipercomplexo desenvolvido em um sistema ambiental caracterizado por traços classificados como astrofísicos, geológicos, geográficos e meteorológicos, ou seja, o domínio das geociências. Esses aspectos ambientais conectam esse nicho, do ponto de vista da Teoria dos Sistemas Abertos, aos ciclos evolutivos universais (GAL-OR, 1983). Essa conexão implica a necessidade de uma visão integrada entre as citadas geociências, Ecologia e Etologia e, ainda, todas as chamadas ciências humanas. Exemplos de visões desse tipo são encontrados em Bunge (1977 e 1979) e em Morin (1977:143).

No contexto de nossa discussão, o que podemos observar quanto aos grupos, em seus esforços interdisciplinares, é que os problemas de conectividade humana, de natureza emocional e afetiva, podem comprometer significativamente a produtividade e a efetiva produção de uma forma de conhecimento complexo. Não basta, portanto, buscar a composição de um grupo de pesquisa somente levando em consideração as várias competências e eficiências: é necessário que se encare, seriamente, como a dimensão humana, como o comportamento humano pode vir a permitir ou inibir o estudo concreto da complexidade. É nesse sentido que usamos aqui a expressão "etologia humana".

UMWELT E SEMIOSFERA

Nosso interesse específico agora é discutir questões que envolvem a natureza dos sistemas humanos, no contexto delineado no item anterior. O que aprendemos nos desenvolvimentos ecológicos e etológicos é que a evolução dimensiona uma interface entre o sistema vivo e seu ambiente. Ou seja, seres vivos são conectados aos ciclos evolutivos universais, como sugerido anteriormente, mas nunca de maneira direta ou completa. Processos semióticos seletivos amparam as estratégias de permanência que os sistemas vivos desenvolvem, em função da história evolutiva vivida por cada espécie, inclusive a espécie humana.

O principal mecanismo semiótico é aquele que envolve *ações* entre elementos dos sistemas e elementos de seus ambientes. Temos a *Semiose*, a ação do signo, manifesta principalmente por meio de processos interativos entre histórias sistêmicas. O aspecto fundamental dessa semiose é o desenvolvimento de uma *tradução intersemiótica* entre sistema e ambiente, que depende da natureza do sistema vivo e cognitivo, bem como de sua história evolutiva. Ao longo dos bilhões de anos que caracterizam a evolução da vida em nosso planeta, as várias espécies desenvolveram maneiras por vezes bastante peculiares de perceber a realidade e a ela adaptar-se. Maneiras que variam de espécie a espécie, de história a história. É como se cada ser vivo estivesse envolvido por uma "bolha fictícia", que constitui a interface desenvolvida pela evolução para gerenciar a adaptabilidade e sobrevivência do sistema. Essa interface, proposta teoricamente pelo biólogo estoniano Jakob von Uexkull (1992), é o chamado *Umwelt*, o "universo particular" de uma espécie viva.

Conceituada inicialmente no nível ontológico da Biologia, essa interface evoluiu de maneira extrema entre animais elevados em complexidade, com o ápice que parece pertencer aos humanos; ou seja, isso significa para estes uma evolução adicional do *Umwelt* biológico da espécie: o "universo particular" da espécie humana evoluiu, além do nível do biológico, para uma componente real psíquica e, mais ainda, para uma extra-somatização do cérebro humano na forma de cultura. Um dos conceitos fundamentais para a compreensão do processamento e da criação de signos da cultura é o de semiosfera, criado por Iuri Lotman (1996), o principal teórico da Escola de Tartu, em Moscou, origem dos estudos da Semiótica da Cultura. A semiosfera, embora proposta originalmente como um domínio abstrato, parece-nos ter uma contrapartida real associada ao citado processo de extra-somatização.

Lotman faz questão de esclarecer que semiosfera não se confunde com *Noosfera*:

"A noosfera se forma quando, neste processo [aquele referente à transformação da energia radiante do sol em energia química e física por parte da biosfera], adquire um papel dominante a razão do homem. Enquanto a noosfera tem uma existência material e espacial e abarca uma parte de nosso planeta, o espaço da semiosfera tem um caráter abstrato" (LOTMAN, 1996: 22-23).

Ou seja, para esse autor, a semiosfera é a dimensão semiótica que contém todos os processos de comunicação e de fluxos de informação, em uma dinâmica típica dos sistemas abertos, o que é compatível com a ontologia sistêmica aqui adotada (BUNGE, 1979). Lotman estabeleceu o conceito de semiosfera em analogia ao de *biosfera*; esta não seria o mesmo que a noosfera, no sentido de que a biosfera é material, envolvendo ontologias regionais como a Física, a Química, a Biologia e construções derivadas (Biofísica, Bioquímica etc.) e levando essas características materiais para a noosfera, enquanto a semiosfera teria um caráter abstrato. Isso resultaria que a *semiose* só seria possível nessa semiosfera mais abstrata. Essa discussão ganha um caráter mais elucidativo, acreditamos, na ótica da semiótica peirceana.

Mas o que consideramos importante, agora, é que essa profusão de conceitos, em linhas diversificadas de Semiótica, aponta afinal para o fato de que os sistemas humanos evoluíram além da complexidade biológica.

E aqui surge um ponto de grande interesse: da mesma forma como seres vivos de espécies diferentes convivem em determinado ambiente sem um tomar conhecimento do outro, tendo em vista a diferença entre seus *Umwelten*, temos entre os humanos um notável grau de desconhecimento mútuo, devido ao elevado nível de complexidade dos *Umwelten* envolvidos. Esta nos parece ser a principal fonte de dificuldades para a superação dos limites ecológicos e etológicos (logo, de pesquisa e educacionais) para as comunidades humanas e a concretização de uma *Humanidade*.

UMWELT E MUNDIVIDÊNCIA

Em Filosofia, há um conceito que reflete bem o caráter desse *Umwelt* expandido e que contém, conseqüentemente, as características da Semiosfera: é a *Mundividência*. A *visão de mundo*, como o termo indica, descreve como um ser humano ou um grupo humano encontra-se inserido em condições sistêmicas complexas. O termo *mundividência* é a tradução do termo alemão *Weltanschauung*, ou "visão do mundo", ou ainda "concepção do Universo", significando "o conjunto de intuições que dominam não só as particularizações teóricas de um tipo humano ou cultural e condicionam toda ciência, como também englobam, em particular, as formas normativas, fazendo das mundividências uma norma para a ação" (VITA, 1964:20).

Podemos supor que há uma multiplicidade de mundividências, determinadas pela Psicologia, pela raça, pela classe social, pela fase histórica e até mesmo pela própria Biologia, diz Vita (1964:20). Ou seja, é nossa opinião que o conceito de *mundividência* contém, em sua complexidade, as raízes do *Umwelt* biológico e as características diversas de semiosferas. A discussão sobre a mundividência, como, por exemplo, feita por Dilthey, leva a concluir que "todo homem, com maior ou menor clareza, reflete sempre, em seu espírito, as relações que ocorrem entre ele e seu ambiente" (VITA, 1964:21). Entendemos aqui que o termo *ambiente* não é meramente aquele físico, mas todos os ambientes que a complexidade humana implica, incluindo aqueles de natureza psicológica e cultural.

A mundividência manifesta-se em três dimensões: a da vontade, a do sentimento e a da racionalidade. Podemos fazer analogias interessantes entre essa configuração triúnica e outras que foram propostas por eminentes pensadores, como, por exemplo, a classificação dos *interpretantes* por Peirce (SANTAELLA, 1995:83), ou seja, o interpretante energético, o emocional e o lógico;

ou ainda, embora em um nível maior de especulação, o modelo triúnico do cérebro humano, proposto por Paul MacLean (1976), ou seja, o complexo reptílico (associado à agressividade e à vontade), o complexo límbico (associado principalmente aos sentimentos e emoções) e o complexo neocortical (fonte da racionalidade e da discursividade). E, em um nível mais complexo ainda e não tão obviamente, a triunidade freudiana, o id, o ego e o superego. Essas analogias talvez sejam mais do que isso: podem estar representando uma isomorfia ou homomorfia entre níveis diversificados da realidade, graças ao crescimento da complexidade: o biológico (MacLean), o psíquico (Freud), o sígnico (Peirce) e o psicossociocultural (mundividência).

Se admitirmos essas idéias, poderemos também admitir a transição em complexidade entre o *Umwelt* biológico para seu estado evolutivo atual, uma *semiosfera mundividente*, a partir daquelas características "brutas" dos sistemas abertos até as características mais sofisticadas dos sistemas humanos. Teríamos, por um lado, a sensibilidade em algum nível da realidade, a *função memória* (BUNGE, 1979:161) e a elaboração do fluxo de informações; no outro, mais evoluído, o surgimento, altamente sofisticado e complexo, de valores.

Quando observamos sistemas abertos, vemos que a sua permanência decorre, também, de três condições: a abertura sistêmica implica sempre algum grau de *sensibilidade*; como decorrência, os sistemas são aptos a internalizar relações em função de seu ambiente, construindo *memórias*; e, finalmente, tornam-se capazes, em função da complexidade obtida, de elaborar essas memórias, a *elaboração*. Memórias constituem formas de autonomia.

Sistemas psicossociais apresentam tais características e, a partir da transição já citada, manifestam três condições de integração entre os níveis dos humanos individuais e aquele do sistema social: acolhimento, que sempre implica uma forma de sensibilidade do sistema acolhedor e daquele a ser acolhido; identidade, que implica que o sistema acolhido encontre seu "lugar" no sistema acolhedor, de tal forma que se torne coerente com ele, e finalmente a gratificação, sendo esta última basicamente a partilha da autonomia do sistema acolhedor com a do sistema acolhido, o que, para os sistemas humanos, consiste prioritariamente na busca do valor (VIEIRA, 2007:107).

A sensibilidade que permite o acolhimento pode ser individual (como a aceitação vinda de um líder do grupo) ou do sistema; é uma forma de conectividade, ou seja, da capacidade que os elementos de um sistema apresentam para estabelecer relações e/ou conexões. Do ponto de vista humano, isso exige as dimensões emocionais e afetivas, não somente a racional. A identidade envolve que, a partir do momento em que o acolhimento parece possível, o elemento acolhido apresente ao sistema sua autonomia, aquilo que ele pode trocar com o sistema, buscando, desse modo, um "lugar" ou "espaço" dentro do grupo: o acolhimento garante a *coesão*, enquanto a identidade garante a *coerência*. Lembramos que, no contexto sistêmico aqui adotado, coesão é característica da estrutura do sistema, enquanto coerência é característica do *todo* sistêmico, logo da organização (VIEIRA, 2000:18). O papel da gratificação é o clímax do processo: acolhido e identificado, o elemento humano pode partilhar com os outros componentes do sistema das formas de autonomia que este apresenta (em uma medida ditada pelo perfil agônico ou hedônico do sistema, como veremos adiante). E, como já citado, a forma de autonomia que um humano sempre busca, muitas vezes manifesta por roupagens diferentes (como salário, fama, poder etc.), é *valor, respeito* e *reconhecimento*.

Dessa maneira, temos a progressiva evolução de formas básicas de autonomia, como energia e informação, para as autonomias biológicas, depois para aquelas psicológicas e, finalmente, a autonomia permitida ou fornecida pelos sistemas sociais e culturais. O conceito de *Mundividência* sugere que a forma mais elaborada de autonomia é o *valor*. As atividades humanas, envolvendo a produção e a criação, bem como os fluxos de informação e os processos de comunicação, visam basicamente produzir e transportar *valores*. Além de autonomias fundamentais como dinheiro, comida, habitação etc., necessitamos de valores sofisticados que podem nos tornar permanentes ou podem, em sua ausência, nos extinguir.

Ou seja, podemos identificar, assim, um aspecto fundamental que pode comprometer a permanência de sistemas humanos: os contrastes e as diferenças entre os *Umwelten* ou *Mundividências* individuais ou de grupos, com a conseqüente demarcação de territórios e a utilização de mecanismos produtores de desvalor para a efetivação da dominação.

AGONIA E PRAZER

Como nos sistemas físicos primitivos do Universo, verificamos que sistemas psicossociais têm sua emergência, na maioria das vezes, comandada por um processo de nucleação. Enquanto protogaláxias e proto-estrelas emergem a partir de colapsos gravitacionais, os elementos humanos também "gravitam" ou são "atraídos" por um elemento nucleador: em vez de uma diferença em densidade adequada, temos geralmente um líder. Existem estudos em Psicologia sobre o perfil de um líder; na Psicologia da ciência (ver, por exemplo, HOLTON, 1979; MOLES, 1971 e CAJAL, 1979) o líder é descrito como um hiperativo, sanguíneo, capaz de realizar uma grande quantidade de trabalho e ainda gerenciar as atividades de seus comandados. Em geral, possui forte personalidade, e é esta mesma que acaba por fascinar, seduzir, atrair elementos que virão a formar a composição de um sistema psicossocial. O líder, assim, por meio do mecanismo de nucleação, é a fonte da *conectividade* sistêmica. E, como ocorre em sistemas de alta complexidade, esse mecanismo não somente atrai, mas seleciona e também expulsa, tendo, portanto, um grande teor de seletividade.

É uma questão interessante saber se um sistema psicossocial necessita, sempre, de alguma forma de liderança para nuclear. Seria possível um sistema humano no qual não houvesse líder ou hierarquias? Seja qual for a resposta, podemos arriscar que um sistema não-hierárquico exigiria, entre outras coisas, que todos do grupo partilhassem as formas de autonomia disponíveis. O que observamos, na maioria das vezes, é o mecanismo de nucleação e a emergência de dois tipos de sistemas: os chamados agônicos e os hedônicos, com variantes de grau entre eles. Tais sistemas têm características dependentes de sua forma de liderança e nucleação. Líderes agônicos irão gerar sistemas agônicos e, correspondentemente, os hedônicos permitem sistemas hedônicos.

O que é a agonia nesse contexto? Imaginemos uma coletividade formada por indivíduos variáveis em sua força e autonomia.

"Em torno do núcleo, do macho dominante, dispõem-se os mais fracos, segundo uma hierarquia bem definida: desses, os mais fortes têm como se atrever a aproximar-se mais do dominante, os mais fracos tendem a se manter afastados. Têm medo, precisam ser cuidadosos, pois esse dominante geralmente é impiedoso" (VIEIRA, 2007:112).

"Tais condições fazem com que o líder seja envolvido por camadas concêntricas de 'subordinados', dispostas, de forma decrescente, de acordo com seus níveis de autonomia e vontade. Os mais fracos ficam mais distantes, porque têm mais motivos para temer o dominante. Mas o sistema é aberto, há um ambiente e nele predadores, que todos do grupo podem ter motivos para temer. O mais fraco não pode abandonar a proteção do grupo e vive assim sob um regime no qual sobre ele atuam dois medos diversos: aquela imposta pelo líder e a imposta pelo meio. Essa é a essência de um sistema agônico" (VIEIRA, 2007:113).

O conceito de hedonismo refere-se ao prazer. Sistemas hedônicos têm sua dinâmica baseada em interações e processualidades que envolvem o prazer e a valorização, com um mínimo de agressividade. Não há, ao que tudo indica, um sistema puramente hedônico. Seriam sistemas nos quais a forma de liderança seria selecionada pelos elementos do grupo, em vez de alguém impor seu poder, e em que os elementos do sistema conseguem manter uma proximidade bem maior e a conseqüente oportunidade de partilha mais ou menos igualitária da autonomia. Isso não implica a completa quebra da hierarquia, mas esta surge bem "suavizada" (quando, num grupo pacífico de primatas, um coça algum outro, sempre há os que coçam e aqueles que são coçados).

Nesse sistema, os indivíduos não precisam temer os outros ou o líder. E, em um sistema desse tipo, nucleado por um líder hedônico, este preserva valores e os respeita e distribui, garantindo, assim, uma forma de liberdade criativa para seus liderados.

O que observamos na espécie humana é uma supremacia de formas agônicas em todas as escalas, desde o ambiente familiar até o ambiente de grupos de pesquisa. Por que é assim, parece-nos ser uma questão evolutiva: ambientes hostis tendem a provocar a agonia, e a história do ser humano talvez tenha tido uma característica desse tipo. Ainda hoje, é difícil descrever com alguma precisão a emergência do hominida, mas já entre os primatas encontramos traços da agonia, a única exceção talvez sendo aquela dos chimpanzés bonobos. Gostaríamos aqui de enfatizar que não estamos praticando reducionismo: não é nossa idéia entender o comportamento humano a partir de aspectos e processos aparentemente só biológicos; nossa intenção é, na verdade, evitar outra forma de reducionismo, que diria ser o comportamento humano uma questão puramente cultural. Nossa proposta é que há uma complexidade no comportamento humano, apoiada na Biologia, na Psicologia, na Sociologia e finalmente na Cultura.

Ou seja, acreditamos que toda forma de *subjetividade* tenha uma raiz, evolutiva, de caráter *objetivo*. Só faz sentido estudar o comportamento humano levando em consideração o que um ser humano é: um animal dotado de um neocórtex extremamente desenvolvido, em relação aos demais. Sem cérebro, não há cultura. Sem indivíduo ou elemento, ou seja, composição, não há sistema. O ser humano, como outros animais, é um animal em transição.

Quando falamos de problemas de qualidade de vida e de ecologia, geral ou humana, encontramos na agonia uma fonte sempre presente, reforçada pela já citada diferença entre os *Umwelten* dos vários seres humanos. Para a espécie humana sobreviver, ela deverá aprender a lidar com a complexidade; para isso, será necessária a construção de sistemas em que haja uma efetiva partilha de saberes diversos, o que chamamos de *interdisciplinaridade* e, se possível, uma *transdisciplinaridade*, a emergência de novos saberes. A solução para isso, que parece atualmente a mais óbvia, é a transição de conhecimentos muito especializados para conhecimentos mais gerais e complexos, no contexto de uma Ontologia Geral (lembramos aqui que as ciências, "normais", são ontologias regionais). Na prática, isso implica educar pesquisadores para que possam adquirir visão ontológica, além de suas especialidades, e também estimular o trabalho em grupo.

Ensinar pessoas ao ponto em que possam abandonar o conforto de uma especialização e, convencê-las a um convívio que implica interesses intelectuais diversos, repertórios e "dialetos" diversos, nítidas demarcações de territórios (intelectuais e de poder), que sempre acarretam o jogo cruel das desvalorizações recíprocas, isso é que acreditamos ser o principal problema para uma nova educação e uma efetiva melhoria de qualidade de vida. Muitos grupos de pesquisa funcionam por meio da dinâmica agônica, conseguindo produzir "sob pressão". Se, para um grupo uniforme em interesses e tipos de saber, essa dimensão agônica tem facilidade em se instalar, como isso pode ocorrer na tentativa de conciliar grupos diversos?

Como sempre, acreditamos que a solução tem de ter um caráter hedônico. Ou seja, nas estratégias educacionais e de ensino e orientação, é necessário que haja um esforço na construção de uma atmosfera prazerosa e valorativa. Essa proposta de solução, na verdade, aplica-se aos vários sistemas humanos: não só cientistas necessitam aprender convivência, mas as famílias, os grupos sociais de vários tamanhos e níveis etc. Mas uma coisa parece definitiva: educação é o melhor mecanismo para a transição da agonia para o hedonismo. É necessário educar os mais intelectuais e o povo, de maneira geral.

ÉTICA E EDUCAÇÃO

Quando observamos o complexo sistema psicossocial em que estamos imersos, notamos ser inexorável a necessidade da dimensão ética a nosso cotidiano. Sempre colocada como aquela área da teoria dos valores que aparentemente só importa aos níveis mais elevados da semiosfera, aplicável só e exclusivamente aos sistemas humanos, a ética sempre foi talvez a esfera de ação mais difícil para nós e, talvez por causa disso, a mais enganosa, duvidosa e manipulável pelo poder da semiose complexa, acessível aos mais afortunados por meio da educação e sempre distanciada dos que não conseguem acessar tal complexidade.

Em um país pobre e no qual o conhecimento é rotulado como objeto de desvalor, o que facilita sobremaneira os processos de dominação e escravidão, a ética passa a ser um artigo de luxo, só permitida de forma relativa, nunca absoluta. A tese dos níveis relativistas dos valores tem sido muito usada para justificar omissão ou aplicação de mecanismos preservadores da ética, assim como a manipulação do termo ao longo dos processos de degradação a que temos assistido no mundo inteiro.

A grande questão é que a ética não é meramente o resultado de uma semiose complexa pertinente aos mais complexos seres vivos: ela é fundamental para a permanência desses sistemas em um sistema universal, o que sugere que a necessidade da dimensão ética está implantada ao longo dos ciclos evolutivos universais, inclusive aqueles anteriores aos seres humanos. Sob o ponto de vista do idealismo objetivo em Charles Sanders Peirce (1839-1914), por exemplo, há uma exigência básica de permanência dos sistemas no Universo, ao que tudo indica comandada pela evolução e produção de entropia no mesmo. Tal processo, global e termodinâmico, gera os intrincados ciclos de semiose (a ação do signo), que, ao longo do tempo, adquirem, no domínio do nosso conhecimento, o máximo de complexidade na emergência dos sistemas vivos e, dentre eles, no chamado *Homo sapiens*. E os traços materiais, concretos, de uma necessidade ética primitiva surgem no comportamento das espécies vivas que partilham uma função necessária à permanência do ser vivo: a preocupação com a prole (e, em alguns casos, com qualquer prole).

Sabemos muito bem, no domínio da semiose humana, o que isso significa e implica. O filhote humano, ao nascer, talvez seja potencialmente a maior complexidade conhecida e é, ao mesmo tempo, a mais frágil e desprotegida. Grandes escalas de tempo são necessárias ao estabelecimento da complexidade e, durante tais intervalos temporais, esse tipo de filhote é completamente indefeso e exposto. Só consegue chegar a uma idade que lhe permita alguma autonomia se, até lá, um ser mais capacitado em permanência o acolha e auxilie. Todos os cuidados básicos que uma criança necessita para sobreviver, ser alimentada (não somente dispor de alimentação), ser limpa, ser protegida, entre outros, são ofertados por outro ser vivo (quase sempre outro humano) que venha a se preocupar com ela. Os pais normais chamam a isso amor. E, inegavelmente, é uma forma de amor; sabemos que existem seres humanos que são capazes de sacrifícios até por outros seres que lhes são estranhos, o que é uma forma de amor bem mais acentuada. Observada não só em humanos, mas também em algumas espécies vivas mais "primitivas", a capacidade de preocupar-se com a prole é um indício biológico de uma função de alto nível, que é a capacidade de amar. E essa é uma função elaborada que garante a permanência da alta complexidade. Preocupar-se com o outro, permitir que o outro venha a ser em alguma plenitude, significa, afinal, valorizar o outro. Todo ato de amor e aceitação é um ato de valorização.

E esse é o domínio mais intenso da Ética.

Peirce, ao se preocupar em organizar as várias áreas de conhecimento, segundo a arquitetura de seu sistema filosófico, colocava em primeiro lugar a Estética (a capacidade de um observador encantar-se com o mundo) e, por decorrência, a Ética (o admirável necessita ser amado, se vai ser vivido ou conhecido por alguém). Só após colocava todos os campos do conhecimento como concebidos pelos seres humanos (seu sistema filosófico hierarquizava os campos de conhecimento começando com a Filosofia, a Fenomenologia e as Ciências Normativas, essas últimas contendo Estética, Ética e Semiótica ou Lógica; e, após, o que ele chamava Ciências Especiais). Segundo a análise de Santaella (1992: 128), "o bem moral aparece como uma espécie particular de bem estético, ao mesmo tempo em que o bem lógico seria uma espécie de bem ético. Daí a Lógica ou a Semiótica ter sido definida como a Ética do intelecto, assim como a Ética poderia muito bem ser definida como a Estética da ação".

A associação direta da ética com a capacidade de amar pode parecer para muitos, ciosos da precisão e objetividade do método científico, uma colocação algo piegas em meio a discussões técnicas sobre Ecologia e Educação Ambiental. E, repetimos: o termo tem sido bastante desgastado a partir das últimas "aventuras" no cenário e bastidores de nosso país, principalmente. Acontece que temos tido a necessidade de discutir Ecologia e Educação Ambiental não meramente como exercício ou luxo intelectual, mas porque temos uma quase plena consciência de que, se "algo" não for feito, todas as espécies vivas, incluindo a nossa, estarão ameaçadas de extinção. O que deve ser sempre decidido em primeiro lugar não é o que fazer, mas se vale a pena fazer alguma coisa. Essa é uma questão axiológica, ética, que envolve decisões sejam biófilas ou necrófilas.

Temos percebido em muitos sistemas humanos um comportamento que sugere que, para eles, consciente ou inconscientemente, não vale a pena fazer seja lá o que for; que o que deve ser feito é o que garanta prazer e poder a alguns e de forma imediata, porque, afinal, os indivíduos só vivem a própria vida, e não a dos outros, notadamente aqueles que estão em um possível futuro. Mas, ao mesmo tempo, percebemos que muitas vezes uma imensa maioria (e não alguns citados) simplesmente nem percebe o que acontece, mesmo sofrendo as já presentes conseqüências dessa forma de necrofilia.

Acreditamos que este é efetivamente um problema de educação, extremamente difícil, porque não envolve só o que é ensinado em uma escola ou o que um especialista consegue exprimir, em meio aos processos de comunicação viciados e tendenciosos; é difícil porque exige educação na acepção mais completa e por isso mesmo complexa do termo. Como levar ao povo o conhecimento necessário para que este possa avaliar, julgar e participar de questões como a necessidade de preservação de um ecossistema e, ao mesmo tempo, a necessidade de exploração de recursos naturais? Como conscientizar o povo (e a maioria de seus governantes) da necessidade de resolver uma equação que, de um lado, põe lucro, poder e prazer e, do outro, o trabalho insano e necessário da busca por novas alternativas na produção de energia que avilte ao mínimo o tão citado meio ambiente?

Bronowski (1992:34) e outros já falavam da responsabilidade que os cientistas têm, diante da sociedade, de avaliar eticamente seu trabalho e suas conseqüências, já que eles são os poucos privilegiados que pensam ou que pelo menos o povo acha que assim o fazem com sucesso:

"Se o público começar a ser realmente bem informado, o próximo passo a dar será bastante facilitado. Se aceitarmos como melhor via a validade das eleições democráticas, e que o processo democrático só pode ser servido se tivermos um público realmente bem informado acerca das questões científicas de que depende o destino de todas as nações, então o dever de cada cientista é bastante claro: informar o público. O dever de todo cientista é criar uma opinião pública capaz de ponderar os programas políticos em estudo. Para isso, o cientista deve partilhar os seus conhecimentos com este público."

Sabemos também que alguns cientistas preocupam-se com as conseqüências de suas pesquisas, mesmo quando elas ainda não apresentaram conseqüências tecnológicas que possam alimentar interesses econômicos e uma conseqüente degradação de qualidade de vida. Mas sabemos também como os mecanismos de poder são eficientes em ocultar ou ridicularizar (para melhor dominar, nada melhor que desvalorizar) tais pessoas, quando estas chegam a atingir o público dito leigo.

O enorme e necessário processo de educação, que venha a permitir ao sistema psicossocial perceber, avaliar e tentar controlar os riscos que corre, envolve toda uma mentalidade, principalmente nos meios de comunicação; e, pelo menos do nosso ponto de vista, isso não é algo que vá ocorrer de forma planejada. Simplesmente não há ainda o contexto necessário para tal. Não queremos dizer, em absoluto, que não são válidas as tentativas de conscientizar pessoas ou discutir questões, como, aliás, fazemos nesta publicação; o que frisamos é que essa tarefa é muito mais individual e trabalhosa do que as atividades que desenvolvemos em nossos "nichos" oficiais de atuação. E mais: que, infelizmente, só a mais profunda necessidade é que escreverá em nosso sofrimento (principalmente em nossos filhos) o que deve ser feito e as direções para consegui-lo.

O que podemos dizer, quanto a isso, não é muito: além de todo o esforço racional exercido pelas pessoas interessadas no problema, ainda muito presas ao ambiente universitário e de algumas escolas, necessitamos sinceramente fazer o possível e tentar apresentar isso como exemplo. A questão da sobrevivência na perspectiva da Ecologia é exatamente a questão da Educação, que, todos sabem, encontra-se em situação aviltante. Com algum esforço, podemos passar conceitos em Ecologia e preservação ambiental às pessoas não-habituadas ao pensamento articulado ou treinado. Mas como ensiná-las que vale a pena preservar a vida dos que ainda não nasceram, se a maioria não consegue perceber o valor dos que já nasceram e estão condenados ao não-ser? Como converter as pessoas à necessidade de uma Ecologia Humana, que depende de toda a Ecologia?

CONSIDERAÇÕES FINAIS

Sabemos que a crise atual é uma crise de valores. Sabemos que processos políticos e econômicos podem destruir ou restaurar valores; podem dominar ou libertar. Mas, do ponto de vista de um sistema efetivamente social, saúde, política e economia dependem diretamente de educação. Segundo Bunge (1980:19), um sistema social é composto por quatro subsistemas: o biológico (incluindo material humano e sistemas de saúde, nutrição etc.), o cultural (envolvendo educação), o econômico e o político. E, segundo ele, não há como permitir efetivamente uma sociedade sem investir em todos os quatro ao mesmo tempo. Embora concordemos com essa postura sistêmica, achamos que o subsistema educacional ainda é o mais básico, por investir na qualidade humana dos médicos, comerciantes, políticos, economistas etc.

Todo o esforço deve ser voltado para esse subsistema particular; o estabelecimento, por exemplo, de disciplinas associadas ao meio ambiente nas escolas é um bom caminho, mas, para que isso venha a funcionar, é necessário que esses assuntos sejam ensinados com amor e responsabilidade, é necessário alunos vivos e com proteínas suficientes para que possam entender o que está sendo ensinado. E responsabilidade, alunos vivos e proteínas dependem de pessoas realmente educadas. Na verdade, indivíduos lutarão pela vida, independentemente de sistemas ideológicos e/ou políticos, quando estiverem conscientes de um valor intrínseco e pertencente a todos de forma indiscriminada: somos emergências organizadas do Universo, devemos a ele nossa permanência limitada no tempo e a permanência, mais duradoura, de uma Humanidade. Só os que de alguma maneira conseguem perceber isso é que podem, independentemente de instituições educacionais, políticas etc., arcar, na solidão de suas individualidades, com a responsabilidade de permitir outros seres humanos. E só a educação e a valorização do conhecimento é que podem forjar tais pessoas. Só os que, de alguma maneira, chegaram a atingir esse nível de complexidade é que podem tentar, mesmo quando indivíduos, melhorar o meio ambiente sígnico, de tal forma que os demais processos sejam possíveis. Eles retirarão suas forças da afetividade, se possuírem tal fonte. Ou seja, uma Ética básica depende diretamente da capacidade de amar de alguns; embora isso ainda pareça demasiadamente frágil, é, na verdade, o que nos resta tentar efetivamente.

REFERÊNCIAS

BRONOWISKI, Jacob. *A responsabilidade do cientista e outros escritos*. Lisboa: Publicações D. Quixote Ltda., 1992.
BUNGE, Mario. *Treatise on Basic Philosophy – Ontology I: The furniture of the World*. Dordrecht-Holland: D. Reidel Publishing Company, 1977.

_____. *Treatise on Basic Philosophy – Ontology II: A World of Systems*. Dordrecht-Holland: D. Reidel Publishing Company, 1979.

_____. *Ciência e desenvolvimento*. Belo Horizonte: Ed. Itatiaia, 1980.

CAJAL, Ramón y. *Regras e conselhos sobre a investigação científica*. São Paulo: T.A. Queiroz, Ed., 1979.

GAL-OR, Benjamim. *Cosmology, Physics and Philosophy*. New York: Springer-Verlag, 1983.

HOLTON, Gerald. *A imaginação científica*. Rio de Janeiro: Zahar Ed., 1979.

LOTMAN, Iuri M. *La semiosfera – Semiótica de la cultura y del texto*. Desidério Navarro (Org.), Madri: Cátedra, v. I., 1998.

MACLEAN, Paul. "The imitative-criative interplay of our three mentalities". In: HARRIS, H. Ed., *Astride of two cultures*. New York: Random House, 1976.

MOLES, Abraham. *A criação científica*. São Paulo: Ed. Perspectiva, 1971.

MORIN, Edgar. *O método – Vol. III: O conhecimento do conhecimento*. Mira-Sintra: Publicações Europa-América Ltda., 1977.

PRIGOGINE, Ilya e STENGERS, Isabelle. *A nova aliança*. Brasília: Ed. UNB, 1984.

SANTAELLA, Lúcia. *A assinatura das coisas*. Rio de Janeiro: Imago Editora, 1992.

_____. *A Teoria Geral dos Signos: Semiose e autogeração*. São Paulo: Ática, 1995.

UEXKULL, Jakob von. "A Stroll Through the Worlds of Animals and Men". *Semiotica* (Special Issue), Berlim, 89-4, 1992.

VIEIRA, Jorge de A. "Organização e sistemas". *Informática na Educação: Teoria e Prática / Programa de Pós-Graduação em Informática na Educação*, v. 3, n. 1. Porto Alegre: UFRGS, p. 11-24, 2000.

_____. *Ciência – formas de conhecimento: arte e ciência. Uma visão a partir da complexidade*. Fortaleza: Expressão Gráfica e Editora, 2007.

VITA, Luiz Washington. *Introdução à filosofia*. São Paulo: Ed. Melhoramentos, 1964.

CAPÍTULO 9

A CRISE DE SENTIDO E O FUTURO DAS ORGANIZAÇÕES NA SOCIEDADE DO CONHECIMENTO

Arnoldo José de Hoyos Guevara
Vitória Catarina Dib

É esta a verdadeira alegria da vida, ser usado para um propósito que se considera elevado, ser uma força da natureza que faz de tudo para tornar o mundo mais feliz.
G.B. Show

RESUMO

Ao longo do processo da civilização humana e de sua organização em sociedade, o significado e sentido da vida individual e coletiva têm sido uma meta de difícil alcance, pois cada vez mais nos sentimos perdidos em meio às exigências do mundo moderno que passa por uma profunda crise de valores. A Filosofia, desde os antigos gregos até o pós-modernismo, a Sociologia e a Antropologia desde a sua primeira concepção por clássicos como Karl Marx e Max Weber, chegando aos observadores das necessárias transformações sociais contemporâneas como Fritjof Capra, Domenico De Masi, Manoel Castells e Edgar Morin, as ciências da Psicologia com Jung, Viktor E. Frankl, e mais recentemente Daniel Goleman e Ken Wilber, assim como estudiosos da administração como Peter Drucker e Peter Senge, têm contribuído para o desvendamento desse mistério, que se resume em um despertar da consciência humana em relação a princípios fundamentais da vida, relacionados a ética global e sustentabilidade planetária, capital social, solidariedade e compaixão. O reconhecimento da natureza humana nas organizações, de acordo com Ubiratan

D'Ambrosio, transcende a necessidade de conhecimento para a sobrevivência: o homem de uma sociedade em rede globalizada, funcionando em tempo real, precisa do autoconhecimento e de ambientes mais humanos para sua plena auto-realização. Estamos na aurora da Era Consciente.

> "... Por muito tempo temos sonhado um sonho do qual estamos despertando agora: o sonho é que se simplesmente melhorarmos a situação socioeconômica das pessoas, tudo estará bom, as pessoas serão felizes. A verdade é que, conforme superamos a luta pela sobrevivência, surge o questionamento: sobreviver para quê? Mais e mais pessoas hoje têm boas condições de vida, mas não têm sentido para viver."
>
> Viktor E. Frankl

INTRODUÇÃO: A CRISE DE SENTIDO E O SENTIDO DA CRISE

"A saúde nas Corporações está cada vez mais deteriorada, como mostra a pesquisa realizada pelo Hospital Albert Einstein em 2006, demonstrando o lamentável estado de doença em que se encontravam 400 presidentes das principais empresas brasileiras. Como é possível se pensar em sustentabilidade corporativa se seus dirigentes são pessoalmente insustentáveis?", pergunta o Dr. Fernando Bignardi, consultor em sustentabilidade e saúde corporativa, e responsável pelo Núcleo de Estudos sobre Medicina Transdisciplinar da UNIFESP. Mesmo que o PIB americano tenha triplicado nos últimos 50 anos, cerca de 33% da população, somente, continua se sentindo muito feliz. Pesquisas recentes mostram que no Reino Unido 81% da população considera que o governo deveria se preocupar em melhorar mais o bem-estar do que a riqueza do país (WHITE, 2007). O movimento recente na área da Psicologia Positiva liderado por Seligman (www.ppc.sas.upenn.edu), o desenvolvimento de Indicadores de Bem-Estar Subjetivo e de Felicidade coordenado por Diener (www.psych.uiuc.edu/~ediener), a New Economic Foundation (www.neweconomics.org) e livros recentes como *Dinheiro e Vida*, de Vicki Robin (2007), são um sinal da Aurora dos Novos Tempos, em que temas relacionados a Qualidade e Sentido da Vida se tornam cada vez mais relevantes.

Porém, nos dias de hoje, ainda vivemos no mundo, e em particular no Brasil, em meio a uma crise social, econômica, ambiental e, principalmente, moral. Uma crise caracterizada pela fragmentação do conhecimento e fragilidade das relações, aliada a uma necessidade de se adaptar a novos contextos com criatividade, resiliência, rapidez e flexibilidade cada vez maior. Esse estilo e ritmo de vida desarmônico não facilitam – e muitas vezes desfavorecem – a possibilidade de termos momentos de reconexão e sincronização interior, indispensáveis para dar sentido a nossas vidas, definir ou reformular nossa missão, visão e valores pessoais, e procurar alinhamento no dia-a-dia, em nossa teia da vida, e em particular em nossas organizações. No entanto, conforme a tradição taoísta, crise (Chen) pode significar oportunidade, um distúrbio criativo. O fato é que mais e mais pessoas estão percebendo o trabalho de outra forma e se preocupando com a qualidade de vida – inclusive nos últimos tempos, parece haver uma busca geral por mais sentido e realização.

A busca de sentido percorre nossa vida e nossa história. Do ponto de vista da filosofia e da evolução do pensamento humano no Ocidente, observamos que, na Antiguidade, ao se destituir de poder o mundo dos mitos, o ser humano estava em busca de explicações sobre seu devir. Desde os pré-socráticos, as teorias do conhecimento que se desenvolveram, passando pelas atualizações de figuras como Santo Agostinho e Santo Tomás de Aquino até Kant e os existencialistas mais modernos, todos procuravam superar a crise de sentido por meio de uma compreensão maior da realidade, conciliando fé e razão, idealismo e realismo. Na verdade, a separação entre fé e razão, antropocentrismo e interesse pelo saber na época do Renascimento, que, após os gregos, representou um segundo salto na evolução do pensamento ocidental, levou a um questionamento sobre o que é o conhecimento e, conseqüentemente, o que é a vida. Surgiram, então, as teorias racionalistas com René Descartes, e as empiristas, com John Locke e David Hume. Kant procurou superar essa dicotomia tomando como premissa o ideal iluminista da razão autônoma e procedeu à análise crítica da própria razão, concluindo que o conhecimento só é possível pelo conjunto de duas fontes: a sensibilidade e o entendimento. Por fim, com a revolução científica e, principalmente, com os avanços mais recentes, vimos florescer o positivismo, o individualismo, o narcisismo e o pragmatismo exacerbado, e conseqüentemente o abandono gradual de princípios e valores universais. No entanto, talvez, após Kant e Spinoza, tenha sido Hegel com sua Fenomenologia do Espírito quem melhor sintetizou a evolução de nosso pensamento em termos de dar sentido à busca de sentido, pois, para ele, essa busca é a mais clara manifestação de nosso próprio ser em devir.

A tentativa de se alcançar relacionamentos e ambientes mais humanos e generosos, e um sentido de vida que resgate os antigos valores do Bom, do Belo e do Verdadeiro, ultrapassam o âmbito da filosofia. Assim, há uma nova perspectiva a ser aprendida com a logoterapia de Viktor Emil Frankl (1946), segundo a qual: "Tudo pode ser dispensado pelo homem, exceto uma coisa: a habilidade para selecionar atitudes de acordo com as circunstâncias, para escolher seu próprio caminho." Nessa perspectiva, seja qual for a situação, sano é quem aceita a mudança e não espera alegria por direito. Segundo a abordagem dessa psicologia existencial, a dimensão noológica ou existencial é tão importante quanto à abordagem biológica ou a psicológica. Lembramos também Ubiratan D'Ambrosio, para quem o ser humano sempre buscou conhecimento tanto para sobrevivência quanto para transcendência; Humberto Rhoden, segundo o qual a busca do autoconhecimento e auto-realização é nosso caminho para alcançar a Consciência Cósmica; Jung e seu processo alquímico de expansão de consciência na busca da individuação; as regras ou cânone de São Bento, o primeiro sistema completo de administração do mundo ocidental que revela segredos de liderança, sugerindo a busca da identidade (autenticidade), transcendência e Paz como princípios norteadores de nossa caminhada e convívio fraterno; e, mais recentemente, a proposta da Economia da Comunhão (BRUNI, 2005) de Chiara Lubich (www.focolares.org), baseada em uma ética da solidariedade; e a Associação Brasileira de Qualidade de Vida (www.abqv.org.br), que representa no Brasil o World Kindness Movement (www.worldkindness.org.sg), promovendo amabilidade e gentileza interpessoais.

A BUSCA DE SENTIDO NO MUNDO DO TRABALHO

No contexto do mundo do trabalho na modernidade – com o desenvolvimento da automação, da racionalização do trabalho e dos estilos burocráticos de administração –, os efeitos da perda de sentido vêm afetando diretamente o dia-a-dia das pessoas e empresas, produzindo estresse físico e intelectual, bem como doenças afetivas que acabam minando a saúde pessoal e organizacional. Por outro lado, o surgimento, no final do século passado, de um novo perfil de trabalho e trabalhador mais criativo e empreendedor está fazendo com que se procure, de alguma maneira, neutralizar os efeitos de tal perda de sentido, uma vez que a *des-razão* e alienação progressiva induzida na e pela sociedade de consumo parecem não mais satisfazer aos anseios do ser humano e da sociedade, a qual começa a despertar para a importância de uma qualidade de vida atrelada necessariamente a um estilo de vida mais harmônico e a um desenvolvimento mais sustentável. O homem, após se questionar sobre o *como* e *para quem* no mundo do trabalho, se preocupa cada vez mais com o *porquê*, e *para quê*.

As empresas como organismos vivos multicelulares estão se tornando interna e externamente mais permeáveis, como resultado dos processos de globalização e os acelerados avanços nas TICs (Tecnologias da Informação e Comunicação), que fazem parte desse despertar individual e coletivo, e aos poucos estão percebendo a importância do sentido da vida nos ambientes de trabalho por parte de seus líderes, gestores e demais funcionários; e existem organizações que realmente estão buscando meios para que seus *stakeholders* possam encontrar respostas às suas perguntas mais profundas, buscando motivação para a vida, de modo que possa haver uma integração da vida e dos desejos pessoais que se desenrolam no cotidiano dos locais de trabalho. Quando se reúnem para redefinir sua missão, visão e valores, ou quando pensam no *triple bottom line*, como base de seu planejamento estratégico, ou promovem a ética e a responsabilidade social para além do objetivo mercadológico, as organizações estão tentando se adaptar a uma nova ordem com uma nova consciência, mesmo sem querer ou sem saber.

Ao pensar sobre a crise de sentido que permeia o mundo do trabalho hoje, percebemos a existência de problemáticas profundas: se existe realização profissional quando atendida a vocação íntima do indivíduo, ou se só existe sucesso profissional quando se atende a uma necessidade do mercado de trabalho; aliás, muitos executivos hoje em dia procuram uma pós-graduação *stricto sensu* não necessariamente por vocação acadêmica, mas como uma forma de escapar de um contexto de vida, o que podemos considerar um tipo de crise existencial. Porém, a resposta a essas problemáticas está nas relações que a pessoa estabelece com seu mundo interior e com seu mundo exterior; de fato, o alinhamento entre esses mundos é algo que requer tempo (Kronos) e oportunidades de crescimento (Chairos); no Budismo, estar onde você não quer, ou não estar onde você quer, são manifestações do sofrimento ou insatisfação (Duka) que fazem parte da natureza humana.

Um desafio premente para o futuro, sempre presente em nossa vida, está em conciliar as concepções essencialistas da natureza humana, a qual acredita em seres dotados de uma essência comum em todos os tempos, de natureza humana universal, com as concepções existencialistas, segundo as quais é nas relações sociais que as pessoas criam valores e definem objetivos de vida, e perceber que é a partir dos desafios encontrados nas relações com outros e na realização das atividades que as pessoas produzem a própria existência. O existencialista Martin Buber, com suas idéias sobre a filosofia do diálogo e o clássico livro *Eu e Tu*, é um excelente exemplo de humanismo e de integração entre reflexão e ação.

VIVER PARA TRABALHAR OU TRABALHAR PARA VIVER?

Em seu livro sobre o ócio criativo, o sociólogo contemporâneo do trabalho, Domenico De Masi, declara que no futuro não deverá haver mais separação entre trabalho, lazer e estudo; na verdade, estamos já no início de uma nova era na qual cada um de nós precisa assumir o próprio caminho de forma proativa. No entanto, no momento, ainda vivemos uma mistura entre Era

Agrícola, Industrial e Pós-Industrial, observando que, devido às disparidades socioeconômicas e aos contextos culturais desfavoráveis, ainda persistem em alguns setores condições de trabalho desumanas.

Na antiguidade grega, trabalho era o que os escravos realizavam sem pagamento algum (seja do ponto de vista material ou psicológico); desse modo, nenhuma pessoa de status mais abastado desejava trabalhar. Hoje, contrariamente, divulga-se a importância do trabalho voluntário no sentido de prestação de serviço para o bem comum, e inúmeras instituições em diferentes áreas (não só as religiosas) procuram arrebanhar seres humanos no treinamento e desenvolvimento da boa vontade.

Para entender a evolução do trabalho e seu sentido, podemos recorrer ao momento da evolução do ser humano, em que foi articulada a linguagem que possibilitou ao homem realizar abstrações e, assim, surgiram a técnica e o trabalho. Da capacidade humana de pensar, diz-se que advêm o conhecimento especulativo e o prático. Enquanto o conhecimento prático se fundamenta no domínio do agir e no domínio do fazer, o fazer, por sua vez, está impregnado do agir, da intenção, das capacidades, habilidades, possibilidades, anseios, necessidades humanas, crises no momento do fazer e no por que fazer. Então, o produto final, que é o resultado do fazer, sai marcado pelo agir. Em outras palavras, o trabalho humano retrata, incorpora, manifesta a forma da racionalidade e da irracionalidade humana. O trabalho é um processo de vida que se dá nas e pelas relações (E. Morin, *homo faber*); em particular, Marx considera o trabalho uma relação entre o homem e a natureza, sendo que o homem representa o papel de potência natural para a transformação da natureza e de si próprio. Na concepção de Marx, os seres humanos são seres práticos e definidos pela produção e pelo trabalho coletivo, o que não significa haver, de um lado, a essência, e, de outro, a existência humana, nem seres dotados de uma essência comum em todos os tempos. Nas relações sociais, as pessoas criam valores e definem objetivos de vida a partir dos desafios encontrados nas atividades pelas quais produzem a própria existência. Trabalho, então, é relação!

Seria o trabalho vocação? Max Weber, em *A ética protestante e o espírito capitalista*, esclarece que a ascese religiosa influencia a produtividade, entendendo o trabalho como inspirado por Deus, uma vocação divina, um compromisso com nossa redenção pessoal. O trabalho no contexto da ética protestante representa o mais alto instrumento de ascese, pois é o preventivo específico contra todas as tentações. Desse ponto de vista, o trabalho identifica-se com a própria finalidade da vida, e, por exemplo, a falta de vontade de trabalhar é um sintoma de ausência de estado de graça. Segundo os calvinistas, Deus permite que muitas pessoas permaneçam pobres porque sabe que elas não estariam aptas a resistir às tentações que as riquezas podem proporcionar. A pobreza asseguraria a obediência a Deus. Essa posição doutrinária favoreceu as teorias da produtividade por meio de baixos salários e a glorificação dos mais ricos e produtivos. Em Weber, o surgimento do capitalismo não é automaticamente assegurado só por condições econômicas específicas, como em Marx, mas há uma segunda condição. Essa condição pertence ao mundo interior do homem, isto é, existe forçosamente um poder motivador específico, que é a aceitação psicológica de idéias e valores favoráveis a essa transformação.

Domenico De Masi em *A sociedade pós-capitalista* (1999), por outro lado, observando a realidade de uma futura sociedade que está em formação, dá a perceber que o tempo das burocracias está morrendo; para ele, os fatores principais dessa mudança foram: o progresso tecnológico, o desenvolvimento planejado, a globalização, a escolarização das massas. As principais conseqüências socioeconômicas dessas mudanças são: o desenvolvimento demográfico, a longevidade (aumento da expectativa de vida), o aumento do período de vida útil após os 50 anos, o desenvolvimento sem trabalho (automação), o aumento do tempo livre, a desestruturação do tempo e do espaço, o surgimento de novos valores, o surgimento de novos temas sociais, novos luxos (objetos de desejo), novas misturas, conexões entre estudo, trabalho e tempo livre (o ócio criativo), a mistura do nomadismo com a acomodação. A sociedade pós-industrial, que emerge no mundo tecnologicamente globalizado, cujas operações dependem do saber lidar com informações e conhecimentos, precisa de flexibilidade, criatividade, trabalho em equipe, imaginação, realização, abertura, autonomia, democracia, estética, valores femininos, além de aprender a lidar com a incerteza.

O novo perfil de trabalho e trabalhador valoriza cada vez mais a capacidade empreendedora e criativa, entendendo-se que criatividade pressupõe imaginação e realização, e está às voltas com o conhecimento que vem do interior e o conhecimento da realidade vivida. Segundo De Masi, a criatividade possibilita que a sociedade projete e determine o próprio futuro, porque permite desenvolver imaginação/pensamento e concretização, idealizações individuais e coletivas, criatividade de grupo, carisma na liderança e clima organizacional marcado por entusiasmo. De Masi, em *Criatividade e grupos criativos* (2003), mostra que a maior parte das criações humanas é obra de grupos e de coletividades em que cooperam personalidades realistas e personalidades fantasiosas, motivadas por um líder carismático, por uma meta compartilhada. Talvez na sociedade pós-industrial, os dois opostos, o fantasioso e o concreto, possam finalmente chegar a uma síntese feliz. De Masi estuda as dinâmicas secretas do processo criativo, especulando se seria possível aumentá-lo e colocá-lo em sintonia com a eterna aspiração humana pela felicidade, que, para Humberto Rhoden, só é possível atingir por meio do autoconhecimento e da auto-realização.

O novo perfil de trabalho atual parece favorecer que o ser humano possa compreendê-lo como uma ação dirigida por finalidades conscientes, por meio da qual nos tornamos capazes de transformar a nós mesmos e a realidade em que vivemos, e a superar crises de sentido que a herança histórica e cultural nos legou. Quando pensamos em trabalho humano, percebemos que o pensar, agir e fazer são inseparáveis, pois toda ação humana procede do pensamento e todo pensamento é construído a partir de ações. A capacidade de alterar a natureza por meio da ação consciente torna a condição humana delicada. Por sua própria capacidade de reflexão e escolha, o ser humano se torna ambíguo e instável em seu pensar, em seu sentir e em seu fazer. Pelo menos para o mundo, e para o bem ou para o mal, somos aquilo que fazemos (ou deixamos de fazer), e fazemos aquilo que somos.

Para finalizar, segundo a tradição hassídica, a importância de ter dinheiro, e portanto, trabalhar, é explicada pela importância de se poder ter tempo para estudar e se desenvolver espiritualmente (N. Bonder, *A Cabala do Dinheiro*, 2004). Portanto, podemos dizer que é necessário trabalhar para viver, porém viver mais criativamente, viver mais plenamente. Segundo De Masi, a sociedade consumista persegue poder, dinheiro e sucesso; porém, a essas necessidades quantitativas, se contrapõem as de essência qualitativa como introspecção, amizade, amor, diversão, convivência.

CRISE DE VALORES

Somos movidos para fazer o que fazemos de acordo com uma escala de valores. O valor é como se fosse um critério que orienta a ação do indivíduo ou de uma sociedade. Os valores são conceitos, crenças, estados finais ou comportamentos desejados pelos seres humanos. Os valores guiam o comportamento do indivíduo em relação ao que lhe é mais importante (AGLE & CALDWELL, 1999). Os valores resultam das relações que os seres humanos estabelecem entre si e com o mundo em que vivem, a partir de suas experiências de vida. As experiências variam conforme o povo e a época (espaço e tempo); assim, tamanha é a diversidade de costumes entre os povos e, conseqüentemente, a forma de pensar que fundamenta os valores em diferentes tempos e lugares. Os valores são herdados da cultura, e nossa primeira compreensão da realidade se fundamenta no solo dos valores da sociedade a que pertencemos, por exemplo, a sociedade capitalista.

As sociedades se organizam em torno das interdições que são criadas pelos homens, isto é, normas que definem o que pode ou não ser feito no convívio social, ou o que é conveniente ou inconveniente. Por outro lado, também existe a possibilidade de se transgredirem as normas estabelecidas. Em um processo de ruptura com o que não parece mais ser correto ou bom para as suas próprias vidas e para a vida da sociedade em geral, as pessoas começam a questionar, rejeitar valores que não mais condizem com sua nova condição e consciência, e, em um dado momento extremo, começa a transgressão de antigos modos de ser que não interessam mais, para colocar em atuação outras e mais adequadas normas de convivência e visões de mundo que possam atender aos novos anseios. O ser humano é dotado de uma capacidade criativa e inventiva, e, quando desperta para essa sua condição, começa a se questionar, a se desalojar do que existe, do que está pronto, para buscar o que ainda não está explícito. De acordo com a filosofia essencialista, o ser humano está em um eterno processo de devir (vir a ser). Os seres humanos em todos os tempos sempre foram, em menor ou maior escala, seres de ambigüidade em busca de si mesmo, e essa é a explicação para as crises existenciais. A crise pela qual o mundo passa atualmente está provocando uma ruptura com as antigas certezas, inclusive no mundo do trabalho, e as pessoas estão buscando novas representações de si mesmas. As mudanças que ocorrem nos dias atuais são rápidas e alteram a visão de mundo das pessoas.

Não é difícil perceber a relação intrínseca entre o sentido que é dado à vida e os valores que são assumidos por uma sociedade, e, conseqüentemente, sua maneira de pensar. Fritjof Capra (1996, p. 9-10) explora a forte conexão que existe entre o pensamento e os valores, e comenta que o modo de pensar e os valores podem caminhar de uma visão antropocêntrica para outra mais integradora. Essas duas tendências são bastante importantes, e nenhuma delas é boa ou ruim. O que interessa considerar é a harmonia que pode existir entre as duas concepções, entendendo-se que a ênfase em uma ou outra visão causa desequilíbrio. Por exemplo, se considerarmos a cultura industrial do Ocidente, veremos que houve uma grande ênfase na visão antropocêntrica e que a visão mais integradora foi praticamente negligenciada. Na visão antropocêntrica, o pensamento assume como princípios racionalidade, análise, reducionismo e linearidade; enquanto os princípios de um pensamento mais integrador estão ligados ao uso da intuição, capacidade de síntese, visão holística e não-linearidade. Os valores da visão antropocêntrica estão voltados para expansão, competição, quantidade e dominação; em contrapartida, os valores integradores estão mais ligados a idéias de conservação, cooperação, qualidade, colaboração. Valores antropocêntricos como competição e dominação, geralmente estão associados ao gênero masculino. De fato, nas sociedades patriarcais (e os princípios que regem a sociedade industrial são patriarcais), tem-se dado grande valor à visão econômica e politicamente centralizada. Este é um dos motivos pelos quais a mudança para um sistema de valores mais equilibrado tem sido tão difícil para a maioria das pessoas, especialmente para os homens nessas sociedades. A cultura burocrática e industrial é de dominação – e em uma sociedade em que a hierarquia é muito valorizada. Essa estrutura hierarquizada e de domínio é encontrada no sistema político, militar, religioso e nas estruturas corporativas, nas quais, insistentemente, os homens sempre ocuparam as posições superiores e as mulheres ocupavam os níveis inferiores, o que foi incorporado e refletido em suas identidades de gênero masculino e feminino. Nessa situação, a mudança para um sistema de valores que seja integrador gera medo e apreensão; em outras palavras, crise existencial.

Em meio à crise de valores em que as pessoas se encontram, é difícil para elas perceber que há outro tipo de poder: o poder da influência (liderança) a ser exercida sobre si mesmo e sobre os outros, que é muito mais apropriado a uma sociedade do conhecimento e da consciência. De fato, James Hunter (2004) está se tornando cada vez mais popular, porque promove um estilo de Liderança Servidora, que significa uma transformação radical de consciência e de atitude no uso do poder nas organizações. Aliás, conforme Brian Bacon (*Self-Management Leadership*), a liderança depende basicamente de estratégia e caráter, sendo este último mais essencial. A estrutura ideal para se colocar em prática o poder da influência não é o modelo burocrático, mas sim as redes de pessoas (*networks*).

AS ORGANIZAÇÕES NA SOCIEDADE DO CONHECIMENTO

De acordo com De Masi, a sociedade industrial, centrada na produção em larga escala de bens materiais, dominou um espaço de tempo que foi de 1700 a 1900, e a partir da Segunda Guerra Mundial, verificou-se um novo período, com a rápida afirmação de um modelo socioeconômico de tudo novo/rompimento/novidade, que chamamos pós-industrial, e que está centrando sua produção nos bens intangíveis: informações, serviços, símbolos, valores e estética. As características do sistema emergente são: criatividade e estética como valores dominantes, economia prevalecendo sobre a política, finanças (do governo) prevalecendo sobre a economia, velocidade prevalecendo sobre lentidão, globalização prevalecendo sobre identidade, virtualidade prevalecendo sobre o universo físico, o binômio fornecedor-cliente prevalecendo sobre o binômio comprador-vendedor, a mistura prevalecendo sobre a separação, a comercialização ultrapassando os bens materiais e alcançando os bens imateriais, e os relacionamentos e a cultura.

As organizações, porém, em sua maioria, ainda seguem o modelo e os valores das organizações da Era Industrial: hierarquias organizadas para o comando e controle, considerando as pessoas recursos para atingir os objetivos da instituição (lucro), e os administradores exercendo meramente o controle de processos e pessoas. Na Era do Conhecimento, as instituições irão enfrentar mudanças sem precedentes, sendo, ainda, impossível prever todas as mudanças que ocorrerão nos meios organizacionais, mas há um crescente consenso da necessidade de uma visão mais sistêmica ligada à contínua criação de conhecimento e aprendizado como chave para a vantagem competitiva, e de que somente por meio da construção de culturas orientadas à aprendizagem é que as organizações poderão atrair e manter pessoas realmente competentes e comprometidas.

O sucesso das organizações do futuro, e em especial das organizações de aprendizagem, está profundamente ligado ao desenvolvimento de um tipo de educação que trabalhe com e em função dos quatro pilares da Unesco (DELORS, 2001), e que possibilite desenvolver competências que integrem trabalho, vida nas organizações e vida social: Aprender a Conhecer, Aprender a Fazer, Aprender a Conviver e Aprender a Ser. No entanto, as organizações, fontes geradoras, disseminadoras e organizadoras de informações e conhecimentos, que agem e influenciam a vida da sociedade, para cumprirem sua missão com eficácia, precisam se preparar para saber aprender e ensinar, conhecendo, fazendo, convivendo e sendo em todos os níveis, para se transformar paulatinamente em verdadeiras organizações de aprendizagem.

O desenvolvimento tecnológico de última geração, por outro lado, está fornecendo os meios para o surgimento de sistemas nervosos mais complexos e integrados, constituindo um cérebro global (RUSSELL, 1995), do qual fazem parte pessoas e organizações, trabalhando em um nível de integração (*real time*) cada vez mais sofisticado. Ao observar as organizações como sistemas vivos, num processo acelerado de mudanças, pode-se dizer que está havendo uma tomada de consciência do próprio processo evolutivo individual e coletivo, que está acompanhando e é acelerado pela própria evolução e utilização da tecnologia.

Na Sociedade da Informação, estão surgindo tecnologias que atuam na geração e transformação do conhecimento, e facilitando o surgimento de um Sistema Nervoso Digital, fruto do desenvolvimento do córtex das organizações, determinando o que Manuel Castells (1999) chama de Sociedade em Rede. O desenvolvimento de redes de pessoas e especialistas para o tratamento dos problemas cada vez mais complexos encontrados em ambientes organizacionais, em nível operacional, gerencial ou estratégico, requer a preparação das pessoas para integrarem essas *networks*. Estão surgindo ambientes colaborativos que possibilitam que as organizações disponibilizem para seus contingentes humanos os meios para a aquisição de habilidades e competências para o trabalho colaborativo, facilitando a formação de redes de pessoas (comunidades de aprendizagem) e o desenvolvimento do capital intelectual e social na organização.

As novas tecnologias (*Knowledge Technology*) facilitam a disponibilização de informação e conhecimento para a criação de uma visão compartilhada, a elaboração de modelos mentais, a aprendizagem compartilhada, o desenvolvimento de cenários e a elaboração de estratégias que levem a desenvolver a maestria pessoal (SENGE, 1997) e a excelência organizacional, cristalizando conhecimentos em níveis ontológicos superiores e transcendendo o próprio modelo sistêmico (NONAKA & TAKEUCHI, 1997). Em particular, as novas infra-estruturas permitem visão compartilhada, porque se baseiam no entendimento de que uma organização é um conjunto de elementos superpostos com um sentido compartilhado. O coletivo (agora inteligente) é encorajado a criar a própria idéia compartilhada de sentido e seu próprio senso único de contribuição para o todo, entendendo-se que o sentido não pode depender de – nem ser transferido para – uma entidade em particular. O sentido da vida da organização é criado por todos, a partir do conhecimento de dentro compartilhado por todos, como no caso da aplicação de metodologias como Appreciative Inquiry, Future Search e outras.

A ABORDAGEM TRANSDISCIPLINAR NA SOCIEDADE DO CONHECIMENTO

Na atual Sociedade do Conhecimento, estamos procurando caminhos que auxiliem na transição individual e coletiva para a Sociedade da Consciência. No entanto, essa mudança requer novos valores e atitudes que abandonem métodos dogmáticos, dualistas, meramente racionalistas e ultrapassados de sentir, pensar e agir. Necessitamos de conhecimento centrado no Ser como uma totalidade. Na teoria de Wilber (2000), isso é chamado de visão integral do ser. Precisamos de uma atitude que facilite o caminho para uma existência de comunhão, que conjugue pensamento, síntese, análise, imaginação, criatividade, diálogo, sentimento, intuição, sensação. No livro *O pensamento transdisciplinar e o real*, Michel Random (2000) explica que "o pensamento transdisciplinar é precisamente uma primeira abertura, uma ação concreta sobre a nossa realidade, para nela inserir a visão de um real global, e não mais causal, revelado pela nova física quântica, um real 'holístico' no qual todos os aspectos da realidade podem ser considerados e respeitados, sejam eles científicos, materiais, afetivos ou espirituais". À medida que o ser humano trabalha e integra essas polaridades, vai se capacitando para uma verdadeira ação transdisciplinar.

A metodologia da transdisciplinaridade, segundo Basarab Nicolescu no livro *Manifesto da Transdisciplinaridade* (1999), é expressa mediante três postulados. Nicolescu explica que os dois primeiros postulados se baseiam em evidências da física quântica, enquanto o terceiro se sustenta na física quântica e em várias ciências exatas e humanas. Os três postulados são:

1º. Há na Natureza e em nosso conhecimento da Natureza diferentes níveis de Realidade e, de modo correspondente, diferentes níveis de percepção;
2º. A passagem de um nível de Realidade para outro é assegurada pela lógica do terceiro incluído;
3º. A estrutura da totalidade dos níveis de Realidade ou percepção é uma estrutura complexa: cada nível é o que é porque todos os níveis existem ao mesmo tempo.

Edgar Morin (1991) fala da necessidade da adoção do pensamento complexo, que é mais uma chave para entender o que é a visão transdisciplinar. No livro *Da Sociedade do Conhecimento à Sociedade da Consciência* (GUEVARA & DIB, 2007), quando tratamos do tema sobre a inteligência da complexidade, considerando a teoria de Morin, explicamos que "[...] O pensamento complexo é uma forma de insight conciliatória do mensurável e do imensurável, capaz de lidar com a incerteza, conceber a organização, tecer conjuntamente (complexus), contextualizar, globalizar e, ao mesmo tempo, reconhecer o singular, o individual, o concreto". Segundo Morin, existem sete princípios guias, complementares e interdependentes para pensar a complexidade. Comentaremos cada princípio brevemente, fazendo uma analogia com a sociedade de modo geral: no princípio sistêmico, é impossível conhecer as partes (da sociedade) sem conhecer o todo e conhecer o todo sem conhecer as partes (Pascal); no princípio hologramático, as partes (da sociedade) estão contidas no todo e o todo nas partes; o princípio retroativo está relacionado com os processos auto-reguladores da sociedade, do tipo econômico, social, político, psicológico etc.; o princípio recursivo ultrapassa essa noção de auto-regulagem social para a de autoprodução social, ou seja, os indivíduos produzem a sociedade e a sociedade produz os indivíduos; segundo o princípio da autonomia e dependência, os indivíduos são auto-organizadores e se autoproduzem, mas simultaneamente estão inseridos em um meio social e são dependentes da organização desse meio social; no princípio dialógico, entende-se que vivemos em termos de contradições que determinam a realidade individual e coletiva; finalmente, temos o princípio de que o conhecimento é sempre uma reconstrução em um determinado contexto cultural e época – lembremos as fases de aquisição do conhecimento, desde a pré-disciplinar à holística, cada qual em um contexto e época.

Segundo Morin, a reforma do pensamento implica gerar "... um pensamento do contexto e do complexo, que liga a incerteza, substituindo a causalidade linear e unidirecional por uma causalidade circular e multirreferencial, e a rigidez da lógica clássica pelo diálogo, possibilitando o (re)conhecimento da integração das partes em um todo por meio do reconhecimento da integração do todo no interior das partes, ligando a explicação à compreensão" (GUEVARA & DIB, 2007, p. 152).

No pensamento transdisciplinar, segundo Nicolescu (1999), a relação entre sujeito e objeto passa pela concordância entre os níveis de percepção e os níveis de realidade. Um nível de realidade é uma dobra do conjunto dos níveis de percepção, enquanto um nível de percepção é uma dobra do conjunto dos níveis de realidade. A lógica do terceiro incluído é capaz de descrever essa concordância entre os níveis de realidade, por meio de um processo interativo. Um par de contraditórios (por exemplo, o bem o e o mal) situados em um mesmo nível de realidade é unificado por um estado T (o terceiro incluído) em um nível contíguo de realidade. Segundo Heráclito, dos contraditórios sempre surge algo mais. O que está em cima é o que está embaixo, porém o que está embaixo não é o mesmo que está em cima. A ação da lógica do terceiro incluído nos diferentes níveis de realidade induz a uma estrutura aberta da unidade dos níveis de Realidade. Surgem novas possibilidades, mais solidárias, sustentáveis, ecocêntricas.

No livro *Da Sociedade do Conhecimento à Sociedade de Consciência* (*op. cit.*, 2007), deixamos implícito que o pensamento transdisciplinar age como um meio mais adequado para a solução da crise de fragmentação que está assolando a epistemologia. A partir das contradições na Sociedade do Conhecimento, advindas dos diferentes setores de atuação social, poderemos ou não avançar para um nível de realidade e consciência mais evoluído. Tudo depende de nossas percepções de mundo e do que faremos com elas. Afinal, as palavras "três" e "trans" (de transdisciplinaridade) têm a mesma raiz: três significa a transgressão do dois, o que vai além do dois, a transgressão da dualidade. Retomando a questão que levantamos anteriormente sobre o futuro que desejamos e valores que gostaríamos que fossem cultivados na Sociedade da Consciência, acreditamos existirem possibilidades: ou continuamos o progresso desmesurado e a destruição; ou buscamos o equilíbrio entre competição e cooperação, pois tanto um como outro apresentam benefícios e malefícios quando em demasia. Atualmente, está despertando uma Nova Consciência, em que o capitalismo estará a serviço da humanidade, e não o inverso, e cuja Ética será a da Solidariedade e da Diversidade. Algumas manifestações dessa Nova Consciência talvez sejam a Agenda 21, a URI, o Projeto Milênio e o Fórum Social Mundial (FSM) etc. O nível de realidade para o qual vamos transcender nos anos que estão por vir depende das ações no presente. Grupos como "World Business Academy" (www.worldbusiness.org), "Noetic Science

Institute" (www.noetic.org) e "O Clube de Budapeste" (www.clubofbudapest.org) representam iniciativas pioneiras nessa direção.

De acordo com nossas pesquisas, de modo sintetizado, a evolução para um capitalismo que integre cooperação e competição de forma saudável depende de fatores como as possibilidades de se fomentarem processos de autoconhecimento e de auto-realização em escala local e planetária; a importância que se dará para a Filosofia e a Psicologia na formação do homem, a fim de sensibilizar e conscientizar as instituições sobre valores éticos, estéticos e espirituais; a estrutura, a dinâmica e o movimento do conhecimento nas organizações; a incorporação de uma nova área de estudo nas ciências sociais que chamamos de Conhecimento do Conhecimento; a evolução e o livre acesso às tecnologias do conhecimento e os avanços dos sistemas de telecomunicação para o desenvolvimento da cultura planetária; além do pensar, querer e sonhar do homem, determinando o futuro das organizações em geral.

Refletindo sobre as propostas de educação de Morin, sugerimos que os quatro pilares conhecimento da Unesco – Aprender a Conhecer, Aprender a Fazer, Aprender a Conviver e Aprender a Ser – podem ser complementados com mais um quinto pilar, o "aprender a transcender". O surgimento de um novo nível de consciência depende da articulação dos quatro pilares da Unesco com a habilidade cognitiva, social e emocional, e sua integração com os sete saberes pensados por Morin: a cegueira do conhecimento, os conhecimentos pertinentes, a condição humana, a identidade humana, as incertezas, a compreensão e a ética do gênero humano. O aprender a transcender permeia todo esse movimento e representa a necessidade de um desenvolvimento e progresso que valorize a espiritualidade e a moral, para que possa surgir uma sociedade mais justa, solidária e ecológica.

O avanço da Sociedade do Conhecimento tornará necessária uma forma de visão que integre a tecnologia de conhecimento aos diferentes níveis de percepção e de realidade. Na atualidade, as redes de computadores estão disseminando o conhecimento de tal forma que também o outro se beneficie do conhecimento distribuído na Web, aumentando a capacidade de questionamento e expressão, abrindo caminhos para o exercício da inteligência e da cidadania. Na Sociedade da Consciência, os sistemas de conhecimento estarão cada vez mais vinculados à natureza social local com base em experiências globais, caminhando para a integração natureza-homem-tecnologia-de-conhecimento, surgindo tecnologias sociais.

Os Estudos do Futuro serão uma fonte essencial de geração de conhecimento para práticas conscientes e sustentáveis de desenvolvimento e progresso. Na Sociedade do Conhecimento, a formação das Redes Globais de Aprendizagem – comunidades civis, ONGs, instituições sem fins lucrativos, universidades etc. – para a resolução dos problemas comuns que estão se estendendo por todo o planeta está colocando em contato um número cada vez maior de pessoas que, direta ou indiretamente, estão passando em menor ou maior grau pelos efeitos do desequilíbrio da ecologia social. No futuro, o desenvolvimento e acoplamento sinérgico dos três grandes setores – científico-tecnológico, socioeconômico e organizacional-cultural – dependerão de questionamentos cada vez mais coletivos e profundos que irão surgir naturalmente como resultado de nossa evolução consciente e no contexto de um cérebro e um coração global.

No campo do Conhecimento do Conhecimento, a metodologia transdisciplinar talvez seja o passo mais significativo para que surjam outras metodologias – como a metadisciplinariedade – que venham a transcender a própria trandisciplinaridade, complementando-a e levando a outros patamares de consciência cada vez mais universais, integrando ciência, ética, estética e espiritualidade, e favorecendo o surgimento de uma Consciência Planetária.

ESPIRITUALIDADE E ÉTICA NAS ORGANIZAÇÕES

Em vista do que exploramos sobre as instabilidades individuais e sociais, as transformações sociais e no mundo do trabalho, e, em contrapartida, pensando nas possibilidades e capacidades de transformação dos modelos mentais do ser humano e das organizações para um viver e conviver mais digno e salutar, entendemos que é preciso desenvolver, nas organizações de vanguarda, um estilo de Liderança Transformadora que valorize o autoconhecimento e a auto-realização individual e coletiva, estimulando o pleno desenvolvimento do potencial humano (*mindware* e *heartware*), dando mais sentido e qualidade de vida aos colaboradores e favorecendo a criação da necessária sintonia e sinergia, sempre orientadas por uma Ética da Diversidade e uma Ética da Solidariedade (D'AMBROSIO, 1997).

O novo tipo de liderança, que parte de uma consciência expandida (econômica-social-ambiental-espiritual), deverá ser capaz de analisar, de uma perspectiva maior, o turbulento e complexo mundo atual, e seus possíveis impactos no curto, meio e longo prazo nas organizações, na sociedade e no planeta em geral; e que, na procura pela excelência, promoverá ambientes que favoreçam a intuição, a criatividade e o trabalho em equipe para satisfazer a necessidade de rápidas inovações (demanda externa) e adaptações (demanda interna) associadas às aceleradas transformações organizacionais orientadas por uma busca não só de sobrevivência, mas de sentido, de propósito e de participação maior. Caminhando em direção a essa proposta, temos a Society for Organizational Learning (SOL) do MIT, coordenada por Peter Senge e contando com vários colaboradores, que muito têm contribuído para um salto nas propostas da visão ecossistêmica da Quinta Disciplina para uma nova proposta apresentada no trabalho *Presence* (SENGE *et al.*, 2004). Nesse livro, mostram-se possibilidades do agir criativo coletivo em uma perspectiva de integração em um plano maior. Paralelamente, surge toda uma nova proposta para se promoverem ambientes criativos nas organizações baseados na idéia de *flow* (CSIKSZENTMIHALYI, 1997), um estado altamente estimulante e criativo, de leveza e clareza.

As transformações mencionadas são sustentadas tanto pelas novas tecnologias (hardwares, softwares, netwares e knowares) quanto pelo aprimoramento contínuo dos relacionamentos internos e externos associados a maiores níveis de integridade, cooperação, convergência, compromisso e respeito mútuo. Claramente, nessa transição da Nova Sociedade do Conhecimento para a Futura Sociedade da Consciência ou da Sabedoria, os CEO (*Chief Executive Officer*) precisaram contar com seus CIO (*Chief Information Officer*), CKO (*Chief Knowledge Officer*) e cada vez mais com seus CVM (*Chief Values Managment*). Na nova Era da Consciência, as Lideranças Transformadoras serão inspiradas e inspiradoras, co-responsáveis por manter vivos e atualizados não só a Missão, a Visão e os Valores da Organização, mas também o *flow* organizacional.

No primeiro Livro dos Reis, conta-se que o jovem líder Salomão fez seu pedido ao Senhor por um coração compreensivo, capaz de governar seu povo e de discernir com justiça, e Deus, observando que Salomão não pedia longevidade, riqueza ou poder, deu a ele um coração sábio e inteligente, além de todos os outros benefícios. Hoje em dia, Pierre Lévy, após desenvolver um inovador trabalho sobre *Inteligência Coletiva* (1998) e as *Árvores do Conhecimento* (LÉVY & AUTHIER, 1995), assim como outros importantes visionários do ciberespaço e da cibercultura, já nos mostra outro lado, para além dessa fase de nossa evolução em termos de níveis de consciência e organização coletiva, quando atualiza as idéias de Noosfera de Teilhard de Chardin, mostrando a aproximação de uma nova etapa de convívio e aprendizado da humanidade na plenitude de uma consciência solidária. Caminhamos na direção de um Cérebro Global, que logo deverá se expandir para um Coração Global.

A importância de Competência Emocional das Lideranças (GOLEMAN, 1996) nas organizações, que foi precedida pela Competência Intelectual, será logo mais complementada por uma Competência Transpessoal, em que o pensamento é mais transracional (WILBER, 1990), a abordagem é mais transdisciplinar (MORIN, 2002) e os valores humanos, culturais e espirituais (como honestidade, humildade e serviço) se tornam prioritários (MORIN *et al.*, 1996). Nessa caminhada, surgiram as recentes contribuições de Goleman (2006) sobre Inteligência Social. Na sociedade do conhecimento e da consciência, lembrando De Masi, quando fala da sociedade pós-industrial, reenfatizamos, as necessidades emergentes/nascentes são: intelectualidade, estética, subjetividade, emotividade, androgenia, destruição do tempo e do espaço, virtualidade, qualidade de vida e ética.

São tempos de mudanças. No Brasil, a BOVESPA lançou em 2005 o Índice de Sustentabilidade Empresarial (ISE), e há algum tempo os indicadores ETHOS de Responsabilidade Social Empresarial fazem parte da cultura organizacional. Nos Estados Unidos, 150 universidades já estão oferecendo cursos de Psicologia Positiva que estão se tornando extremamente populares e, no Brasil, surgem novos cursos universitários, como o de Midiologia da UNICAMP, ou mesmo cursos mais antigos como os de Dança, que estão nos primeiros lugares na procura pelos jovens, ao invés dos tradicionais cursos de Engenharia, porque possibilitam o desenvolvimento da expressão do potencial do SER no contexto de uma nova realidade social em formação, em que as empresas, de modo geral, não mais serão o fio condutor da vida das pessoas, as quais deverão delinear suas carreiras e desenvolver suas competências em uma sociedade em que a subjetividade, os processos criativos, a comunicação, os valores estéticos e éticos serão cada vez mais valorizados. As transformações individuais e coletivas deverão acontecer em sintonia com uma nova forma de ver e de ser no mundo. Nesse caminho, surgiram há algum tempo os avançados Indicadores de Qualidade de Vida de Calvert-Henderson (www.calvert-henderson.com) e, hoje, temos o exemplo do importante movimento de participação cidadã "Nossa São Paulo: Outra Cidade" (www.nossasaopaulo.org.br), o qual acompanha outras metrópoles no mundo que seguem o extraordinário modelo de promoção e monitoramento de qualidade de vida urbana de Bogotá (www.bogotacomovamos.org).

CONSIDERAÇÕES FINAIS

Existem especialistas da Harvard Business School que garantem que o movimento da espiritualidade nas organizações não é necessariamente algo novo: "Realmente não é muito diferente dos esforços de décadas para criar organizações que são muito mais que instrumentos de fazer dinheiro" (Michael Beer). Na verdade, já desde os inícios da década de 1950, havia corporações preocupadas com o sentimento no trabalho, promovendo treinamentos, por exemplo, para a melhoria da comunicação entre as pessoas e a expressão de seus sentimentos. Tivemos o movimento de Qualidade Total e o surgimento de equipes de criatividade, proporcionando locais de trabalho com pessoas realmente comprometidas. Para esses especialistas, o que está ocorrendo nos dias de hoje é uma simples retomada dessas tendências anteriores. Enquanto isso, para outros especialistas, a atenção voltada a um significado mais profundo do trabalho é parte de uma significativa mudança no modo como o trabalho está sendo concebido e estruturado. Assim, por exemplo, Peter Vaill observa que as condições sociais e econômicas nos últimos anos mudaram drasticamente e alteraram o modo de os indivíduos verem a função do trabalho em sua vida, e Richard Whiteley observa que, por outro lado, as corporações também estão vendo as coisas de um modo bem diferente. Charles Handy, filósofo social, especialista em Administração e autor de importantes obras como *The age of Unreason* (1990) e *The Age of Paradox* (1995), procurou mostrar no livro *The Hungry Spirit* (1999) que a busca por significado depende dos indivíduos e das instituições, porque todos nós devemos estar preocupados com a razão pela qual fazemos o trabalho que fazemos. No passado, nós o fazíamos porque precisávamos sobreviver. Agora, está se tornando cada vez mais claro para muitas pessoas e instituições que dinheiro é algo simbólico. Geramos muito mais riqueza do que realmente precisamos para viver. O dinheiro não é mais uma medida de sucesso. Estamos em busca de algo mais (Charles Handy). Aliás, Viktor Frankl recomenda não procurar pelo sucesso, pois: "... quanto mais o definir como sua meta, mais difícil será atingi-lo. O sucesso, como a felicidade, não são para serem procurados, são conseqüências que só acontecem como efeito colateral não-intencional de nossa dedicação a uma causa maior que nós mesmos...", isto é, do amor.

REFERÊNCIAS

AGLE, B.R., CALDWELL, C. "Understanding Research on Values in Business". *Business and Society*. Chicago, v. 38, n. 3, setembro de 1999.
BACON, B., O'DONELL K. *No olho do furacão*. São Paulo: Casa da Qualidade, 1999.
BINDÉ, J. *Où vont lês valeurs?;* entretiens du XXIe siècle. UNESCO/Albin Michel, 2004.
BONDER, N. *A cabala do dinheiro*. São Paulo: Imago, 2004.
BROWN, J. e ISAACS, D. *O World Cafe*. São Paulo: Cultrix, 2005.
BRUNI, L. *Comunhão e as novas palavras em economia*. São Paulo: Cidade Nova, 2005.
BUBER, M. *Do dialógico e do diálogo*. São Paulo: Perspectiva, 1982.
_____. *Eu e tu*. 2ª ed. São Paulo: Moraes, 1974.
CAPRA, F. *The Web of Life: A New Scientific Understanding of Living Systems*. New York: HarperCollins, 1996.
CASTELLS, M. *A sociedade em rede; a era da informação: economia, sociedade e cultura*. São Paulo: Paz e Terra, 1999, v. 1.
CHARDIN, Pierre Teilhard de. *O fenômeno humano*. 3ª ed. São Paulo: Cultrix, 1994.
CIRET. Coordenação de Basarb Nicolescu. Desenvolvido por Michelle Nicolescu. Realizar pesquisa transdisciplinar, 1997. Disponível em: <www.perso.club-internet.fr/nicol/ciret/>. Acesso em 3 de setembro de 2007.
CSIKSZENTMIHALYI, M. *A descoberta do fluxo*. Rio de Janeiro: Rocco, 1999.

D'AMBROSIO, U. *Transdisciplinaridade.* São Paulo: Palas Athena, 1997.

_____, Ubiratan, WEIL, Pierre, CREMA, Roberto. *Rumo à nova transdisciplinaridade: sistemas abertos de conhecimento.* São Paulo: Summus, 1993.

_____. *Transdisciplinaridade.* São Paulo: Palas Athena, 1997.

DE MASI, D. *Criatividade e grupos criativos.* GMT, 2003.

_____. *O ócio criativo.* São Paulo: Sextante, 2000.

_____. *A sociedade pós-industrial.* São Paulo: Senac, 1999.

DELORS, Jacques (Org.). *Educação: um tesouro a descobrir.* Relatório para a UNESCO da Comissão Internacional sobre educação para o século XXI. 6ª ed. São Paulo: Cortez/ Brasília, DF: MEC, 2001.

DRUCKER, P. *Effective Executive.* William Heinemann, 1982.

DURANT, W. *A história da filosofia.* São Paulo: Nova Cultural, 2000. [Coleção: Os pensadores.]

FRANKL, V. E. Man's Search for Ultimate Meaning. Perseus Publ., 2000.

GALBRAITH, C. S. e GALBRAITH, O. *O código beneditino de liderança.* Landscape, 2005.

GARDNER, H. *O verdadeiro, o belo e o bom: os princípios básicos para uma nova educação.* Rio de Janeiro: Objetiva, 1999.

GOLEMAN, D. *Inteligência social: o poder oculto das relações humanas.* Rio de Janeiro: Campus/Elsevier, 2006.

_____. *Inteligência emocional: a teoria revolucionária que redefine o que é ser inteligente.* São Paulo: Objetiva, 1996.

GUEVARA, A. J. de H. et al. *Conhecimento, cidadania e meio ambiente.* São Paulo: Peirópolis, 1998.

_____, DIB, V. C. *Da sociedade do conhecimento à sociedade da consciência: princípios, práticas e paradoxos.* São Paulo: Saraiva, 2007.

HANDY, C. *The hungry spirit.* Broadway Books, 1999.

_____. *The age of paradox.* Harvard Business School, 1995.

_____. *The age of unreason.* Harvard Business School, 1990.

HENDERSON, H., IKEDA, D. *Cidadania planetária: seus valores, crenças e ações podem criar um mundo sustentável.* Editora Brasil Seikyo, 2005.

HILLMAN, J. *Tipos de poder.* São Paulo: Axis Mundi, 2001.

HUNTER, J. C. *O monge e o executivo.* Rio de Janeiro: Sextante, 2004.

_____. *Como se tornar um Líder Servidor.* Rio de Janeiro: Sextante, 2006.

LÉVY, P. *A inteligência coletiva: por uma antropologia do ciberespaço.* São Paulo: Loyola, 1998.

_____ e AUTHIER, M. *As árvores de conhecimentos.* São Paulo: Escuta, 1995.

MORIN, E. *O método 5: a humanidade da humanidade.* Porto Alegre: Sulina, 2002.

_____ et al. *A sociedade em busca de valores: para fugir à alternativa entre o cepticismo e o dogmatismo.* Lisboa: Piaget, 1996.

_____. *Introdução ao pensamento complexo.* Piaget, 1991.

_____. *A cabeça bem-feita: repensar a reforma, reformar o pensamento.* Rio de Janeiro: Bertrand, 2000.

_____ e LE MOIGNE, Jean-Louis. *A inteligência da complexidade.* São Paulo: Peirópolis, 2000.

NICOLESCU, B. *O manifesto da transdisciplinaridade.* São Paulo: Triom, 1999.

_____. "A prática da transdisciplinaridade". In _____ et al. *Educação e transdisciplinaridade.* Brasília: UNESCO, 2000.

_____ et al. *Educação e transdisciplinaridade.* Brasília: UNESCO, 2000.

NONAKA, I. e HIROTAKA, T. *Criação de conhecimento na empresa: como as empresas japonesas geram a dinâmica da inovação.* Rio de Janeiro: Campus/Elsevier, 1997.

NÚCLEO de Estudos do Futuro-NEF. Coordenação de Arnoldo José de Hoyos Guevara. Informações sobre estudos do futuro e projetos em andamento (modo brasileiro do Projeto Milênio filiado à UNU). Disponível em: <www.nef.org.br >. Acesso em 3 de setembro de 2007.

RANDOM, Michel. *O pensamento transdisciplinar e o real.* São Paulo: Triom, 2000.

ROBIN, V. e DOMINGUEZ, J. *Dinheiro e vida.* São Paulo: Cultrix, 2007.

RUSSELL, P. *O despertar da Terra: o cérebro global.* São Paulo: Cultrix, 1995.

SENGE, P. M. *A quinta disciplina: arte, teoria e prática da organização de aprendizagem*. 15ª ed. São Paulo: Best Seller, 1997.

_____ et al. *Presence: human purpose and the field of the future*. USA, Cambridge: SOL, 2004.

SOMMERMAN, A. *Inter ou transdisciplinaridade? Da fragmentação disciplinar ao novo diálogo entre os saberes*. São Paulo: Paulus, 2006.

THE MILLENNIUM Project. Desenvolvido pelo American Council for the United Nations University, 1999. Assistência em pesquisa sobre o futuro e disponibilização de informações. Disponível em: <www.millenniumproject.org>. Acesso em 3 de setembro de 2007.

WHITE, A. "A Global Projection of Subjective Well-being: A Challenge to Positive Psychology?". *Psychtalk* 56, 17-20 (2007). Disponível em: <http://www.le.ac.uk/users/aw57/world/sample.html>. Acesso em 17 de novembro de 2007.

WILBER, K. *O espectro da consciência*. São Paulo: Cultrix, 1990.

_____. *O paradigma holográfico e outros paradoxos: uma investigação nas fronteiras da ciência*. São Paulo: Cultrix, 1991.

_____. *Uma teoria de tudo: uma visão integral para os negócios, a política, a ciência e a espiritualidade*. São Paulo: Cultrix/Amaná-Key, 2000.

CAPÍTULO 10

MADRE TERESA DE CALCUTÁ USAVA BATOM? – UMA VISÃO DA SUSTENTABILIDADE INTEGRAL

Giovanni Barontini
Luiz Roberto Calado

RESUMO

Um difuso sentimento de frustração é compartilhado entre aqueles que tencionam construir uma sociedade mais sustentável, ao observarem como os mais de R$3 bilhões investidos anualmente, no Brasil, em responsabilidade social empresarial não parecem lograr resultados efetivos. De fato, enquanto o mundo corporativo apropria-se do tema do desenvolvimento sustentável como poderosa ferramenta de comunicação, procrastinando para o futuro a implementação de seus compromissos presentes, todos os indicadores sociais e ambientais do planeta mostram estagnação. A não-sustentabilidade do atual modelo de desenvolvimento parece fincar suas raízes em uma abordagem psicológica de caráter dual, que ainda não deixou espaço para uma consciência de segunda ordem ou transpessoal, que possa propiciar um debate mais profundo sobre temas cruciais como a simplicidade voluntária, ou a essencialidade dos produtos de nossa sociedade de consumo. O modelo integral AQAL, desenvolvido pelo filósofo Ken Wilber, pode oferecer um mapa formidável que oriente nossas futuras opções estratégicas, a partir de uma melhor compreensão da realidade subjacente e da construção de uma visão pragmática e conceitual, focada em uma Sustentabilidade verdadeiramente Integral.

INTRODUÇÃO

A proliferação de iniciativas voltadas para a sustentabilidade socioambiental, no atual panorama empresarial, evocaria, em tese, um horizonte de possível equacionamento dos dilemas gerados pelo desenvolvimento, traduzindo a contribuição do mundo corporativo, um dos principais responsáveis pela formatação de uma sociedade desigual e "ecologi-cida", para assumir sua parcela de responsabilidade na solução das prementes questões sociais, éticas e ecológicas que assolam nosso planeta.

Entretanto, a avalanche de ações empresariais, na suposta trilha da sustentabilidade socioambiental, não consegue afugentar a nítida percepção de certa inocuidade dos esforços empreendidos, com uma conseqüente desorientação generalizada dos operadores e um sentimento difuso de impotência e inaptidão das medidas adotadas, para lograr resultados concretos e duradouros.

Poucas organizações no mundo se mostram realmente dispostas a repensar seus horizontes almejados de incessante crescimento quantitativo: é possível conjugar o "crescer indefinidamente" com a construção de uma sociedade social e ambientalmente sustentável? O planeta certamente desconhece as alquimias contábeis e as ginásticas dos pseudopercentuais de redução, qualificando de hipócritas os manifestos de corporações que se vangloriam de diminuições percentuais relativas de seu impacto socioambiental, por unidade ou massa de produtos, enquanto planejam dobrar ou triplicar a fabricação e venda total de produtos, com conseqüências socioambientais globalmente muito mais perniciosas e, em geral, não-comunicadas adequadamente à sociedade.

O que está ocorrendo, exatamente? Como transmudar essa percepção de inadequação de nossas atuais abordagens em tensão positiva para a construção de soluções fecundas de significado transformador? Qual é o nível de consciência humana que suporta a maior parte das políticas e estratégias atualmente implementadas, tanto em nível empresarial quanto por parte das organizações não-governamentais (ONGs)?

CONSCIÊNCIA ECOLÓGICA E A ILUSÃO DA SEPARAÇÃO

A não-sustentabilidade do atual modelo de desenvolvimento parece fincar suas raízes, mais do que em considerações de caráter político, sociológico ou econômico, em uma abordagem de caráter dual que permeia as próprias estratégias e formatos mentais dos paladinos do meio ambiente e dos mentores de uma nova sociedade, orientada para a responsabilidade socioambiental e o desenvolvimento sustentável.

O conceito de "salvar" o meio ambiente ou o planeta reproduz, pelo menos parcialmente, os mesmos equívocos filosóficos e éticos que têm gerado modelos insustentáveis de produção e consumo, colocando a humanidade à beira do colapso climático e da esquizofrenia social.

De fato, a idéia de que podemos "salvar" o planeta, além de expressar uma visão extremamente narcisista e antropocêntrica, típica de certas correntes de pensamento da "Nova Era",[1] pressupõe uma dissociação entre nós (os salvadores-sujeitos) e o objeto de nossa ação de redenção (o planeta), alimentando a ilusão da separação e a percepção de que o meio ambiente é algo separado de nós, que poderemos preservar ou destruir, mas sempre em uma relação de tácita e imutável dualidade.

A reivindicação de movimentos ambientalistas de que seja necessário transmigrar de um modelo relacional baseado na interação entre *sujeito-objeto* para um novo patamar *sujeito-sujeito* ainda não permite alcançar o sentido pleno de uma visão transpessoal, em que não haja distinção não somente entre sujeito e objeto, mas também entre sujeito e sujeito, pela simples razão de que "*há um único Sujeito*" (com o "s" maiúsculo).

Nós e o meio ambiente como um único Sujeito; nós e o planeta como uma entidade indissolúvel: eis o verdadeiro desafio de uma jornada de expansão da consciência humana, que transcenda as cristalizações de uma sociedade humana adoentada e vítima da constante exacerbação de uma percepção dual da realidade, que tampouco consegue poupar o terreno da responsabilidade social empresarial e dos movimentos ecológicos globais.

Dessa forma, as empresas, acostumadas a se pautar pelo *single bottom line* e medir seu sucesso com base exclusivamente em resultados econômico-financeiros, iniciaram a árdua obra de migração para a filosofia do *triple bottom line*, que agrega indicadores de resultado social e ambiental, mas, ainda uma vez, colaborando para novos formatos de fragmentação da existência, com base no postulado de que as vertentes econômicas, sociais e ambientais (da realidade humana e da gestão empresarial) sejam algo separado e separável que deveremos "harmonizar" ou contrabalançar.

Dentro da mesma visão fragmentada, podem-se abordar as políticas empresariais de "*valorização da diversidade*", em que a finalidade almejada da integração de supostos "diversos" (mas em relação à qual métrica se considera haver "normalidade" e "diversidade"...?) acaba por parir catastróficos resultados de *acentuação* dos traços que caracterizam a percepção da diferença, escorregando da tentativa de *diferenciar para integrar*, na direção de um *diferenciar para dissociar definitivamente*.

---

[1] Com relação à visão de mundo do "Eu Narciso", impregnada de onipotência irracional, vide, no contexto da análise do sucesso comercial do filme "O Segredo", Stuart Davis, *The Secret: The Spirituality of Narcissism*, em http://www.stuartdavis.com/node/1138.

A própria relação entre empresas e organizações não-governamentais está logrando o apogeu de um transe psicótico, reiterando uma fragmentação perversa e subliminar entre mocinhos (as ONGs) e bandidos (as empresas), temperada pela inversão ou confusão freqüente de papéis.

Assim, as ONGs prestam serviços para as empresas, em contradição com seu papel estatutário, ou recebendo financiamentos de governos, apesar de se dizerem entidades "não-governamentais", enquanto as empresas afirmam que pretendem gerir seus negócios de forma sustentável, mas, para adquirirem credibilidade quanto à sinceridade de seus propósitos, contratam ONGs, OSCIPs e fundações que seriam, supostamente, mais confiáveis ou transparentes do que outras empresas (de consultoria em sustentabilidade, por exemplo), para auxiliá-las na mudança rumo a uma gestão socialmente responsável.

Moral: a organização legal na forma de uma ONG (detalhe absolutamente incidental: qualquer grupo de pessoas pode se reunir para fundar esse tipo de entidade; quais são seus reais propósitos?) vira pressuposto para a prestação de serviços de consultoria disfarçados, em um mundo que está se tornando ligeiramente incongruente...

Mas, então, onde residiria a solução para, digamos, a crise ecológica que atormenta o planeta? Possivelmente, só na capacidade de a humanidade transmigrar maciçamente para um nível de consciência transpessoal, integral e não-dual, em que haja acesso à compreensão de que não há separação entre nós e o meio ambiente: *"Eu sou o Meio Ambiente."* Nem explorar nem salvar o planeta, pois ele não é objeto, mas sim Sujeito.

Ensina, de acordo com essa ótica, o filósofo Ken Wilber: "... o dualismo de sujeito e objeto é tão ilusório quanto o do passado e futuro, e sua natureza ilusória pode ser demonstrada com idêntica facilidade. Podemos, neste momento, encontrar realmente um eu separado, um 'sujeito' separado, afastado do seu 'objeto'? Quando ouvimos um som, podemos acaso ouvir-nos ouvindo-o? Quando provamos alguma coisa, podemos porventura provar o provador? Cheirar o cheirador? Sentir o sensor? Quando vemos uma árvore, podemos, ao mesmo tempo, ver o vedor? Enquanto pensamos em tudo isso, podemos, simultaneamente, encontrar um pensador que esteja pensando nisso? Não será tudo isto a mais clara demonstração de que não existe um sujeito separado, afastado dos objetos? Invariavelmente, a sensação denominada 'nós aqui' e a sensação denominada 'os objetos lá' são a mesma sensação..."[2]

Em suma, de acordo com essa percepção, a aparente estagnação das iniciativas globais em prol do desenvolvimento sustentável poderia decorrer da mera ignorância de que "... o verdadeiro Conhecedor está em comunhão com

---

[2] Vide Ken Wilber, *O Espectro da Consciência*. São Paulo: Ed. Cultrix, 1977, p. 82.

o seu universo de conhecimento: tudo quanto observamos outra coisa não é senão nós, que o estamos observando. Quando descemos à própria base da nossa consciência, encontramos o universo – não o falso universo de objetos que estão lá, mas o verdadeiro universo que já não é imaginado como se estivesse dividido em sujeito e objeto".[3]

No formato desse dualismo primário, de que parecem padecer os mais comprometidos entre os próprios gladiadores do planeta, o homem se vê identificado tão-somente com seu organismo em confronto com o meio ambiente, "esquecido de todo de que ele mesmo impôs essa limitação ilusória e é dessa limitação... que o homem busca libertar-se".[4]

Mas se o ponto focal consiste em operar essa evolução para um nível de consciência transpessoal, integral e não-dual, em que haja entendimento de que não existe separação efetiva entre nós e o meio ambiente, resta se perguntar: como induzir essa expansão da percepção? Uma prática espiritual, naturalmente nos moldes, amparos culturais e modalidades do gosto de cada um, seria o caminho...? Qual ditame seguir: afastar-se de todas as coisas ou "reconhecer Deus em todas as coisas" (e no meio ambiente também)?

A falência manifesta de numerosas estratégias empresariais, voltadas para a incorporação da responsabilidade socioambiental na forma de gestão e modelo de negócios, permite lembrar que o agir social e ecologicamente correto deverá fluir do "Ser", e não aparecer como imposto de fora para dentro ou auto-imposto na organização, conforme explicitado pelo célebre e singelo lema de Lao Tsu: "A forma de Fazer é Ser."

A construção conceitual do "Fazer" como algo que flua irradiado pelo "Ser", e tendo como epicentro o conjunto de valores que representam a essência de uma percepção não-dual, ainda não constitui, contudo, para a maioria dos seres humanos, um mapa adequadamente inteligível, que possa dirigir a ação concreta do homem-capitão de indústria.

Vejamos se é possível, então, traçar algum outro mapa dessa natureza, que, ao jorrar luz sobre as contradições do caminho rumo à sustentabilidade das empresas, da sociedade e do planeta, nos coloque em condição de avançar mais um pouco, no aguardo de que o fortalecimento de uma consciência de segunda ordem ou transpessoal amplie o debate sobre temas cruciais como a *simplicidade voluntária* ou a *essencialidade dos produtos* de nossa sociedade de consumo.

Talvez, em um dia não muito distante, devamos questionar não tanto a sustentabilidade ou a responsabilidade socioambiental de certas empresas,

---

[3] Ibidem, p. 83.
[4] Ibidem, p.95.

mas sua própria razão de ocupar qualquer espaço em uma sociedade de seres humanos "esclarecidos" e providos de uma consciência espiritual elevada.

Haverá ainda lugar, naquela dimensão expandida, por exemplo, para empresas de cosméticos industrializados, embora sejam líderes em sustentabilidade socioambiental? Afinal, Gandhi veria sentido em usar perfume Yves Saint Laurent? E Madre Teresa de Calcutá usava batom...?

RESPONSABILIDADE SOCIAL EMPRESARIAL: UM MAPA PARA AVANÇAR

Enquanto o mundo corporativo apropria-se dos temas da responsabilidade social empresarial e do desenvolvimento sustentável como poderosas ferramentas de comunicação, alocando recursos conspícuos em propaganda e marketing, muitas vezes superiores aos investidos nos próprios projetos e iniciativas objeto de divulgação, todos os indicadores sociais e ambientais do planeta parecem estagnar, quando não protagonizam um autêntico retrocesso.[5]

Pululam os prêmios de responsabilidade socioambiental e os índices de sustentabilidade,[6] que, longe de sinalizar um salto efetivo na consciência organizacional, parecem impulsionar um mero processo de transposição dos anseios competitivos de empresas e empresários, de terrenos mais tradicionais, como o da qualidade, por exemplo, para o mais *branché* e *cool* da sustentabilidade.

Todo mundo já ganhou, está ganhando ou vai ganhar algum reconhecimento pela atuação exemplar na seara da responsabilidade empresarial, mas uma ponderação severa e criteriosa não conseguirá identificar muitas empresas que tenham incorporado valores éticos, sociais e ambientais em sua forma de gestão e modelo de negócio.

Assim, questiona-se o significado de uma empresa de petróleo financiar a pintura das paredes de uma creche, caso não esteja investindo em energias renováveis (que representam o âmago de seu negócio), ou de um banco apoiar um torneio de basquete para deficientes físicos, enquanto mantém uma carteira de empréstimos e investimentos em setores que representam a velha e insustentável economia, amparada pela tragicômica ilusão das métricas do PIB.

Muitos profissionais da sustentabilidade aprenderam um jargão e ensaiaram algumas atitudes, mas parecem atuar nessa área com impecável profissionalismo, tal como poderiam desempenhar qualquer outro papel: o importan-

---

[5] Vide o estado de implementação das Metas do Milênio (http://www.un.org/millenniumgoals/), o relatório da Avaliação Ecossistêmica do Milênio (http://www.millenniumassessment.org) e os relatórios sobre o Aquecimento Global elaborados pelo IPCC (http://www.ipcc.ch/).
[6] A esmagadora maioria dessas iniciativas carece de instrumentos de verificação e auditoria, sobre as "autodeclarações" das empresas participantes.

te é "crescer" *sempre* e "vencer" *sempre*. A nova catequese é "sair na frente" em responsabilidade social, liderar nessa área sem compartilhar "o segredo" com ninguém: o modelo é o mesmo que se pretende abandonar e as condutas são impregnadas do equívoco do "politicamente correto" dos movimentos ecológicos mais radicais, acometidos pela doença do pluralismo relativista – em que todos têm o direito da palavra (mesmo quando nada têm para dizer), mas desaconselha-se falar o que se pensa e se sente verdadeiramente.

Dizer o que realmente importa, tanto no ambiente empresarial como na vida desta bizarra sociedade que criamos, é considerado, amargaria Clarice Lispector, uma "gafe"...

Diante desse estado de coisas e ponderando, de forma apreciativa, os inegáveis avanços alcançados, apesar de tudo, pelo movimento da RSE, resta se perguntar: por que os mais de R$3 bilhões investidos anualmente, no Brasil, em filantropia, ação social, investimento social privado e responsabilidade empresarial não parecem lograr resultados efetivos? Por que a maior parte das organizações está envolvida em iniciativas que carecem, de forma cabal, de qualquer relevância e materialidade, deixando totalmente inalterado seu *"business as usual"*?

Ou do ponto de vista do movimento da responsabilidade social e das consultorias em sustentabilidade: onde estamos errando e como podemos amenizar essa sensação constante de frustração, pela inocuidade de nossos esforços cotidianos?

O modelo integral AQAL,[7] desenvolvido pelo filósofo Ken Wilber, pode oferecer uma formidável resposta a essas perguntas, representando um mapa que orienta nossas futuras opções estratégicas, a partir de uma melhor compreensão da realidade subjacente.

Em sua mais grosseira simplificação, o modelo propugna por uma representação original da realidade, em quatro quadrantes absolutamente complementares e irredutíveis entre si: o Superior Esquerdo, simbolizando o *Interior do Indivíduo* (também denominado de "intencional" e incluindo sua mente percepções, emoções, símbolos, idéias e valores individuais); o Superior Direito, representando o *Exterior do Indivíduo* (também denominado de "comportamental" e incluindo tanto sua estrutura física e funcional quanto seu comportamento, atitudes e manifestações externas); o Inferior Esquerdo, simbolizando o *Interior do Coletivo* (também denominado de "cultural", correspondendo, em uma empresa, a seus valores coletivos e à sua cultura

---

[7] AQAL é acrônimo de *"All Quadrants, All Levels"*. Não se pretende, aqui, fornecer explicações exaustivas sobre o modelo, mas só utilizar seu esquema mais básico, com o objetivo de categorizar as várias ferramentas e estratégias de RSE. A obra de Ken Wilber é divulgada, no Brasil, por Ari Raynsford: vide em http://www.ariray.com.br/

organizacional, como compartilhada por seus integrantes); e, por fim, o Inferior Direito, representando o *Exterior do Coletivo* (também denominado de "social" e incluindo as estruturas, mecanismos e ferramentas criados e implementados pela comunidade-empresa).[8]

Uma análise superficial das ferramentas de gestão e iniciativas empresariais, no campo da responsabilidade social corporativa, mostrará imediatamente, em toda a sua aflitiva dramaticidade, *a quase exclusiva convergência de esforços do movimento no quadrante Inferior Direito* (Exterior do Coletivo ou "social").

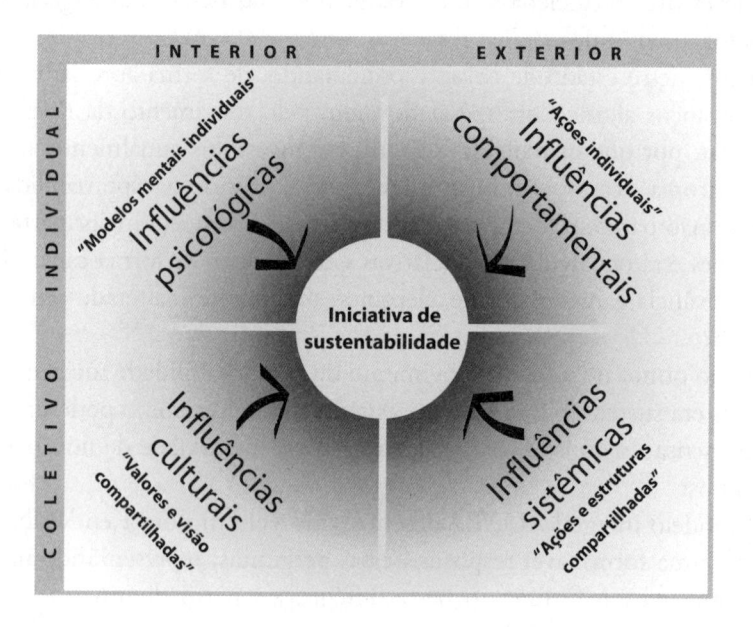

De fato, todos os instrumentos, métricas, indicadores e iniciativas, sejam eles o Pacto Global, a *Global Report Initiative*, os Indicadores ETHOS de Responsabilidade Social, a SA8000, a AA1000, os balanços sociais e os relatórios ambientais, o Índice de Sustentabilidade Empresarial (ISE) da BOVESPA, os inúmeros prêmios de RSE ou os Códigos de Ética e de Conduta, se situam exatamente *no contexto da transformação da estrutura externa da organização empresarial* (Exterior do Coletivo), impactando de forma bastante marginal ou nula a cultura organizacional (Interior do Coletivo), os valores das pessoas-funcionários (Interior do Indivíduo) e suas próprias posturas pessoais (Exterior do Indivíduo).

[8] Vide figura criada por Barrett Brown, "*The Four Worlds of Sustainability: Drawing Upon Four Universal Perspectives to Support Sustainability Initiatives*", *AQAL Journal*, fevereiro de 2007.

O mapa oferecido por Ken Wilber nos permite verificar, a título de exemplo, as razões da persistência da corrupção, em empresas que têm declarações de princípios éticos e códigos de conduta. Obviamente, trabalhou-se na estrutura externa do quadrante social (elaboração, discussão e aprovação do instrumento "código de ética": Exterior do Coletivo), mas não se atentou ao Interior do Coletivo (cultura organizacional: sempre se pagaram propinas e continua-se pagando), ao Exterior do Indivíduo (o funcionário-pessoa, cuja conduta individual, dentro e fora da empresa, não é alterada por regras colocadas em um pedaço de papel), e ao Interior do Indivíduo (sistemas de valores e consciência pessoal, que também não foram influenciados pela mera divulgação corporativa de uma declaração de princípios).

Entende-se, ainda, como uma empresa pode, por exemplo, ingressar o Índice Dow Jones de Sustentabilidade ou o nacional ISE da BOVESPA (instrumentos do quadrante Inferior Direito), sem "*ser*" socialmente responsável ou contribuir *efetivamente* para uma sociedade sustentável, cujo resultado só será alcançável por meio de um processo quádruplo de mudança (ação combinada nas quatro perspectivas que compõem a realidade, três das quais são quase totalmente ignoradas pelos próprios questionários de admissão nesses índices).

Dessa forma, o consultor em sustentabilidade será convidado a auxiliar a organização, na tentativa de obter reconhecimentos "de quarto quadrante" (ganhar um prêmio de RSE ou ingressar em carteira privilegiada de ações), que só testemunham o eventual progresso da empresa com relação a uma das quatro facetas da realidade. O desconforto que advém do sentimento de que "ainda falta algo" (a consciência subjetiva e intersubjetiva, bem como a esfera comportamental individual, foram trabalhadas somente de maneira marginal e indireta...) não pode certamente surpreender.

Uma brilhante pesquisa conduzida por Barrett Brown, também utilizando o modelo AQAL, sobre os oito livros que podem ser considerados "clássicos" da literatura sobre desenvolvimento sustentável,[9] produziu conclusões impressionantemente semelhantes, ao descobrir que todos os textos analisados oferecem representações da realidade, conceitos e sugestões prevalente e invariavelmente focados no quarto quadrante (Exterior do Coletivo ou social).

Quer se trate de *Capitalismo Natural* do Rocky Mountain Institute ou de *The Natural Step*; da *Ecologia do Comércio*, de Paul Hawken, ou do relatório *Nosso Futuro Comum*, da Comissão Bruntland; de clássicos de Lester Brown ou do World Business Council for Sustainable Development: todos os livros mais inspiradores de gerações de militantes das causas ecológicas, sociais e desenvolvimentistas concentraram-se em ana-

---

[9] Vide Barrett Brown, op. cit.

lisar, ou sugerir mudar, a estrutura ou o sistema do Exterior do Coletivo (quadrante inferior direito).

Dessa forma, entende-se, também, a eficácia somente parcial da aplicação ao meio empresarial, tão em voga, de aspectos cada vez mais populares da física quântica, física da relatividade, cibernética, teoria dos sistemas dinâmicos, teoria da complexidade, teoria do caos e autopoiese:[10] essas teorias só dialogam e atuam no âmbito do "sistema" empresa e de sua estrutura coletiva externa (quadrante inferior direito, novamente), mas nada nos dizem sobre o processo de expansão da visão de mundo e consciência espiritual do indivíduo-funcionário (quadrante superior esquerdo), da consciência organizacional e da cultura coletiva ou comunal da empresa (quadrante inferior esquerdo) e da esfera comportamental da pessoa-membro da corporação (quadrante superior direito).

A questão não é como transmigrar de um suposto "paradigma" cartesiano para um novo "paradigma" holístico, pois ambos só se referem ou representam *um quarto* da realidade que desejamos reconstruir.

Em suma, nossa frustração decorre de um equívoco tático: acreditamos que seria possível construir uma realidade diferente, agindo sistematicamente apenas sobre um quarto dela, enquanto atenção e esforços mínimos foram endereçados aos restantes três quartos do Todo que pretendíamos modificar: como poderia dar certo?

Obviamente, as ferramentas de gestão e demais iniciativas de "quarto quadrante" também geram efeitos, indiretos e mediatos, nas outras três esferas (não há separação estanque entre quadrantes, mas integração dinâmica): entretanto, é preciso adotar estratégias mais abrangentes e *integrais*, que nos permitam consolidar propostas de intervenção e transformação mais profunda, nos três quadrantes até agora negligenciados.

Algo, desse ponto de vista, já está acontecendo.

Quando o presidente global da Unilever leva os presidentes das filiais mundiais para uma experiência vivencial na selva do Sri Lanka,[11] ele está basicamente trabalhando o primeiro quadrante (Interior do Indivíduo).

Quando o Instituto ETHOS de Empresas e Responsabilidade Social estipula parceria estratégica com o programa Vivendo Valores nas Organizações (VIVO) da Universidade Brahma Kumaris, também está se propondo a interagir, de forma extraordinariamente pioneira, nos quadrantes menos percorridos pelo movimento da responsabilidade social empresarial.

O caminho é infinitamente árduo, mas agora temos, finalmente, *um mapa*.

---

[10] Vide Ken Wilber, *A União da Alma e dos Sentidos*, Ed. Cultrix, 2006.
[11] Vide Ken O'Donnell, *Valores Humanos no Trabalho*, Ed. Gente, 2006.

CONSIDERAÇÕES FINAIS

O que fazer com esse mapa, se não agir, de imediato, no presente, como forma de construção do futuro que desejamos?

Dentro da visão dual convencional, da realidade assim como a conhecemos, estamos acostumados a distinguir o passado, o presente e o futuro, justificando reiteradamente nossa inércia no presente, por meio do conceito de "processo". "Não posso implementar *agora* uma gestão socialmente responsável: é um *processo*, preciso de tempo...".

Essa litania ensaiada pela maior parte das organizações, visando embasar a procrastinação sistemática de políticas e iniciativas concretas, voltadas para a sustentabilidade, faz par com outro mito consolidado: o de que o desenvolvimento sustentável só pode ser alcançado no futuro, como resultado de um processo de longo prazo. Mas a sustentabilidade só existe, realmente, no longo prazo? Mesmo dentro de uma visão ainda não-integral e fundamentalmente dual, cabe o alerta de que "uma viagem de mil quilômetros inicia-se com o primeiro passo".

Por outro lado, saindo das obviedades mais ao alcance, deveremos reconhecer, ao tentarmos captar vislumbres de uma percepção não-dual, que "... qualquer pensamento do amanhã, apesar dos pesares, é um pensamento *presente*".[12] O único tempo de que dispomos, em nossa experiência humana, é o presente, o Aqui e Agora. "Não existem, com efeito, nenhum antes e nenhum depois para a Mente. Existe apenas um *agora*, que inclui lembranças [do passado][13] e expectativas [do futuro][14]...".

Em suma, se abandonarmos a ilusão denominada "tempo", "o passado e o futuro desmoronam no agora, o antes e o depois desmoronam no presente, a linearidade desmorona na simultaneidade e o tempo se esvai na Eternidade".[15] Ou avançando ainda mais na direção de uma abordagem sincrônica de caráter não-dual, aflora o entendimento de que "o momento presente contém todo o tempo e é, portanto, sem fim, e daí que *esse presente sem-fim seja a própria eternidade* – um momento sem data e sem duração, extensão ou sucessão, passado ou futuro, antes ou depois, tendo a totalidade da sua existência simultaneamente, o que é a natureza da Eternidade".[16]

Usar o mapa esboçado neste capítulo, ou qualquer outro mapa, como sustentáculo de um "futuro" que não existe se não na construção incessante do presente... eis a maior das enganações em que poderíamos cair.

[12] Vide Ken Wilber, *O Espectro da Consciência*, op. cit., p. 80.
[13] Inserção nossa.
[14] Idem.
[15] Vide Ken Wilber, *O Espectro da Consciência*, op. cit., p. 80.
[16] Ibidem.

Sustentabilidade não é algo a ser construído no longo prazo, pois o único tempo possível para criar uma sociedade mais justa, social e ecologicamente responsável é agora. Este Agora, sem início nem fim, que se chama de "eternidade". Um tempo que já estamos vivendo, mas no qual, ironicamente, procuramos constantemente penetrar, em busca de uma mitológica "vida eterna".

Mas, parafraseando o ensinamento espiritual definitivo de que "a vida eterna pertence aos que vivem no presente", poderemos chegar a uma única conclusão possível: *a sustentabilidade da sociedade humana só pode pertencer aos que agem no presente*, acrescentando seu grãozinho de areia ao sumo edifício da justiça social, da fraternidade humana e da cidadania planetária.

Um desenvolvimento "sustentável" tem de ocorrer agora – e só pode ser agora –, pois não existe, simplesmente, qualquer alternativa.

REFERÊNCIAS

BROWN, Barrett. "The Four Worlds of Sustainability: Drawing Upon Four Universal Perspectives to Support Sustainability Initiatives", *AQAL Journal*, fevereiro de 2007.

O'DONNELL, Ken. *Valores humanos no trabalho*. Ed. Gente, 2006.

WILBER, Ken. *O espectro da consciência*. São Paulo: Ed. Cultrix, 1977.

_____. *A união da alma e dos sentidos*. São Paulo: Ed. Cultrix, 2006.

CAPÍTULO 11

DA MATRIX PARA O SELF: O DESAFIO EVOLUCIONÁRIO DA MÍDIA E DAS ORGANIZAÇÕES

Rosa Alegria

RESUMO

Estamos vivendo a dialética de uma era extraordinária, com potencial para a evolução da consciência e, ao mesmo tempo, nossa capacidade de imaginar um futuro desejado tem sido cada vez mais precária. Na turbulência das crises econômicas e das transformações advindas da globalização, neste momento de incertezas e descrença, é fundamental que a mídia mude os filtros com que normalmente se propõe a traduzir a realidade, dramaticamente revelada de forma distorcida e negativa. Este capítulo se propõe, por meio de uma pequena coleção de pensamentos, a despertar as organizações em seu potencial criativo para seu papel transformador como pólos de uma nova consciência que conduza a coletividade ao desenvolvimento sustentável. Do universo das realidades distorcidas e do faz-de-conta que aqui denomino Matrix, a convocação é ingressar na travessia transformadora que leve ao paraíso reunificador do Self, a referência original da nossa essência criativa e regeneradora.

INTRODUÇÃO

Chegamos a um novo estágio da evolução social, espiritual e cultural. Diferente dos estágios anteriores, porque as mudanças vinham de vilarejos, de tribos nômades, de cavernas. Estamos saindo de sociedades industriais para um processo de interconexão, com base em sistemas de informação sociais, econômicos e culturais que permeiam o planeta.

O caminho dessa evolução não é suave: dói como um parto.[1] Como diz Barbara Max Hubbard, estamos parindo um novo mundo ou até podemos nos sentir vivendo num mundo novo em gestação, referindo-se à visão de Rose Marie Muraro.[2] A era da globalização está trazendo grandes transformações, como a que Ervin Laszlo chama de macrotransição,[3] resultado de uma nova consciência dos membros do sistema. A era contemporânea está chegando ao fim: olhando pelos injustos arredores, respirando o impoluto ar carbônico, tentando sobreviver ao caos e às vias transitadas das grandes metrópoles, assistindo ao frenesi fabricado para aliciar consumidores vorazes, podemos evidenciar que essa era não é mais sustentável.

A ÉTICA E A ERA DA MÍDIA

Para concretizarmos a possibilidade de um mundo mais sustentável e humano, temos de rever os valores éticos que a mídia, em seu reinado absoluto na era da informação, tem propagado, e repensar as escolhas dos meios de comunicação, na difusão de hábitos, pensamentos e culturas. Para curar essa cultura repleta de doenças que transcendem a esfera social e afetam o estado físico, como a anorexia nervosa e a bulimia (provocadas pela ditadura da magreza estampada nas capas de revista), a neofilia (manifestação compulsiva e patológica por novos produtos lançados pelo marketing), os índices crescentes de obesidade infantil, que só nos últimos 20 anos aumentou 240%, isto sem falar do déficit de atenção e no infoestresse provocados pelo excesso de carga informativa.

O momento é de grande potencial e infinitos recursos. O acesso à mídia de massa tem aumentado mais do que nunca na história. Essa expansão envolve rádio, televisão, computadores e telefones móveis, todos cada vez mais baratos, e a nova mídia *broadcast*, como satélites e internet, que aumentam o acesso e a possibilidade de escolha.

Mais e mais pessoas participam ativamente daquilo que a futurista Hazel Henderson chama de "midiocracia",[4] um poder fortalecido pelo acesso aos

---

[1] Essa é uma imagem criada pela futurista Barbara Max Hubbard em seu livro *Conscious Evolution*, ainda não publicado no Brasil.
[2] Em seu livro *Mundo novo em Gestação*, Rose Marie Muraro nos alerta que estamos num raro momento histórico, num novo ponto de mutação de nossa espécie.
[3] A visão de futuro de Ervin Laszlo traz na macrotransição a urgência de uma mudança de rota por meio da evolução da consciência. Vide livro *Macrotransição: o desafio para o terceiro milênio*.
[4] Hazel Henderson, conhecida por sua visão evolutiva da economia, cunhou o termo "midiocracia" em sua vasta obra, em destaque nos livros *Trascendendo a Economia* e *Construindo um mundo onde todos ganhem*, ambos publicados no Brasil pela Editora Cultrix.

meios de informação e, ao mesmo tempo, ameaçado pelo excesso de poder concentrado pelos grandes grupos. A nova ordem é abrir espaço para múltiplas vozes, promover a participação em conversas públicas e desenvolver uma cidadania informada. A conversação passa a imperar nas relações comerciais. A internet, até então voltada para resultados financeiros, passa a focar mais a qualidade das conversações com os mercados na micromídia. Alguns sinais dessas mudanças são a crise da mídia impressa, o advento da Web 2.0, a expansão da propaganda on-line, a revolução do YouTube, 27 milhões de blogs, os podcasts e videocasts, os wikis e o poder do boca-a-boca pela busca da transparência e da confiança.

Manifestações da sociedade já podem ser observadas como resistência a essa concentração de poder sobre a informação. Numa pesquisa realizada em 2006 com jovens pela Bloomberg, em parceria com o jornal norte-americano *Los Angeles Times*, 28% dos adolescentes e 38% dos jovens adultos ouvidos disseram preferir se informar a partir dos canais de televisão locais, que são a fonte de notícias mais procurada por eles depois das conversas com amigos e família.

A CRISE DA CONFIANÇA

A economia atual está na berlinda e, em seu colo, estão as organizações. Depois dos grandes escândalos corporativos como os da Enron, WorldCom e Parmalat, as empresas têm se esforçado para incorporar a ética e a transparência em seu dia-a-dia. No entanto, há uma grande crise de confiança. O público confia cada vez menos nas organizações. Os clientes têm menos confiança e até mesmo os funcionários não confiam na empresa em que trabalham. Recente pesquisa realizada em 2006 pela consultoria inglesa Edelmann (Barômetro da Confiança) em 11 países indica que a comunicação de igual para igual – com alguém no mesmo nível hierárquico ou companheiro de trabalho – tem muito mais credibilidade do que a que vem oficialmente da empresa. Aumentou de 22% em 2003 para 68% em 2006 a proporção daqueles que dizem acreditar muito mais em seus colegas do que na comunicação que vem da empresa. Será o mundo real aquele que os murais de avisos e publicações institucionais estão querendo mostrar? Sair da Matrix dos números manipulados, das notícias maquiadas e das pílulas douradas pode representar uma ação corretiva imediata para o resgate da reputação institucional. Entrar no Self da consciência ambiental, da responsabilidade social, da valorização da vida, é o chamado para as organizações que se propõem a ser sustentáveis e a trabalhar para a sustentabilidade do Planeta.

O ESPELHO EMBAÇADO

Um dos mais importantes físicos modernos, Oppenheimer, já revelou que não vivemos num mundo real; vivemos num mundo que nós criamos. A mídia cria realidades que nos afetam o tempo todo e até confina a realidade em si mesma.

Nessa macrotransição planetária, há uma pergunta que habita o inconsciente coletivo e que não quer se calar: estamos vivendo num mundo virtual ou num mundo real? Entrando no roteiro futurista da trilogia do cinema, mergulhamos na Matrix midiática, da qual não conseguimos sair. É como se estivéssemos nos olhando num espelho embaçado, alimentando-nos pelo reverso de uma cultura destrutiva, por meio de imagens distorcidas.

A cobertura das notícias também é distorcida. Uma pesquisa realizada em 1998 pelo ILANUD – órgão da ONU que estuda a prevenção dos delitos e o tratamento da delinqüência –, intitulada "Crime e TV", acompanhou durante uma semana a programação de 27 telejornais exibidos pelas emissoras de canal aberto existentes no país. "Percebeu-se uma distorção gritante entre a ocorrência na realidade e a freqüência na divulgação pela mídia", afirmou Karyna Sposato, responsável na época pela organização no Brasil. Por exemplo, enquanto os crimes de homicídio ocuparam 59% das notícias veiculadas, sua real incidência no mesmo período foi de 1,7%. Podemos constatar que essa distorção tem sido o padrão da mídia brasileira.

O filme "Matrix", em sua trilogia premiada, propõe que o mundo em que vivemos e que chamamos de realidade é, na verdade, um pesadelo coletivo, um mundo ilusório criado e mantido por computadores. E assim estamos: sendo tragados pela Matrix da mídia e vivendo um pesadelo coletivo, desprovidos de sonhos, utopias, sem imaginação – a qual se perdeu. Para reencantar nossa realidade e restaurar o mundo em que vivemos, é urgente que enriqueçamos nossa linguagem deficitária,[5] que se produzam conteúdos construtivos e que se oxigene o imaginário coletivo, para que a sociedade desembace seu espelho, caminhe na direção da luz e floresça.[6]

A escolha por optar pelas luzes, pelas soluções e pelas possibilidades futuras poderá transformar a mídia em seu propósito de criar uma nova civilização e despertar cada ser humano para o sentido maior de sua existência: entrar em contato com a própria vida.

---

[5] David Cooperrider, um dos mais reconhecidos pensadores do mundo organizacional da atualidade, criou o método apreciativo que contempla o que é positivo no lugar do que é deficitário; valoriza a importância da linguagem regeneradora e seu potencial de construir o futuro, propondo a revisão da linguagem deficitária que norteia os sistemas da mídia e das empresas.

[6] Fred Polak, ao publicar sua obra reveladora *A Imagem do Futuro em 1952*, descreve a sociedade pós-guerra envolvida pelo medo e faz uma leitura da história da humanidade que teve seus pontos de ascendência e decadência por meio das imagens de futuro.

O que se vê e se lê na mídia não é o que dá vida. Uma vez que a vida se reinstale nos meios de comunicação em seu poder de criar e regenerar nossa fé e capacidade de sonhar, as sociedades passarão a idealizar um futuro melhor e serão capazes de projetar o amanhã para superar crises (que são muitas e sempre existirão), guerras, epidemias e revoluções. A mídia poderá adotar um olhar prospectivo, e não retrospectivo. Poderá acender o farol de milha, com cenários alternativos, caminhos múltiplos, tendências e projeções que alertam e mobilizam, em vez de só olhar pelo retrovisor, com perspectivas informativas que se restringem ao fato cristalizado, a tudo o que já foi e não pode mais mudar o rumo da história.

Podemos aprender com a Biologia, que revela pela ciência o comportamento das culturas. Diz o princípio heliotrópico que as plantas crescem na direção da luz do sol. Assim como as culturas florescem na direção da esperança. É urgente que a sociedade entre em contato com as possibilidades e veja refletidas no espelho imagens vívidas de seu próprio potencial criativo.

O DÉFICIT DO DISCURSO

As relações humanas sustentam a vida nas organizações e as fazem florescer. Nesse contexto relacional, a linguagem estabelece os padrões da cultura organizacional. Nessa perspectiva, que traz a soberania da linguagem construtiva, é preciso observar o que prevalece no vocabulário: se são palavras e conceitos que constroem ou destroem o potencial criativo. Em seu livro *Appreciative Inquiry: An Emerging Direction for Organization Development*, o consultor norte-americano David Cooperrider, autor do método apreciativo, que privilegia as soluções em lugar da solução de problemas, propõe que se criem vocabulários portadores de esperança, teorias, evidências e ilustrações que tragam às organizações novas imagens orientadoras de possibilidades. A visão de Cooperrider é a de que um discurso de esperança é ingrediente essencial na transformação organizacional porque leva à ação criativa. O desenvolvimento sustentável só será possível por meio da consciência cósmica coletiva de uma civilização mobilizada pela esperança e pelo imaginário construtivo. Colocar desenvolvimento sustentável na pauta das estratégias implica conceber a capacidade de um superávit de possibilidades.

ENTRANDO EM CONTATO COM A MÍDIA INTERIOR

Nessa jornada em busca do contato com a mídia interior, faz-se necessária a passagem da Matrix, fragmentada e pulverizada por realidades confinadas e distorcidas, para o Self, o principal arquétipo estudado por Jung, que é a nossa essência, o centro de nossa personalidade. Dele, emana todo o potencial energético de que a psique dispõe. É o ordenador dos processos psíquicos. Integra e equilibra todos os aspectos do inconsciente, devendo proporcionar, em situações normais, unidade e estabilidade à personalidade humana.

Para a regeneração vital dos sistemas midiáticos e dos conteúdos, é preciso que os comunicadores e gestores entrem em contato com sua mídia interior, prática amplamente difundida pela rede de transformação social "Imagens e Vozes de Esperança", criada pela Organização Brahma Kumaris, dedicada à cultura da paz por todos os continentes.[7] Refletir sobre seu propósito no mundo e situar-se com clareza em seu momento histórico são atitudes que podem trazer um novo significado aos profissionais de comunicação, que hoje vivem dias de inquietante incerteza com relação ao real propósito do que fazem e às supostas ameaças das novas tecnologias que estão desconstruindo os velhos paradigmas na relação agente-receptor de informação.

No âmbito das organizações, devem-se criar usinas criativas e espaços de aprendizagem que favoreçam o livre pensar e fertilizem a imaginação para que indivíduos se reúnam em torno de idéias e compartilhem visões de futuro; promover o contato com a mídia interior e a espiritualidade coletiva oxigenará os sistemas de aprendizagem e gerará insights reveladores. Conectar as pessoas criativamente com a vida de outras pessoas, colocando-as a serviço do mundo, poderá lhes trazer mais significado e entusiasmo ao que fazem no dia-a-dia.

FIQUEMOS A VER NAVIOS

Uma história incrível, que acredito ser verdadeira, conta que quando os índios americanos nas ilhas caribenhas viram as naus de Colombo se aproximarem, na verdade eles não conseguiam ver nada, pois não eram parecidas com nada que tivessem visto antes. Quando Colombo chegou ao Caribe, nenhum nativo conseguia enxergar os navios, mesmo estando eles no horizonte. A razão de não verem os navios era o fato de não terem conhecimento daquela realidade em seu universo cognitivo. Seu cérebro não tinha experiência de que os navios existiam.

O shamã começa a notar ondulações no Oceano. Mesmo não vendo os navios, imagina o que está causando aquilo. Então, ele começa a olhar todos os dias e, depois de certo tempo, ele consegue ver os navios. E, quando ele

---

[7] O IVE "Imagens e Vozes de Esperança", www.ive.org.br, nasceu nos Estados Unidos em 1999 e resultou de uma idéia lançada pela jornalista norte-americana Judy Rodgers, com o propósito de alertar e inspirar os comunicadores para seu papel de agentes de transformação com o poder que têm na construção e disseminação de imagens e mensagens. Nasceu como iniciativa da organização de educação para a paz Brahma Kumaris.

enxerga os navios, conta para todos que existem navios lá. Como todos confiavam e acreditavam nele, também conseguem enxergar.

Precisamos reaprender a ver navios e, para isso, valorizar o que acontece dentro de nós. Fomos condicionados a crer que o mundo externo é mais real que o interno. Na ciência moderna, ocorre justamente o contrário. Ela diz que o que acontece dentro de nós criará o que se dá externamente. E é o que vai nos fazer ver coisas que nunca vimos.

Para resgatarmos os valores éticos e incorporá-los aos sistemas da mídia, precisamos urgentemente ver navios e entrar em contato com nossa mídia interior. O que acontece dentro de nós é o que vai acontecer lá fora, na mídia exterior.

O NEO-RENASCENTISMO DA MÍDIA

Somos e seremos cada vez mais co-criadores de uma nova mídia. A criatividade coletiva, livre e solta está por toda parte. Nunca foi tão fácil criar.

Segundo estudo realizado pela IBM em 2006, cerca de 70% do universo digital será gerado por indivíduos em 2010.

Em meio ao fenômeno do "jornalismo cidadão" na internet, os veículos tradicionais de mídia em diversas partes do mundo estão descobrindo que os leitores podem ser muito mais que espectadores das notícias. BBC, CNN, *Estadão*, *O Globo* e *Lance!* são alguns dos veículos que abriram canais virtuais para receber fotos ou textos de notícias dos cidadãos. As agências de notícias Reuters e Associated Press se associaram a sites de "jornalismo cidadão" para distribuir fotos amadoras à imprensa do mundo todo. Até o jornal *The New York Times*, considerado o mais influente do planeta, passou a publicar em seu site vídeos enviados por leitores.

O advento de iniciativas como a plataforma multimídia Mercado Ético,[8] da qual faço parte como conteudista e diretora, e que se propõe a inspirar a sociedade a adotar práticas sustentáveis de vida, só amplia o universo de possibilidades de uma acelerada mudança positiva.

A COERÊNCIA COMO INDICADOR DO FUTURO

A ruptura entre o que se diz e o que se faz permeia a sociedade, a família, a escola e a organização. A passagem da Matrix para o Self pode representar para o ambiente de trabalho uma jornada de impressionante valor, um ajuste

---

[8] Mercado Ético é uma plataforma multimídia que integra internet, WEBTV, rádio, mídia impressa e TV por assinatura, versão brasileira de Ethical Markets, série de televisão criada por Hazel Henderson, presente em vários países. O portal www.mercadoetico.com.br integra todas as mídias e dissemina o conceito de sustentabilidade.

de realidades e o resgate da confiança. Em nosso confinamento de possibilidades, somos normalmente tragados pela matrix do faz-de-conta: fazemos de conta que queremos, fazemos de conta que aprendemos, fazemos de conta que acreditamos. Quando esse ciclo de ilusões se romper, certamente a irracionalidade virá à tona e dará lugar a um novo padrão de relacionamentos, em que o self passe a ser a morada peremptória da geração de valores humanos, sociais e ambientais. Será preciso adotar nos sistemas de avaliação de comportamento e desempenho, além de demonstrar nos relatórios de sustentabilidade, índices de coerência que servirão de certificação para a legitimidade do discurso.

CONSIDERAÇÕES FINAIS

As escolhas que fizemos no passado nos conduziram a este mundo em desconstrução, que hoje pede ação coletiva e criativa para que se restaurem os sistemas básicos de sobrevivência e se resgatem os valores universais.

Ainda temos algum tempo para fazer novas escolhas, desde que os sistemas midiáticos extra- ou intra-organizações possam ajudar na criação de um universo imaginário que reúna um conjunto de possibilidades e caminhos. Campanhas publicitárias, programação de televisão, reportagens em jornais e revistas.

A ética soberana de uma nova mídia que desperte para uma nova consciência que promova o desenvolvimento sustentável poderá criar a cultura da esperança, combustível que aciona o motor do futuro e que nos fará resgatar aquilo que o frenesi do sistema tecnoprodutivo nos roubou: a capacidade de sonhar e imaginar um mundo habitável e acolhedor a toda a civilização planetária.

Peter Drucker chamava essa nova era de economia imagética da sociedade pós-capitalista, na qual o centro de gravidade da cultura não é mais o capital ou o trabalho, mas o conhecimento, as idéias e a inovação.

O grande teste para a nossa civilização é saber se seremos capazes de mudar o rumo da história por meio de um novo imaginário coletivo. Para mudar o que temos de mudar, teremos de reinventar um repertório de anseios e expectativas como seres espirituais e imagéticos que somos, relacionando-nos com novas realidades, além do tempo e do espaço.

Diante desse decisivo desafio evolucionário, conseguiremos sair da Matrix e nos reencontrar no Self de uma nova unidade cósmica para criar um futuro sustentável?

REFERÊNCIAS

ABURDENE, Patricia. *Megatrends 2010 – O poder do capitalismo responsável*. São Paulo: Campus/Elsevier, 2006.

COOPERRIDER, David. *Investigação apreciativa*. São Paulo: Editora Quality Mark, 2006.

DAVIS, Melinda. *A nova cultura do desejo – 5 estratégias novas e radicais para mudar seus negócios e sua vida*. São Paulo: Editora Record, 2002.

HENDERSON, Hazel. *Construindo um mundo onde todos ganhem*. São Paulo: Editora Pensamento-Cultrix, 1998.

_____. *Transcendendo a economia*. São Paulo: Editora Pensamento-Cultrix, 1997.

SHIFT MAGAZINE. "At the Frontiers of Conciousness – Special Issue: Conciousness and the Media", March-May 2004 – IONS (Institute of Noetic Sciences), EUA.

CAPÍTULO 12

GESTÃO DA MENTE SUSTENTÁVEL, O EXTENDED BOTTOM LINE: O DESENVOLVIMENTO SOCIOAMBIENTAL COMO QUESTÃO DA COMUNICAÇÃO E DA CONSCIÊNCIA

Evandro Vieira Ouriques

RESUMO

Trato aqui da fundamentação teórica e operacional da metodologia GMS – Gestão da Mente Sustentável®: o Extended Bottom Line – EBT, por mim criada em 2005, juntamente com os conceitos Mente Sustentável e Sustentabilidade da Mente. Testada e reconhecida nacional e internacionalmente pela Academia, Terceiro Setor, Mercado e Sociedade, a GMS® é resultado de investigação transdisciplinar. Entende que a justiça social, a eqüidade econômica e a segurança ambiental decorrem da sustentabilidade – e não o contrário – e que, por sua vez, a sustentabilidade é o resultado de uma *mente sustentável* que, ao ampliar a gama de dimensões envolvidas no processo, viabiliza de fato mudança de atitude e resultados tangíveis. Ou seja, trata-se da gestão do *fluxo de estados mentais* (conceitos, perceptos e afetos) através de práticas próprias, de maneira a compreender as origens e repercussões na ação do que se pensa, percebe e sente, para então poder mudar de atitude, optar e exercer valores e práticas que viabilizam Diálogo, Responsabilidade Cidadã, Responsabilidade

Social, Políticas Públicas e Sustentabilidade, esses outros nomes do Desenvolvimento[1] Socioambiental.

INTRODUÇÃO

A primeira vez que apresentei essa metodologia em um grande fórum especializado da área foi na Conferência Internacional do Instituto Ethos de 2005.[2] No desafio então lançado por aquele encontro, sob o tema geral "Parcerias para uma Sociedade Sustentável", o Instituto Ethos perguntava-se sobre os motivos do imenso *gap* entre as palavras éticas e as ações éticas: ou seja, como é possível fazer com que o que já se sabe que precisa ser feito seja, de fato, feito?

Foi exatamente por fazer essa pergunta sobre como sincronizar palavra e ato que o Instituto Ethos, por meio de Giovanni Barontini, coordenador daquela conferência, convidou-me a apresentar essa metodologia em que os três *bottoms* do *Triple Bottom Line-TBL*[3] (segurança ambiental, eqüidade econômica e justiça social) se tornam realidades tangíveis na medida precisa em que a *mente* dos sujeitos físicos e jurídicos for sustentável, uma vez a *mente*, como aqui entendida, é a instância básica e final do processo de decisão e, portanto, da sustentabilidade: isto é, seja *Mente Sustentável*, determinando, assim, pela *Sustentabilidade da Mente*, ações sustentáveis.

Essa apresentação se deu no "Painel Temático 4", dedicado ao tema "Comunicação ética e construção de valores para uma sociedade sustentável", mediado por Leno Silva e composto por Rosa Alegria, Ricardo Guimarães, por mim e por Geoff Lye, vice-presidente da SustainAbility, cujo presidente, John Elkington, criou o modelo *TBL* em 1994.

---

[1] Como se sabe, a questão do desenvolvimento é decisiva para o vigor da sustentabilidade, uma vez que a noção (o *estado mental*) ainda vigente dele, patriarcal, linear, é que gerou e gera a insustentabilidade. Por isso quando falo em desenvolvimento estou falando, como tantos que já falaram e falam sobre isso, como Hazel Henderson, Humberto Maturana, Ken Wilber etc., a psicologia profunda e a transpessoal, bem como o que move o mais profundo das tradições espirituais da humanidade, de envolvimento da dimensão econômica com a Sociedade e a Natureza. Trata-se, portanto, em verdade, de (des)envolvimento. Por isto o NETCCON.ECO.UFRJ organizou uma mesa no *Congresso Internacional O Imaginário: Envolvimento/Desenvolvimento*, uma realização do Núcleo Interdisciplinar de Pesquisas sobre o Imaginário, da Pós-Graduação em Antropologia da Universidade Federal de Pernambuco (Recife, Brasil, outubro de 2008). A mesa, coordenada por mim, foi composta pelas professoras e pesquisadoras do NETCCON.ECO.UFRJ, Cristina Rego Monteiro da Luz, Sandra Korman Dib e Rosa Alegria.
[2] Esta Conferência foi realizada de 7 a 10 de junho de 2005, no Hotel Transamérica, São Paulo-SP, e minha apresentação se deu no dia 8.
[3] O conceito *Triple Bottom Line* foi cunhado em 1994 por John Elkington, criador da consultoria SustainAbility.

A *GMS-Gestão da Mente Sustentável* ® nasceu no quadro da Teoria Sustentável da Comunicação – que venho desenvolvendo desde 2001, quando propus e defendi em minha tese de doutorado a necessidade imperiosa de contribuir para que a Academia avançasse e avance de maneira proativa como o espaço próprio para o diálogo entre os vários agentes e forças sociais, nos temas das políticas públicas, da responsabilidade social e do desenvolvimento socioambiental, de modo a não deixar a Cidadania e a Sociedade submetidas ao *regime da servidão*,[4] no sentido da clínica psicanalítica do social, às forças do Mercado, ou seja, em um regime simbólico que impõe um discurso único por meio da fala de um núcleo que se quer globalizante e diante do qual apenas restaria aos globalizados a transferência de sua potência: a mudez, o vagar e a sobrevivência consumista, ansiosa e perversa,[5] adictos a objetos da realidade (lucro, sexo, comida, segurança, time, roupas, partidos, tribos etc.) que supõem dar conta de seus vazios interiores, enquanto se vêem, de fato, capturados pelo discurso insustentável do interesse e do poder desconectados de valores maiores que possam vitalizá-los.

A GMS® surgiu, assim, da articulação transdisciplinar no campo da Teoria da Comunicação e da Teoria da Cultura, de conhecimentos vindos da Filosofia Política, da Filosofia da Linguagem, da Biologia do Conhecimento e da Psicanálise, e sob a orientação, por um lado, da abordagem comparativa constante entre as formas de sociabilidade do Ocidente e as formas de sociabilidade do Oriente e do Ocidente antigo e, por outro, do uso da *epistemologia não-dualista*,[6] de maneira a instaurar a *experiência de semelhança**, no sentido daquela que permite o vigor de valores comuns capazes de desenhar uma sociedade de fato, que responda ao desafio de termos não-violência em suas faces de justiça social, eqüidade econômica, cidadania, direitos humanos, respeito à diferença, políticas que sejam públicas e sociais: enfim, sustentabilidade em seu sentido amplo e talvez o mais próprio.

---

* Em sentido derivado da argumentação de Marcio Tavares d'Amaral.
[4] BIRMAN, Joel. *Arquivos do mal-estar e da resistência*. Rio de Janeiro: Civilização Brasileira, 2006.
[5] Perversa no sentido clínico de adição a um objeto do real. Ver, nesse sentido, a excelente obra de Charles Melman, em especial *O homem sem gravidade: gozar a qualquer preço*. Entrevistas por Jean-Pierre Lebrun. Rio de Janeiro: Companhia de Freud Editora, 2003.
[6] OURIQUES, Evandro Vieira. Desobediência Civil Mental e Mídia: a ação política quando o mundo é construção mental. Anais do X Forum Nacional de Professores de Jornalismo. 2007. Disponível em http://www.fnpj.org.br/soac/ocs/viewpaper.php?id=62&cf=1 Acesso em 2 de dezembro de 2007

SUSTENTABILIDADE DA MENTE: A ASCENDÊNCIA SOBRE O FLUXO DE ESTADOS MENTAIS

E o que é a *mente* a que me refiro? Ela é o lugar do fluxo dos *estados mentais*, no sentido de Armand e Michèlle Mattelart,[7] ou seja, e este é o meu entendimento, o lugar do fluxo* dos pensamentos (conceitos), dos perceptos (maneiras de ver e escutar) e dos afetos (maneiras de sentir, experimentar): portanto, a "mesa", a "cadeira"[8] em que são tomadas todas as decisões. A *mente* é, então, o lugar da produção ativa do comportamento no mundo o lugar do movimento**, a instância que permite a criação efetiva, e não apenas nominal, de modos sustentáveis de vida.

Portanto, é apenas com o exercício da complexidade da *mente* que é possível fazer vigorar a sustentabilidade. Inclusive para lembrar ou esquecer, por meio da compreensão em relação ao experimentado, de referências e/ou dores, e, assim, viabilizar que sujeitos físicos e jurídicos comuniquem-se de fato – e sustentem a comunicação – de modo aberto e multicultural (exigência da globalização de mercados) para o que se impõe agir de maneira não-orgulhosa, não-ressentida, não-vingativa, não-cruel, não-desconfiada, não-agressiva, em suma, não-violenta, pois apenas essa atitude é realmente prática, já que permite transformar nossa ação no mundo e, por esse único meio possível, transformar a ação organizacional no mundo. Ou seria prática a atitude que, em nome de ser prática, tornou o mundo insustentável?

É nesse sentido que a *Gestão da Mente Sustentável*® foi construída no processo iniciado no final dos anos 60, quando ficou claro para mim, na ambiência então marxista das ciências humanas, que a força da *mente*, da capacidade de *imaginar e fazer*,[9] a força da sensibilidade em relação à

---

* Ver os tabalhos de Deleuze e Antonio Negri sobre Spinoza.

** Se para Deleuze são necessários os três – o *conceito* (novas maneiras de pensar), os *perceptos* (novas maneiras de ver e escutar) e os *afetos* (novas maneiras de experimentar) – para que o movimento tenha lugar, a GMS® sustenta que é o *lugar do movimento*, é a *mente*.

[7] MATTELART, Armand & Michèle. *História das Teorias da Comunicação*. São Paulo: Edições Loyola, 2003, p. 187.

[8] Refiro-me aqui à expressão inglesa para designar o presidente de organizações: *chairman*, curiosamente o "homem da cadeira".

[9] É nesse sentido que trabalha o *Grupo de Estudos Imaginar & Fazer*, interface do NETCCON. ECO.UFRJ com a Sociedade e o Mercado, e que existe desde o início de 2005. Esse conceito Imaginar & Fazer foi criado por minha filha Úrsula Mey Oliveira de Amorim Fortes Ouriques, quando ela estava com 5 anos. Aproximou-se de mim e de minha esposa, Estelita Oliveira de Amorim Ouriques, e disse: "Papai e Mamãe, o problema de vocês é que vocês pensam demais e precisam apenas *Imaginar e Fazer*." Levei um tempo para compreender a profundidade do que ela nos disse e, nesse processo, criei este grupo, que é uma comunidade de aprendizagem, da força determinante da linguagem.

intelecção e ao racionalismo, era/é muito maior ainda do que apontava a percepção teórica da independência relativa da supra-estrutura em relação aos fundamentos econômicos da sociedade. Lukáks, por exemplo, já reconhecia em 1920 que a matéria que as expressões humanas, segundo seus valores e validez formais, modelam "não pode ser outra que a própria realidade social".[10]

Naquela fase, passei a investigar a abordagem comparativa anteriormente citada entre as formas de sociabilidade do Ocidente e as formas de sociabilidade de outras culturas e do Ocidente antigo, em busca de sistemas de organização social, de arte e de comunicação que potencializassem, ao perceberem a "natureza enquanto viva",[11] o vigor dos valores acima relacionados como sustentáveis.

A continuidade desde então dessa abordagem comparativa tem permitido mostrar o valor das, digamos, "tecnologias da mente", desenvolvidas, testadas e comprovadas há milênios, em especial no Oriente (dentre as quais, destacam-se para nós no NETCCON as tecnologias não-dualistas da Índia, o budismo tibetano, o taoísmo, determinadas expressões africanas e outras da tradição indígena, em especial as dos *Cultos da Mãe Terra*)[12] chamadas por Georg Feuerstein de "tecnologias espirituais",[13] as quais têm, sem prejuízo dos investimentos e dos benefícios advindos das TICs (as novas tecnologias da informação, quando usadas por mentes sustentáveis), muito a nos ajudar. Além disso, a *Mente Sustentável* tem (1) praticamente custo zero – portanto, é acessível às multidões excluídas; (2) portabilidade absoluta; e (3) upgrade imediato. Além de tudo, se me permitem a expressão, (4) não "dá pau".

Vale examinar os motivos pelos quais os conceitos *Mente Sustentável, Sustentabilidade da Mente* e *Gestão da Mente Sustentável* abriram uma intensa e crescente interlocução com variados campos das práticas humanas, inclusive em nível internacional, como Estados Unidos (2006) e Polônia

---

[10] György Lukács já falava dessa independência relativa em seu artigo "Velha e Nova Cultura", de 1920: "A independência relativa dos elementos ideológicos quanto a seus fundamentos econômicos significa que esses, em seus caracteres de formas das expressões humanas, são – segundo seus valores e validez formais – independentes das facticidades que lhes são confiadas pela organização econômica e social contemporânea para a qual possam receber forma. Por isso, a matéria que tais formas modelam não pode ser outra que a própria realidade social." http://paginas.terra.com.br/educacao/trincheira/textoLukacs_Velha%20e%20Nova%20Cultura.htm Acesso em 5 de setembro de 2008.

[11] SHELDRAKE, Rupert. *O Renascimento da Natureza*. São Paulo: Cultrix, 1993.

[12] Ver a obra de Mircea Eliade.

[13] FEUERSTEIN, Georg. *A Tradição do Yoga*. São Paulo: Pensamento, 1998.

(2007),[14] como os do jornalismo e comunicação, das políticas públicas sociais, das relações internacionais, do diálogo multicultural e religioso, dos estudos lusófonos, dos estudos e práticas da não-violência, das culturas de rua e, claro, da governança e comunicação corporativa.

Isto se dá, entendo, pela percepção sistêmica do que está dito/contido na questão *Mente Sustentável*. Ela fala, para ficarmos aqui em quatro exemplos, (1) do primado da autonomia e da criatividade, decisivo para o Ocidente como criado pela Grécia e, portanto, do mundo como "construção mental"; ela fala (2) da urgência do desenvolvimento socioambiental, situação nova e definitiva para o ser humano em sua pretensão de construir uma cultura como exterioridade absoluta à Natureza, que seria, quando muito, o "meio ambiente", no qual o humano seria uma ilha isolada; ela fala (3) dos fundamentos da metáfora da qual fala a religião,[15] ou seja, a interdependência, a consciência, a retidão, a generosidade; e, talvez o mais importante, ela fala (4) da responsabilidade pessoal quanto aos destinos da experiência humana e social.

Mente Sustentável é, portanto, lugar transdisciplinar de encontro de muitas escolas de pensamento e ação. Portanto, uma experiência de religião de fronteiras entre saberes no sentido de Edgard Morin. Nela, está desde o público que tem como hino de sua vida ser um "sujeito total" na "loucura real", nas palavras de Raul Seixas, "controlando a minha maluquez misturada com a minha lucidez" até o budismo tibetano,[16] com sua extraordinária experiência

[14] Em dezembro de 2007, realizei na Polônia diversas conferências e uma comunicação científica nesse sentido, inclusive tendo na platéia a honrosa presença do vice-presidente do Instituto Camões e dos embaixadores de Angola e do Brasil: (1) a comunicação "O Desafio do Resgate do Substrato Indo da Cultura Lusófona e a Perspectiva do Vigor da Não-violência", no Colóquio dos 30 Anos da Seção Brasileira Instituto de Estudos Ibéricos e Ibero-Americanos da Universidade de Varsóvia, em que tratei desse resgate e do que ocorre em uma reculturação lusófona com o resgate, por exemplo, da experiência hindu da consciência-testemunha; (2) três conferências sobre o tema "Cultura de Comunicação, Diálogo Multicultural e a Mente Sustentável: a transformação dos jogos de sentido através da ascendência cidadã não-violenta sobre os jogos de linguagem" na Universidade de Varsóvia, na Universidade Yagueilloniana, Cracóvia, e na Universidade de Wroclaw; e a conferência "Cultura de Comunicação, Diálogo Multicultural e a Não-violência: a questão dos sistemas do interesse, do poder e da dádiva nas relações internacionais", no Centro de Estudos Latino-americanos da Universidade de Varsóvia, (3) na qual mostrei como a Mente Sustentável permite referenciar o interesse e o poder pela generosidade; Já nos Estados Unidos, em 2006, foi publicado em Washington pela Revista Solidarity & Sustainability (4) meu artigo "The Sustainable Theory of Communication: A New Epistemological Perspective for Solidarity and Sustainability in the Essentially Patriarchal and Emblematic Crisis of the Western Mindset". Disponível em http://www.pelicanweb.org/solisustv02n07ouriques.html. Acesso em 2 de dezembro de 2007.
[15] OURIQUES, Evandro Vieira Ouriques. *A Unidade do Humano e do Ser: um novo Modelo de Comunicação e Cultura com base nas tradições espirituais e na ciência contemporânea*. Tese de doutoramento em Comunicação e Cultura pela UFRJ, em agosto de 2001.
[16] Há um artigo de fácil acesso que pode iniciar o contato com a complexa contribuição da maneira tibetana de lidar com a mente: http://www.dalailama.org.br/ensinamentos/curitiba3.htm.

empírica em relação à *ascendência* (tomando por empréstimo da literatura yoguica, já que os Mattelart a chamam de domínio) em relação aos estados mentais através da *meditação analítica* e da *meditação de foco único*, que usamos na *GSM*®, o que me levou a ser convidado, por exemplo, para o encontro reservado de cientistas brasileiros sobre mente e ciência, em novembro de 2006, com o Sr. Geshe Lakdor, diretor dos *Arquivos Tibetanos* e durante mais de 20 anos secretário particular de Dalai Lama e seu tradutor.

O *EXTENDED BOTTOM LINE* COMO O MEIO DE TRANSFORMAR INTENÇÃO EM AÇÃO

Essa competência de *domínio* (não de *opressão* e de *censura*, mas por isso de *ascendência*, como acabamos de ver) sobre os *estados mentais* é a chave para construirmos a sustentabilidade que queremos ver no mundo. Se Gandhi nos mostrou a força que é sermos aquilo que, repetindo, queremos ver no mundo, por meio da ascendência sobre nossa vontade, a *Mente Sustentável* é uma questão de vida ou morte nesta época pós-fordista, e por isso o *Extended Bottom Line*.

Vejamos, sob o aspecto da lógica do *Modelo Toyota*, como sabemos, o modelo japonês de gestão organizacional. Esse modelo, ao inverter as regras do processo de fabricação, que passou a ser feito de jusante à montante, ou seja, dos produtos vendidos e encomendas fechadas na direção da fábrica, e não desta em direção ao mercado, criou o conceito de *Marketing de Relacionamento*,[17] de acordo com o qual a empresa, a corporação e a organização se encontram na demanda de estarem comprometidas a desenvolver um relacionamento contínuo com seus clientes, parceiros e concorrentes. Ou seja, estarem em *experiência de comunicação* (a que ocorre entre, por isso sempre livre e surpreendente), e não em *experiência de informação* (de dominação, de endereçamento, de convencimento do outro), no sentido que lhe imprime Marcio Tavares d'Amaral.[18]

Isso tem conseqüências muito profundas, pois evidenciou-me, em nível epistemológico, metodológico e operacional no que precisava avançar tanto no modelo *TBL*, por meio da circunscrição que então fiz, como dito, de seus três *bottoms lines* (intenções) pelo *quarto bottom line* (meio operacional para

---

[17] STRAUCH, Carlos Alexandre Arminio e TENÓRIO, Fernando Guilherme. "Influências do Modelo de Gestão Japonês no Gerenciamento das Cadeias de Varejo". ADM.MADE, Revista do Mestrado em Administração e Desenvolvimento Empresarial da Universidade Estácio de Sá, Rio de Janeiro, Ano 2, 2002, nº 3. http://www.estacio.br/revistamade/03/artigo3.asp. Acesso em 19 de novembro de 2007.

[18] Desenvolvi esta questão em OURIQUES, Evandro Vieira. *Comunicação, Espiritualidade e Negócios: o restabelecimento da confiança como a base sistêmica da responsabilidade socioambiental*. Anais do III Congresso Nacional de Excelência em Gestão-LATEC/UFF, agosto de 2006.

atingir as intenções) sistêmico da *Gestão da Mente Sustentável*, quanto venho fazendo desde 2001, nas teorias da comunicação e da cultura ainda vigentes e focadas no endereçamento, mesmo quando crédulas na tecnologia, como se esta, em si, pudesse fazer mudar por si mesma os valores humanos, o fluxo dos estados mentais que a criam, adquirem e manipulam.

A QUESTÃO DOS JOGOS DE LINGUAGEM E DE SENTIDO, DA SUBJETIVIDADE E DA CONSCIÊNCIA FRENTE ÀS TICS

O fato é que não há nada mais prático do que a filosofia, ou seja, toda ação no mundo (jogo de sentido) é informada por um fluxo de estados mentais (jogo de linguagem), o qual tem tamanho poder de concretude que, simplesmente, define o mundo. Por isso a *GMS* não utiliza o conceito de *subjetividade*, recorrente ao longo da filosofia ocidental e muito na pós-modernidade, uma vez que a oposição dualista entre *subjetividade* e *objetividade* só contribui para a valorização já histórica e nefasta desta em detrimento daquela, pois torna nebulosa a percepção do caráter total e efetivamente *prático* do que até aqui se considerou *subjetivo*: o fluxo dos estados mentais, a *consciência*, que logo será definida. O que sempre se pensou ser sutil mostra com a crise socioambiental o peso de sua concretude, exigindo uma transformação epistemológica a partir dos *jogos de linguagem*, com os quais construímos os *jogos de sentido* da Teoria Social, da vida comum, da Teoria da Gestão, da Política etc.

Sabemos, com Wittgenstein, que *jogos de linguagens* são todos os atos de fala e que eles, como entendo, são as formas de vida, sim, as formas culturais, as formas dos *estados mentais*, pois, se esse conceito de *forma de vida* apareceu poucas vezes em sua obra, concordo com quem insiste, como Gertrude D. Conway, Roger Trigg e Hans-Johann Glock,[19] que este conceito é central em sua filosofia. Ser um ser humano é ser na linguagem, imaginar uma linguagem é imaginar uma cultura, é Imaginar e Fazer um mundo. Pois as comunidades lingüísticas exercem o seu fazer lingüístico em um sentido ainda mais amplo do que o da utilização de símbolos e da criação de signos lingüísticos *strictu sensu*, mas também no do deslizar multimensional[20] das expressões e lingua-

---

[19] Ver, nesse sentido, o artigo SOUSA, Carlos E. Batista de. "Fundacionalismo, Evolução e Relativismo no Über Gewissheit de Wittgenstein". *Abstracta: Linguagem, Mente e Ação*, Revista de filosofia on-line, Rio de Janeiro, v. 1, nº 1 – 2004. Acesso em 21/11/2007. http://www.abstracta.pro.br/revista/publicados/v1n1a6%20-%20Souza%20-%20Fundacionalismo.pdf

[20] Por isso é que o atual Núcleo de Estudos Transdisciplinares de Comunicação e Consciência-NETCCON, que coordeno desde a criação do projeto original, em 1981, é o desdobramento do Centro de Estudos Transdisciplinares de Expressão Visual e Multidimensional, que vigorou com esse título na década de 1980 e no início da década de 1990 na Escola de Comunicação da UFRJ.

gens humanas e da totalidade aberta envolvida: o contexto, a fisiogonomia, a gestualidade, o vestuário, a arte, as arquiteturas de morar e de trabalhar etc.

Portanto, quando se segue a recomendação do casal Mattelart no sentido de que hoje a liberdade política tem de passar necessariamente pelo domínio do processo de formação da vontade, é que a cibercultura pode (como venho insistindo desde a década de 1980), ao contrário de ser capturada pelo mesmo discurso que tem condições únicas de ajudar a superar, gerar então efetivamente lógicas de sentido capazes de aprofundar, por meio de conexões associativas (de agregadores de rede), as estruturas rizomáticas apontadas por Deleuze e Guatarri.

Isto, porém, não sem um movimento também vertical, pois apenas a horizontalidade gera uma dispersão absoluta de significados, como se tal dispersão fosse liberdade. Precisamos, ao contrário, de um conjunto de valores comuns, e, portanto, de fato, agregadores, capazes de gerar sociabilidade, que assim viabilizem a sustentabilidade. Sem que sejam, claro, aquele eixo central fixo e monolítico do poder, severamente criticado por Nietzsche, Foucault e Deleuze, por exemplo. Sustento que o duplo e não-dicotômico movimento horizontal-vertical, é que torna possível a multiplicação das ramificações interdependentes da capilaridade dos rizomas, dada a ampliação dos jogos de sentido permitida pela construção da *Mente Sustentável*. É disso que estamos falando.

É dessa maneira que o ciberespaço pode servir à liberdade política, no sentido aqui empregado, quando nele, por exemplo, as interações *zapping*, como conexões múltiplas, abertas e surpreendentes, bem como os ambientes virtuais com renderização em tempo real, que "remetem à lógica da catástrofe, de René Thom, em que estados mutantes surgem de estados contínuos por passagens de uma para outra forma, oferecendo estados dialéticos, em suas variáveis de ruptura e construção",[21] são não a acentuação de experiências disruptivas da vincu-

---

[21] Ver DOMINGUES, Diana. *Características do Projeto Ciberarte: Ambientes Virtuais Interativos E Imersivos*: contexto científico e tecnológico e dimensão conceitual e poética (o estado da arte). GRUPO DE PESQUISA ARTECNO. Laboratório NTAV – Novas Tecnologias nas Artes Visuais. Universidade de Caxias do Sul http://artecno.ucs.br/proj_tecnicos/ciberarte_imersivo_estado_arte.htm Acesso em 26 de novembro de 2007. Insisto, desde a década de 1980, em que as novas tecnologias da informação não são em si a garantia da transformação dos estados mentais dos sujeitos. É nessa perspectiva que se precisa, mais do que nunca, entender como agir quando, ainda com Domingues, "pode-se, portanto, estabelecer uma classificação e tipologia dos ambientes imersivos: ambientes com imersão, com teleimersão (ambientes na rede), imersões em realidade ampliada, imersão total (Caves) e imersões bidirecionais, imersão multilocal de mundo virtual para mundo virtual. A constante estabelecida é a vivência tridimensional do ambiente em linguagem numérica e a possibilidade de penetração e deslocamento espacial de natureza proprioceptiva, com correspondências entre as direções que o corpo assume e as mudanças na configuração do ambiente por pontos de vista mutantes. As variáveis são: as qualidades da realidade aumentada por sensações hápticas e estereoscópicas, ou o toque, a manipulação e a visualização por estereoscopia em capacetes e caves, as possibilidades de se interagir em primeira e terceira pessoa e ainda a imersão bidirecional e multilocal entre mundos virtuais".

lação psíquica e social, mas sim a manifestação criativa do caos em seu sentido exato de elementos disponíveis para a criação, mas não no sentido de desordem e de desagregação como a que vivemos em termos sociais e ambientais.

A tecnologia em si nada é. Quanto mais a tecnologia avança, mais a lei não consegue acompanhar comportamentos disruptivos. Para Dominique Wolton, quando as pessoas dizem "Eu tenho algo a dizer", elas não estão preocupadas com o receptor, mas consigo. E como regular esse comportamento pela lei se a globalizacão impede de controlar as cabeças de rede que se instalam e distribuem conteúdos a partir de pontos nacionais fora do alcance da lei de outras nações?

Apenas pelo exercício da capacidade de tornar a mente sustentável, pelo tão decantado empreendedorismo então utilizado no que é mais importante, no empreendedorismo dos arranjos produtivos mais locais que existem, os da própria mente é que teremos desenvolvimento socioambiental, envolvimento, por ser responsável, com a Sociedade e a Natureza. Pois ganhar dinheiro destruindo os semelhantes e a Terra é fácil. Difícil é tornar a sociedade uma sociedade de fato. Há meta melhor do que fazer o que, em latim, se dizia *imprehendere*? Ou seja, deliberar-se a praticar de forma ativa, a propor-se de maneira arrojada, a empreender a tarefa laboriosa e difícil de pôr em execução e levar a cabo a sustentabilidade?

Isto já foi provado – de forma inequívoca – também pelo 1º Relatório ao Clube de Roma, em 1972, "Limites para o Crescimento", portanto já muito antes do impacto das novas tecnologias-TICs: "Enquanto a tecnologia pode mudar rapidamente, política e socialmente as instituições mudam muito devagar. Além do mais, na maior parte das vezes, elas nunca mudam em antecipação à necessidade social, mas somente em resposta a ela."[22]

Quando se entende a tecnologia como uma religião, e se produz com ela uma enxurrada de conteúdos a respeito dos quais não se faz "o trabalho de identificar que, em seus enunciados, trata-se sempre do resultado de um trabalho de enunciação",[23] temos o presente caso gravíssimo. Precisamos sempre ter consciente que, como lembrou o mesmo Clube de Roma em 72, a sociedade leva tempo para

---

[22] Neste relatório, foi usada a metodologia System Dynamics, desenvolvida então já há 30 anos pelo Massachusetts Institute of Technology. http://www.clubofrome.org/docs/limits.rtf. Acesso em 19/11/2007.

[23] LEBRUN, Jean-Pierre. *Um mundo sem limites: ensaio para uma clínica do social*. Rio de Janeiro: Companhia de Freud, 2004, p. 164. Não tratarei aqui da importante percepção de Lebrun de que, quando se tem esta atitude em relação à ciência, "é a um saber materno que de fato nos dirigimos" (p. 164), o que é "evitar ter que assumir as conseqüências do ato de falar, o que os psicanalistas chamam de "se defender da castração" (p. 170), o que gera a série presente de patologias, dentre as quais a maior delas neste caso que é a de manter-se insustentável, pois, "se até hoje o sujeito podia aproveitar-se dos avatares de sua história familiar para evitar ter que se submeter a essas leis, o que nos é preciso agora também levar em conta é que o sujeito pode aproveitar-se do que lhe é apresentado no social para não ter que tirar conseqüências" (p. 170), por meio da aderência incondicional ao consumo.

absorver e preparar-se para uma mudança: o que reduz a estabilidade do sistema mundial no quadro presente de insustentabilidade, pois essa demora se dá justamente nas dimensões psíquica e social, que tendem a insistir na sobrevivência do modelo ultrapassado.[24]

Por isso o TBL precisava ser estendido, uma vez que para garantir a criação de modalidades de ação organizacional sustentáveis, com novas e efetivas possibilidades de expressão, de multiplicidade de vozes e dimensões, de identidades e de conteúdos, não basta crer, em uma espécie de devoção tecnológica, um "dever ser" tecnológico, um "devir" tecnológico, mas sim nas diferentes articulações mentais que façamos. As TICs, apesar de óbvio, é necessário repetir, apenas amplificam o que pensamos, percebemos e sentimos.

O mesmo ocorre com os manuais de comunicação e os códigos de ética. São apenas instrumentos técnicos, mortos, ferramentas incapazes, na maior parte dos casos, de, por si mesmas, fazerem suas palavras éticas se tornarem ações éticas. No caso da tecnologia, precisamos lembrar ainda que são justamente as tecnologias da informação que permitem, com sua velocidade, probabilidade e instabilidade, a fase atual de financeirização da vida social, justamente a manifestação da *insustentalidade da mente* (e agora, já entendemos, da situação social) contemporânea.

É nesse sentido que a *Mente Sustentável* responde ao quadro de forte demanda por parte das corporações desde a década de 1990, e agora intensamente no Brasil, por tangibilizar o intangível, quando, em verdade, o que sempre houve foi apenas a manifestação do intangível, no sentido da mente como criadora da realidade. Como eu disse em outro lugar, "todo resultado é sempre o resultado do capital intelectual disponível. Quando a organização reconhece que seu sistema de valores é responsável pelos indicadores de seu desempenho, ela investe na gestão estratégica de sua mentalidade".[25]

O fato incontestável é que, como disse também em outro lugar, "o conhecimento é a principal força produtiva do que os franceses chamam de capitalismo cognitivo e sociedade do conhecimento, os anglo-saxões de *knowledge economy*, os alemães de *Wissensgesellschaft* (GORZ, 2005:15), os italianos de trabalho imaterial (NEGRI, 1991) e determinados autores de sociedade da sabedoria (COVEY, 2005)? Por que exatamente agora, quando a nova gestão prescreve que a alma do operário desça ao chão da fábrica e a do executivo às suas mesas?; que a personalidade (a subjetividade) deve ser organizada e

---

[24] http://www.clubofrome.org/docs/limits.rtf. Acesso em 19/11/2007.
[25] ESPÓSITO, Heloísa. "Afinando os instrumentos de medição: em busca da totalidade". Entrevista de Evandro Vieira Ouriques. *Revista Comunicação* 360. Casa do Cliente, Rio de Janeiro/RJ, n. 3, agosto de 2006, p. 16.

comandada?; e que qualidade e quantidade do trabalho são reorganizadas em torno de sua, assim chamada, 'imaterialidade'?"[26]

DA CRÍTICA ÀS FILOSOFIAS DA CONSCIÊNCIA E À CONSCIÊNCIA COMO A ATIVIDADE ESPECIFICAMENTE HUMANA

Consciência, no contexto da *Gestão da Mente Sustentável*, tem um sentido muito específico, a um só tempo teórico e operativo: consciência é a *produção de estados mentais* (o fluxo de pensamentos e afetos), que referencia o processo de decisão do sujeito físico e jurídico, e assim determina se sua ação no mundo é ou não pública e social; é ou não sustentável; é ou não responsável socioambientalmente. Ou seja, consciência é o *estado mental*, aparentemente *intangível* (apenas se o experimentarmos de forma dualista), que gera os resultados até aqui entendidos como *tangíveis*, pois é a consciência toda fonte de referência para a ação, que é sempre política, porque ação no mundo. Por isso, a consciência mostra-se como a mais importante atividade e destino humano. E mais ainda: a única atividade especificamente humana.

Nesse sentido, consciência é experiência muito distinta de uma função puramente intelectual em oposição ao corpo, como foi vista na maior parte da história da filosofia ocidental, como em Descartes e Kant. Muito pelo contrário. O que nos aproxima, por exemplo, de Merleau-Ponty: consciência é a interdependência sistêmica, tanto na apreensão do mundo quanto na referência para a tomada de decisão, dos dados sensíveis e dos dados racionais.

Sob essa perspectiva, quando falo de *Comunicação e Consciência*, inclusive no nome do NETCCON, como *Núcleo de Estudos Transdisciplinares de Comunicação e Consciência*, que tive a oportunidade de criar em 1981 na Escola de Comunicação da UFRJ e, desde então, coordeno, não estou falando, portanto, daquela "consciência racional". Daquele espírito "científico" de um "sujeito" constituinte (engrandecido pela descoberta do *cogito*) de sua identidade enquanto "consciência" racional que Nietzsche elegeu desconstruir em certo sentido para o bem de todos nós, cansados que nos sentíamos, na filosofia ocidental, de estar submetidos a um "céu", entendido como uma exterioridade absoluta, que retirava nossa potência e impedia o primado da invenção e criatividade.

---

[26] OURIQUES, Evandro Vieira. *Comunicação, espiritualidade e negócios: o restabelecimento da confiança como a base sistêmica do desenvolvimento socioambiental*. Anais do III Congresso de Excelência em Sistemas de Gestão. LATEC/UFF e CAPES. Niterói, agosto de 2006.

É por isso que não se trata, claro, de retornarmos às escolas representacionistas, que consideram a realidade dada desde sempre e que deve ser representada pelo *sujeito*, do qual se exige apenas a capacidade de representá-la de forma *adequada*. Muito pelo contrário, a *Mente Sustentável* entende que as representações em seu sentido fraco, como veremos a seguir, possibilitam a ação no mundo, não em um mundo dado que deve ser apreendido, mas num mundo criado e compartilhado coletivamente, em rede, co-engendrado de maneira cooperativa, sem repetição, com novidade e criação.

É perfeita a observação de Beatriz Sancovschi ao ressaltar que a objeção do biólogo Francisco Varela – que, juntamente com Humberto Maturana, criou a Biologia do Conhecimento – recai não sobre o sentido fraco da *representação*, mas sim sobre o sentido forte dela: "No que diz respeito ao sentido fraco, ele afirma que nós o utilizamos cotidianamente, sem maiores preocupações. O problema está no sentido forte, pois ele parte do pressuposto epistemológico e ontológico de que existe um mundo dado e de que nossa vida e nossa atividade cognitiva se limitam a apreender isto que está dado."[27]

O que está na base do que sustento é, nas palavras de Humberto Maturana e Varela, citadas inclusive por Sancovschi, que "essa constante consciência de que o fenômeno do conhecer não pode ser equiparado à existência de 'fatos' ou objetos lá fora, que podemos captar e armazenar na cabeça. A experiência de qualquer coisa 'lá fora' é validada de modo especial pela estrutura humana, que torna possível 'a coisa' que surge na descrição".[28]

No entanto, se o mundo não está aí, pronto e acabado, esperando apenas ser representado, a crise socioambiental nos mostra que ele também não é dependente *in totum* de nossas ações mentais/culturais, porque, caso contrário,

---

[27] SANCOVSCHI, Beatriz. "Sobre a noção de representação em S. Moscovici e F. Varela", *Psicol. Soc.*, Porto Alegre, v. 19, n. 2, 2007. Disponível em: <http://www.scielo.br/scielo.php?script=sci_arttext&pid=S0102-71822007000200002&lng=pt&nrm=iso>. Acesso em 2 de dezembro de 2007. doi: 10.1590/S0102-71822007000200002.

[28] Sancovschi aborda a questão de maneira brilhante no artigo citado: "A representação em sentido fraco diz respeito ao uso puramente semântico e pragmático do conceito. A representação aparece aí como uma construção ou uma interpretação. Ela se refere a tudo o que talvez possa ser compreendido a respeito de alguma coisa. Nas palavras de Varela: "Ele se refere a qualquer coisa que possa ser interpretada como sendo a respeito de alguma outra. Esse é o sentido de representação como construção, considerando-se que nada é sobre nenhuma outra coisa sem de algum modo construí-la" (Varela *et al.*, 2003, p. 144). Já o sentido forte assume compromissos epistemológicos e ontológicos. Na tentativa de construir uma teoria completa sobre a percepção, a linguagem ou a cognição, acabou-se operando uma generalização do sentido fraco, e aquilo que era um uso puramente pragmático assumiu características definitivas. Ao trabalhar com o sentido forte de representação, assumimos que o mundo está dado desde sempre, que ele é predeterminado e independe de qualquer atividade cognitiva. A atividade de conhecimento se resume à realização de representações mentais de algo que está dado, podendo ser avaliado a partir da correspondência com essa realidade (Varela *et al.*, p. 145)."

não haveria tal crise crescente. Existem, sim, princípios complexos e sistêmicos que o regem e que demandam justamente esse co-engendramento entre cultura e natureza, a partir de tais princípios auto-reguladores.

Um pouco da questão em Nietzsche

Ao estarmos empenhados na realização operativa da sustentabilidade, algo muito maior do que "um pedaço de papel bacana para as empresas balançarem enquanto seguem em frente com seus negócios, normalmente",[29] estamos focados, claro, para usar termos nietzscheanos, na "grande razão", no "soberano poderoso", no "sábio desconhecido", mas que é não apenas o corpo humano, como Nietzsche apontou, mas o corpo da Terra, o corpo do Cosmos, com toda a fala de seus imensos vazios, de seu *vazio pleno*, para usar uma expressão tibetana.

Para superar, portanto, a crise socioambiental que vem se agravando como um todo, como mostra, por exemplo, a ONU, precisamos ter como referência os princípios que movem os corpos, e não apenas o corpo humano entendido apenas como construção mental. Se a Cultura não fosse de fato a mesma realidade que a da Natureza, esta não estaria impondo à primeira a guinada radical da exigência da sustentabilidade.

O fato é que esse corpo maior, o do Planeta e o do Cosmos, não-metafísico e, no mínimo, imanente, para não dizer aqui, não-dualista, foi e continua a ser esgotado por uma filosofia que pretendeu tomar o corpo humano como independente do corpo da Natureza, como uma mera construção mental para a qual a vontade poderia experimentar uma liberdade sem referência. Tal desmedida acabou gerando o que se vive hoje, o resultado das idéias utilitaristas e cínicas, exatamente por se recusarem a aceitar a existência de valores universais, de valores comuns a todos os seres humanos.

Se para Nietzsche a *consciência* é, por definição, uma superfície, e não o lugar por excelência da vida psíquica, pois esta estaria submetida ao "laço dos instintos", para mim, a crise socioambiental instaura a necessidade de revermos a Filosofia e a Teoria Social como um todo e seguirmos adiante em relação a essa proposta de independência absoluta do corpo humano em relação ao corpo da Terra e ao corpo do Universo, ao corpo da Totalidade aberta; pois trata-se ainda de uma postura intelectual como a da filosofia ocidental racionalista.

---

[29] ELKINGTON, John. *Um sustentável e possível mundo novo*. Entrevista a Carmen Guerreiro. Idéia Socioambiental, setembro de 2007. São Paulo: Ofício Plus Comunicação e Editora, p. 39.

Explico. Sabemos que a insistência de Nietzsche, ao respeitar os filósofos pré-socráticos, por exemplo, foi a de defender a unidade entre o pensamento e a vida. Ele queria que a vida estimulasse o pensamento, e o pensamento estimulasse a vida. É exatamente o nosso propósito. Hoje, sabemos que o pensamento que não entende que o que chamamos de *cultura* é um capítulo do que chamamos de *natureza* nos condena à prisão da insustentabilidade, da irresponsabilidade socioambiental, pois somos mais uma manifestação do que chamamos de Vida. Fazemos parte dessa experiência e, portanto, nossa liberdade está em vivermos como co-autores do processo, e não como únicos autores dele. Só assim podemos ter um compromisso pleno entre pensamento e vida.

Pois, ao ponderar a afirmação central de Nietzsche de que "esse mundo é a vontade de potência – e nada além disso! E também vós próprios sois essa vontade de potência – e nada além disso!", cabe perguntar, após o vigor crescente da crise socioambiental, se essa vontade que advém da própria realidade das coisas ("esse meu mundo dionisíaco do eternamente-criar-a-si-próprio, do eternamente-destruir-a-si-próprio, sem alvo, sem vontade..."), ao manifestar-se pela falta de água, pelo aquecimento global, que castiga ainda mais as parcelas mais pobres da humanidade, realmente não tem tendência? Ou seja, cabe-nos perguntar, autorizados pela crise socioambiental gerada por uma cultura que se entende como exterioridade absoluta em relação ao que nomeia Natureza, se esta força que alavanca – a Natureza – não tem fundamento verdadeiro: Ela não tem sentido? Não tem alvo? Não tem vontade?

Pois, se não houvesse tal fundamento verdadeiro (que concordo não ser teológico, na medida exata em que ele se manifesta como crise socioambiental na imanência, aqui e agora, e não em um "céu intangível"), a relação que tivemos e temos com a denominada Natureza a manteria conforme nossa vontade, como já dito, uma vez que ela, por não ter então finalidade ou sentido, seguiria sendo o que se pretende culturalmente dela.

Porém, a crise socioambiental comprova, de maneira inequívoca, que aquela que é considerada uma exterioridade absoluta é a lei originária, não-metafísica, não-fechada, que rege a economia dessa experiência-sistema imanente denominada Universo. Dizer que ela é a própria "luta das forças" que formam a economia universal é apenas uma experiência de julgamento, uma vez que nominar é sempre um ato de julgamento, sobretudo após a lingüística de Saussure, quando foi abandonada a trilha da filologia, do amor às origens das palavras, quando nas línguas-mãe a palavra é a coisa. E optou-se então por fazer deslizar o significado em relação ao significante, criando a autonomia do signo sobre o referente. Ou seja, conferiu-se ao fonema, ao som, o caráter de total construção mental, de não-dependência em relação à vida.

Não é à toa que a Vida está ameaçada, por meio dos jogos de linguagem, pelo menos em sua manifestação humana.

De certa forma, Nietszche estava certo em sua crítica a Sócrates, pois não há um mundo supra-sensível e inacessível ao conhecimento dos sentidos, os quais só revelariam o aparente e irreal. Não! A sustentabilidade advém da percepção de que todos os elementos da vida são igualmente significantes, e que o desenho, as cores e a dança que uma borboleta faz estão inscritos e inscrevem princípios nada irracionais, nada confusos, em nada impossíveis de serem compreendidos, de serem vistos como agradáveis e úteis.

Estamos em outro momento histórico e precisamos de outra maneira de perceber o que está acontecendo para que possamos fazer a insustentabilidade se mover na direção à sustentabilidade. É incabível opor dualisticamente instinto e razão, optar por um deles ou por qualquer que seja a dimensão cognitiva e vivencial. Precisamos é de pensamento sistêmico e complexo, não-dualista, que nos permita operar com a sabedoria instintiva e o pensamento abstrato, lógico, racional, enquanto forças afirmativas e criadoras, postura da qual nasce a *experiência da consciência* não como sublime ilusão metafísica de um pensamento puramente racional, mas como vontade concreta de poder concreto de mudar o mundo na prática no sentido de sua sustentabilidade: do encontro da arte da sustentabilidade.

Por isso a *Mente Sustentável* não é metafísica, pois a metafísica, no sentido aqui usado, retira do mundo sensível todo e qualquer valor eficiente; e igualmente a *Mente Sustentável* não é nietszcheana, pois a única existência não é a aparência, nem o homem está destinado a uma multiplicidade entendida como impossibilidade de unidade, na medida em que a sustentabilidade demanda justamente o vigor da unidade de valores comuns que falam da realidade socioambiental, realidade que supera qualquer interpretação.

Ocorre-me agora como exemplo do que estou falando como o que seja a realidade o que o cineasta Pasolini entende como cinema: "Quando comecei a fazer cinema, pensava que fosse apenas uma linguagem da arte [...] e, portanto, me recolocaria, novamente, em minha experiência literária. À medida que fui trabalhando com o cinema, me dei conta de que não se tratava de uma técnica literária, mas de uma verdadeira língua [...] e aqui já se explica o motivo pelo qual continuei a fazer cinema e abandonei a literatura. Mas, existe outro motivo, talvez mais simples, mas nem por isso menos importante: todas as línguas que já foram analisadas e descritas têm a característica de serem simbólicas [...] e o cinema, ao contrário, exprime a realidade com a realidade [...]. Assim, os objetos e as pessoas são aqueles que eu reproduzo através do meio audiovisual. E aqui chegamos ao ponto: eu amo o cinema porque com o cinema fico sempre no nível da realidade. É uma espécie de ideologia pessoal, de vitalidade, de amor pela vida que pulsa dentro das coisas, da própria vida, da realidade (ESCOBAR, in: CANZIANI, 1996:98)."[30]

E mais: "O cinema é um sistema de signos não-simbólicos, de signos vivos, de signos-objetos... A linguagem cinematográfica não exprime, portanto, a realidade por meio de certo número de símbolos, mas pela própria realidade. Não é uma linguagem nacional ou regional, e sim transnacional... (DUFLOT, 1983:25)."[31]

PORQUE O CAPITALISMO NÃO É MATERIALISTA, ODEIA A VIDA E É PRODUTO DA DECISÃO DE CADA UM

Se a experiência humana hoje é, em muitos aspectos, um vale de lágrimas, em oposição ao mundo da prometida felicidade eterna da mídia-mundo, portanto permanência na pós-modernidade do lugar das supostas idéias autênticas e verdadeiras, isso se dá por nos orientarmos por esse conjunto metafísico e idealista de valores, nomeados materialistas, que, contudo, não o são, na medida exata em que entendem o terrestre, o sensível e o corpo como sendo o provisório, o inautêntico e o aparente, aquelas instâncias que estão aí para serem subjugadas, utilizadas, aproveitadas, desfrutadas, uma vez que são o outro da *razão prática*.

A insustentabilidade é, assim, a forma mais acabada da inconsciência em relação à *voz do corpo*, forma que permite à consciência fraca e serva tentar escapar da vida, da dor e da luta, e impor a seu portador a resignação, a renúncia, o atravessamento por um discurso que não é seu, o do consumismo como virtude inexorável. É o *regime da servidão* dos escravos e dos vencidos que inventou o "além pós-moderno", esse "céu pós-moderno", que é a mídia-mundo e sua já tratada devoção tecnológica para compensar a miséria de todas as ordens; não como consolo da impossibilidade de participação nos valores dos senhores e dos fortes, mas no forjar um mito da salvação da alma porque não possuem o corpo; criaram a ficção do corpo porque não podem participar das alegrias terrestres e da plena satisfação sustentável de estarem vivos, entregues de maneira co-partícipe à pulsação da Vida.

Trata-se de ódio a tudo que é humano, pois ódio a tudo que é Natureza, digo eu. Um ódio a tudo que é "animal", "vegetal", "mineral", a tudo que é

---

[30] ESCOBAR, Roberto. Il triunfo dell'esserci: l'utopia ambigua di Pier Paolo Pasolini. In: Cansiani, Alfonso. Incontri Pasoliniani. Roma: Bulzoni, 1996, *apud* PEREIRA, Miguel, "Um olhar sobre o cinema de Pasolini". In: ALCEU, v. 5, n. 9, p. 14 a 26, jul./dez. 2004, na internet http://publique.rdc.puc-rio.br/revistaalceu/media/alceu_n9_pereira.pdf Acesso em 17 de novembro de 2007, p. 16.
[31] Idem, p. 18.

entendido como "matéria", num horror à felicidade e à beleza, nesse desejo de fugir de tudo que se é, aparência, substância, mudança, dever, morte, esforço, desejo mesmo. A insustentabilidade é a suprema vontade de aniquilamento, a suprema hostilidade à vida, a suprema recusa em se admitirem as condições fundamentais da própria vida.

Se Nietzsche propôs-se a tarefa de recuperar a vida e transmutar todos os valores do paradigma judaico-cristão ("munido de uma tocha cuja luz não treme, levo uma claridade intensa aos subterrâneos do ideal") com a tocha que simboliza, em seu pensamento, o método filológico (como método crítico que procura fazer falar aquilo que gostaria de permanecer mudo, e assim trouxe à tona o também significado esquecido da palavra "bom", como "guerreiro", significado sepultado pelo cristianismo), sublinho que é da sustentabilidade da mente que necessitamos para fazer vigorar a sustentabilidade desejada, pois apenas um *Extended Bottom Line* nesta direção viabiliza operacionalmente a mudança de nossos próprios atos físicos e jurídicos: de nossos próprios estados mentais insustentáveis e insuportáveis.

É assim que podemos extirpar de nossa ação no mundo, como Nietzsche queria, o ressentimento (é tua a culpa se sou fraco e infeliz), a internalização da culpa (as formas negativas se interiorizam e voltam-se contra o sujeito) e o ideal ascético (momento de sublimação do sofrimento e de negação da vida). Pois, caso contrário, a *vontade de potência* torna-se vontade de nada em sua versão pós-moderna da vontade da mídia-mundo, quando a vida transforma-se em fraqueza e mutilação, exclusão socioambiental, triunfando o negativo e a reação contra a ação: quando triunfa a impotência da autonomia e do primado da criatividade.

OS SISTEMAS DO INTERESSE E DO PODER E O SISTEMA DA DÁDIVA

Por isso, a *Mente Sustentável* encontra-se com o intérprete-filólogo defendido por Nietzsche, de maneira a que o niilismo não triunfe, este que tem vontade de que a potência deixe de significar "criar" para querer dizer "dominar", "comprar", "consumir", "destruir". Pois ter ascendência sobre os estados mentais é ser um escavador dos submundos da linguagem, essa experiência que nos define como humanos, de maneira a mostrar que a profundidade do materialismo é algo muito diferente do que se nomeia hoje ser.

Do ponto de vista então do intérprete que desce às profundidades do fluxo dos estados mentais, a liberdade sem referência é a vontade do *narcisismo secundário*, dessa parasita do aparelho psíquico que sufoca o narcisismo primário, e é a vontade não do guerreiro e/ou do sábio, mas a ode dos valores estabelecidos e insustentáveis. A dos valores opostos por definição aos valores de um verdadeiro super-homem, conceito entendido aqui no sentido daquele ser humano que consegue, pela força da vontade, dominar o processo de formação de sua vontade e, assim, uma vez empreendedor de sua linguagem, torna-se proprietário do sentido que produz, coerente com o sentido que pulsa na Natureza de forma inequívoca, conforme prova a crise socioambiental. Apenas assim, o empreendedor sustentável não assume passivos futuros.

Construir a *Mente Sustentável* é transpor os limites do humano, transpor a crença de que as práticas humanas são movidas apenas pelos sistemas do interesse e do poder. Graças ao então esforço etimológico ampliado, ela os mostra como são: inversão da profundidade, mero jogo de superfície, se não movidos pelo "sentido original" das práticas humanas, que é o sistema da dádiva:[32] o sistema da vida, que sustenta a *sociabilidade primária* (família, amizade e vizinhança), enquanto o Estado e o Mercado são (in)sustentados pelos sistemas do interesse e do poder.[33]

O trabalho do etimólogo da sustentabilidade centra-se em fazer deslizar do fluxo dos estados mentais o que é máscara, interpretação, avaliação, de maneira que o sentido da vida, este que foi atacado pela insustentabilidade, possa revigorar nos jogos de linguagem, graças ao esforço disciplinado da *Gestão da Mente Sustentável*®, que alivia aquele que vive, permite-lhe dançar, restabelece o criar, restabelece o dar sustentação.

Só assim é possível de fato a vontade de potência, quando aberta para o futuro, e assim escapar da captura pelo "eterno retorno", entendido aqui como aquele movimento que faz do futuro uma repetição da insustentabilidade e, assim, o elimina como possibilidade, por entregar a vida ao domínio do "homem pequeno", esse grande desgosto do homem. O domínio do processo de formação da vontade é, portanto, a possibilidade dionisíaca de imaginar e fazer do sofrimento, da morte e do declínio da insustentabilidade a outra face da alegria, da ressurreição e da volta da sustentabilidade.

A verdadeira oposição, portanto, é a que contrapõe, de um lado, o testemunho contra a vida e o empreendimento de vingança que consiste em negá-la por meio da insustentabilidade, e, de outro, a afirmação sustentável do devir e do múltiplo mesmo na dilaceração dos membros dispersos de Dioniso. Ao invés do pessimismo de Schopenhauer atualizado, em lugar assim do desespero pós-moderno diante de uma vida insustentável e violenta, para a qual tudo se tornou vão, temos a transformação dos valores que trazem consigo a sustentabilidade.

---

[32] Ver os trabalhos admiráveis de Marcel Mauss, Maurice Godelier e Godbout & Caillé.
[33] Abordo essa questão em profundidade na já citada conferência "Cultura de Comunicação, Diálogo Multicultural e Não-violência: a questão dos sistemas do interesse, do poder e da dádiva nas relações internacionais". Centro de Estudos Latino-americanos, Universidade de Varsóvia, dezembro de 2007. Inédito.

CONSIDERAÇÕES FINAIS

Em suma, a *Gestão da Mente Sustentável®* responde ao fato de que, com a globalização midiática do *reconhecimento pelo capital*, o *sujeito* tende a ser *pensado* e *sentido* como se tivesse apenas a possibilidade de *se organizar* no *reconhecimento pelo outro*, quando a *fonte de referência* para o *ato comunicativo* (*a experiência do político*) estaria *fora* dele. Fora da *Diferença* que ele faz. Fora da *Diversidade* que ele é. Portanto, fora do *sujeito*, empurrado de novo para a *transcendência*, agora a prometida pela mídia-mundo.

Portanto, a *GMS®* desconstrói o sistema de pensamento introjetado pela mídia e pelo sistema educacional e social, no qual se supõe axiomaticamente que não haveria saída para a violência, sobretudo em conflitos agudos, quando o compromisso entre as partes tem tudo para ser impossível ou tende fortemente a ser indesejado. Há, então, um fluxo quase ininterrupto, uma *firewall* de seqüências mentais (*pensamentos* e *afetos*) do tipo "A vida é cruel", "Se eu não bater, apanho", o "culpado" é ele, o sistema, uma *exterioridade absoluta* etc.

Com freqüência, temos nesse quadro, em escala macro ou micro, algum "inocente" e "injustiçado", pessoa física ou jurídica (um partido, por exemplo) que usa também da violação de compromissos públicos em nome de um *fim*, não importam os *meios* (não confundir essa nossa posição com moralismos idealistas), em nome da "luta política", na qual os *valores* (justiça, direitos humanos, desenvolvimento socioambiental) que garantem as vozes de todos parecem ser *exterioridade absoluta*; ali colocados em *diáspora* por medo de uma *totalização simbólica*, na qual acaba paradoxalmente por se ver enredado, como a totalização simbólica e financeira dos mercados apontada por Mattelart.

Esse "inocente", então justiceiro, chega, ele próprio, ao mesmo lugar do "culpado vencido", tornando-se, ele mesmo, o "novo culpado", restando para a Sociedade, nesse jogo pesado, camadas cumulativas de *Violência*: Crueldade, Concentração de Poder, de Capital e de Mídia, Indiferença, Perplexidade, Decepção, Miséria, Invisibilidade, Ressentimento, Fragmentação, Vingança, Esquecimento, "Pensamento Único", Insustentabilidade.

Dito ainda de outra forma: a *Mente Sustentável* e sua gestão nasceram da pergunta a respeito de que referência usar no momento exato da operação perceptiva durante o *"tempo nenhum"* da *"ubiqüidade*, da *simultaneidade*, da *instantaneidade"*[34] quando o tempo dos vários canais e histórias simultâneas convergem, dilatados, bifurcados, "expandindo ou se contraindo e convergindo para um só ponto"?[35]

É nesse sentido que a *Gestão da Mente Sustentável®* trata de como a pessoa física e jurídica pode decidir a seu próprio favor *onto*, *filo* e *morfogeneticamente*

---

[34] BENTES, Ivana (org.). *Corpos Virtuais*. Rio de Janeiro: Centro Cultural Telemar, 2005, p. 124.
[35] Idem, p. 125.

diante da força de *sujeito*, de *autor*, de *ator* que tem a imagem digital definidora da experiência do *bios mediático* (Sodré). Ou seja, como fazer para que sua decisão lhe seja favorável, entendendo-se como favorável a decisão que não o exponha às indesejadas e mortais conseqüências da falta de informação, da falta de compreensão das informações que recebe, da marginalização, da crise ecológica, da *exclusão social* e da *opção criminal?*

O *Extended Bottom Line – EBL* – concentra-se, portanto, em observar, identificar, compreender, dominar e eliminar as *séries mentais* humilhantes e humilhadoras, empobrecedoras, paralisantes (inclusive aquelas que põem o sujeito na dependência do dinheiro ou de qualquer outra "exterioridade" para afirmar sua potência: "Ah!, se eu tivesse dinheiro, ah!, se eu tivesse aquilo ou aquilo outro, eu faria o que eu gosto, seria o que eu sou..., ah! se meu editor deixasse..."), autoritárias, discriminatórias, racistas, autodepreciativas e preconceituosas, em relação a si mesmos e aos outros, que impedem a efetiva *liberdade de expressão*.

É por isso que as organizações melhoram o desempenho[36] quando trabalham com a *Gestão da Mente Sustentável*, uma vez que eles não ficam presos, como freqüentemente ocorre, a interesses pseudamente "próprios".

A *GSM* entende, assim, que as grandes metanarrativas perderam até agora a luta contra a espoliação porque elas (além de serem narrativas, como veremos adiante ser algo desconhecido no *taoísmo*, por exemplo) não previram que os sujeitos varressem de si mesmos, de seu *aparelho psíquico*, os valores que sustentam a própria espoliação: a baixa auto-estima, a inveja, a desconexão de si mesmo, de seu *self*, a vaidade, a intriga, a traição, a ganância, o ressentimento, a vingança.

É por isso que Milton Santos disse certa vez que *a mudança começa no quarto*. Pois, caso contrário, fica mais difícil, por exemplo, a criação, a expansão e a manutenção de *organizações sustentáveis*, pois elas tendem a se configurar apenas em *organizações de interesse e poder*, como dito anteriormente. A *Mente Sustentável* contribui para aqueles que entendem, por verificar em suas próprias vidas – e nas organizações em que estão inseridos – o quanto esses valores, esses *estados mentais*, prejudicam a *capacidade associativa* de reacender o espírito da organização-aprendiz. E que assim compreendem que essas dificuldades não estão apenas na *Organização*, no *Estado*, na *Mídia* ou no *Mercado*, mas em si próprios, em sua atitude.

E é apenas nessa perspectiva da *sustentabilidade da mente*, do vigor da responsabilidade pessoal e organizacional, que podemos responder efetivamente aos maiores enigmas que se impõem em nossa época aos campos da Cultura, da Comunicação, da Ciência, da Política e do Pensamento Organizacional

---

[36] Entre as corporações e organizações que já se beneficiaram com a *Gestão da Mente Sustentável*, estão, por exemplo: DaimlerChrysler, Celpa, Light, Vistage International, Rebouças & Associados, Instituto ETHOS, Associação Brasileira de Comunicação Empresarial, LATC-UFF e Vale do Rio Doce.

– e que pulsam na dinâmica liberdade e vinculação: a *crise ecológica*, a *exclusão social* e a *opção criminal*.

Foi por isso que eu trouxe, e sustento no âmago da *Teoria da Comunicação*, da *Filosofia Política* e da Governança e do Planejamento Estratégico da Comunicação, o entendimento de que apenas de fato *somos*, quando imersos em nosso *habitat*, corpo-parte desse corpo híbrido e coletivo, humano e não-humano, natural-cultural, integral: *Mente Sustentável*, o que nos torna específica e final-mente humanos.

REFERÊNCIAS

AMARAL, Marcio Tavares d'. *O homem sem fundamentos: sobre linguagem, sujeito e tempo*. Rio de Janeiro: Editora UFRJ e Editora Tempo Brasileiro, 1995.
BATESON, Gregory. *Steps to an ecology of mind*. Nova York: Ballantine Books, 1985.
BAUMAN, Zygmunt. *Comunidade: a busca por segurança no mundo atual*. Rio de Janeiro: Jorge Zahar, 2003.
_____. *Em busca da política*. Rio de Janeiro: Jorge Zahar, 2000.
_____. *Modernidade líquida*. Rio de Janeiro: Jorge Zahar, 1998.
BAURMANN, Michael. *El mercado de la virtud: moral y responsabilidad social en la sociedadad liberal*. Barcelona: Gedisa Editorial, 1998.
CANCLINI, Nestor Garcia. *Diferentes, desiguais e desconectados*. Rio de Janeiro: Editora da UFRJ, 2004.
COVEY, Stephen. *O Oitavo Hábito: da Eficácia à Grandeza*. Rio de Janeiro: Campus/Elsevier, 2005.
DUFOUR, Dany-Robert. *A arte de reduzir as cabeças: sobre a nova servidão na sociedade ultraliberal*. Rio de Janeiro: Companhia de Freud, 2005.
GALTUNG, Johan. *Gandhi hoje: o caminho é a meta*. São Paulo: Palas Athena, 2003.
LAZZARATO, Maurizio e NEGRI, Antonio. *Trabalho imaterial*. Rio de Janeiro: DP&A Editora, 2001.
LEBRUN, Jean-Pierre. *Um mundo sem limites: ensaio para uma psicanalítica do social*. Rio de Janeiro: Companhia de Freud, 2004.
MATTELART, Armand & Michèle. *História das Teorias da Comunicação*. São Paulo: Edições Loyola, 2003.
MATURANA, Humberto e VERDEN-ZOLLER, Gerda. *Amar e brincar: fundamentos esquecidos do humano*. São Paulo: Palas Athena, 2004.
MELMAN, Charles. *O homem sem gravidade: gozar a qualquer preço*. Entrevistas por Jean-Pierre Lebrun. Rio de Janeiro: Companhia de Freud Editora, 2003.
OURIQUES, Evandro Vieira (Org.). *Diálogo entre as civilizações: a experiência brasileira*. Publicado pela Organização das Nações Unidas (ONU), com o apoio da UNESCO e Associação Palas Athena, *et alli*, por meio do Núcleo de Estudos Transdisciplinares de Comunicação e Consciência –NETCCON/ECO/UFRJ, 2003.
OURIQUES, Evandro Vieira. *Comunicação, Espiritualidade e Negócios: o restabelecimento da confiança como a base sistêmica da responsabilidade socioambiental*. Anais do III Congresso Nacional de Excelência em Gestão-LATEC/UFF agosto, 2006.
_____. *A New Epistemological Perspective for Solidarity and Sustainability in the Essentially Patriarchal and Emblematic Crisis of Western Mindset*. Washignton: Pelican Consulting, 2006. http://www.pelican-consulting.com/solisustv02n06.html.
_____. *O valor estratégico da não-violência para o vigor da comunicação*. Anais do XXIX Congresso da INTERCOM, 2006.
_____. *Desobediência Civil Mental e Mídia: a ação política quando o mundo é construção mental*. Anais do X Fórum Nacional de Professores de Jornalismo, 2007.
_____. *Comunicação, Gestão da Mente e Não-violência: o Vigor da Responsabilidade socioambiental na Mídia, na Política e nos Negócios*. Relatório parcial da Pesquisa de Pós-Doutorado em Estudos Culturais no Programa Avançado de Cultura Contemporânea do Fórum de Ciência e Cultura da UFRJ, 2006. Inédito.
SENGE, Peter. *The Fifth Discipline: The Art and Practice of the Learning Organization*. Revisada e atualizada, 2006.
SHARP, Gene. *Gandhi's answer: neither peace nor war but non-violent struggle*. Conference Mahatma Gandhi Satyagraha Centenary Commemoration. Indian National Congress. January 29-30, 2007.
SOMÉ, Sobonfu. *O espírito da intimidade: ensinamentos ancestrais africanos sobre maneiras de se relacionar*. São Paulo: Odysseus Editora, 2003.
SVEIBY, K. E. *A nova riqueza das organizações: gerenciando e avaliando o patrimônio de conhecimento*. Rio de Janeiro: Campus/Elsevier, 1998.
_____. *O valor do intangível*. HSM Management. *Revista de Informação e Conhecimentos para Gestão Empresarial*, São Paulo/SP: ano 4, n. 22, p. 66-69, setembro/outubro, 2000.
WHEATLEY, Margareth J. *Liderança e a nova ciência*. São Paulo: Cultrix e Amana-Key, 2002.

GLOSSÁRIO

Auto-organização – Processo adotado pelos sistemas para desenvolver estruturas e organizações com a energia disponível.

Diagramas de sistemas que usam os símbolos dos circuitos de energia – Esquemas gráficos que permitem uma visão geral de um sistema, mostrando as partes e conexões, os fluxos e o armazenamento de materiais, energia, informação e dinheiro.

Ecologia de sistemas – Campo científico que vem da união da teoria geral dos sistemas, da ecologia e da termodinâmica dos sistemas abertos e proporciona uma visão global para a análise dos fluxos de energia nos sistemas biológicos.

Emergia (escrita com "m") – Toda energia disponível utilizada, direta ou indiretamente, na fabricação de um produto, expressa em unidades de um tipo de energia disponível, geralmente energia solar equivalente.

EmJoule – Unidade de emergia; um Joule de energia disponível de certo tipo de energia previamente usada para produzir um produto ou serviço.

Emergia líquida (Net Emergy) – Rendimento de emergia de um recurso depois de subtrair toda a emergia utilizada no processo de obtenção do recurso.

Emergia solar – Energia solar necessária, direta e indiretamente, para fazer um produto ou serviço. As unidades são emJoules solares (abrevia-se seJ, ou semJ) ou em calorias solares (abrevia-se secal ou semcal).

Energia – Propriedade de todos os sistemas, a qual, em última instância, pode ser convertida em calor e medida em unidades de calor (calorias, BTU, Joules).

Energia disponível – Energia com potencial para realizar trabalho (exergia).

Escala imediata superior – Os espaços territoriais maiores ocupados pelas unidades com tempo de substituição maior que devem ser considerados na determinação da conduta de um sistema devido à supremacia que as unidades maiores exercem sobre as unidades e os processos de menor escala. (Veja hierarquia energética).

Exergia – Energia disponível que se usa no processo.

Hierarquia de energia – Convergência de energia de muitas pequenas unidades em quantidades menores de energia de um nível superior com maior capacidade de interagir e controlar as unidades menores.

Índice de intercâmbio de emergia – Quociente existente na troca de bens e o comércio: [(emergia recebida pelo consumidor)/(emergia paga pelo consumidor)].

Índice emergético de investimento (*Emergy Investment Ratio*) – Proporção de emergia de fora (F) atraída a uma área devido ao uso econômico da emergia dos recursos ambientais locais geralmente gratuitos (I), em processos de interação de ambos os tipos de emergia.

Índice de emergia líquida (*Emergy Yield Ratio*) – Proporção obtida ao dividir a emergia incorporada no produto (Y) pela emergia requerida para processá-la (F).

Maximização da Emergia – Processo pelo qual o princípio da máxima potência opera dentro de um sistema para selecionar, entre os componentes disponíveis e interações, a combinação que resulta na maior circulação de emergia no sistema.

Princípio da Máxima EmPotência (*Maximum EmPower*) – A auto-organização elege o modelo de rede com retroalimentação que consegue maximizar a emPotência. É uma reformulação do princípio da máxima potência para reconhecer que cada nível, na hierarquia natural de energia, se auto-organiza com o mesmo princípio, ao mesmo tempo.

Princípio da Máxima Potência (*Maximum Power*) – Explicação de Alfred Lotka e outros pesquisadores para o fenômeno da auto-organização observado nos sistemas (transformações de energia, padrões hierárquicos, laços de controle por retroalimentação, ações de amplificação etc.). Lotka observou que prevalecem os sistemas cuja estrutura e organização conseguem aproveitar mais energia disponível e usá-la de forma mais eficiente que as demais alternativas.

Produto Econômico Bruto – Valor de mercado de todos os bens e serviços produzidos em uma economia em um ano (PNB).

Reforço – Ação de uma unidade ou processo de reforçar a produção e a sobrevivência de outra unidade ou processo, contribuindo para seu desempenho e bem-estar, um laço de interação de reforço mútuo.

Riqueza – Termo ambíguo que necessita de um adjetivo para distinguir entre riqueza monetária (estado de estar rico com dinheiro) e riqueza real (estado de ser rico em emergia).

Riqueza real – Entidades e fluxos que contêm energia disponível (exergia) capaz de depreciar-se (perder valor de acordo com a Segunda Lei da Termodinâmica); produtos e serviços utilizáveis. Exemplos: comida, combustíveis, concentrações de materiais, casas, organismos, informações, terra, trabalho humano e controles.

Segunda Lei da Termodinâmica – Princípio que diz que as concentrações de energia se dispersam espontaneamente, e que, em todas as transformações de energia, alguma parte da energia disponível se dispersa durante o processo.

Tempo de substituição (ou de renovação) – Tempo necessário para que um fluxo de certa energia substitua uma quantidade guardada do mesmo tipo de energia. Por exemplo, um fluxo de 10 litros de água por dia substituirá o volume de líquido presente em um tanque de 1.000 litros de água em 100 dias.

Transformidade (*Transformity*) – A emergia de um tipo de energia necessária para produzir uma unidade de energia de outro tipo. Exemplo: requerem-se 3 Joules de energia calórica de carvão e 1 Joule de serviços (correspondente a seu equivalente em energia de carvão) para gerar 1 Joule de eletricidade. A transformidade da eletricidade obtida é 4 emJoules (de energia de carvão) por 1 Joule (de eletricidade).

Transformidade solar – Emergia por unidade de energia, expressa em emJoules solares por Joule (sej/J).

Uso sustentável – O modo como a sociedade pode usar os recursos para sobreviver no longo prazo, porque a intensidade do uso e o sistema de aproveitamento permitem renovar os recursos em processos naturais ou ajudados pelo homem.

Valor do doador – Valor de um produto determinado pelo processo da produção, e não pelo que uma pessoa está disposta a pagar (exemplo: a madeira de lei exige muito trabalho da natureza e, atualmente, os compradores não estão dispostos a pagar o preço devido).

Valor em dólares – Dólares do Produto Nacional Bruto (PNB) obtidos com a divisão da emergia de um produto pela taxa correta de emergia/dólar. Dólares do PNB equivalentes à riqueza medida em unidades de emergia. O emDólar indica o poder de compra do dinheiro circulante. Em cada país.

Cadastre-se e receba informações sobre nossos lançamentos, novidades e promoções.

Para obter informações sobre lançamentos e novidades da Campus/Elsevier, dentro dos assuntos do seu interesse, basta cadastrar-se no nosso site. É rápido e fácil. Além do catálogo completo on-line, nosso site possui avançado sistema de buscas para consultas, por autor, título ou assunto. Você vai ter acesso às mais importantes publicações sobre Profissional Negócios, Profissional Tecnologia, Universitários, Educação/Referência e Desenvolvimento Pessoal.

Nosso site conta com módulo de segurança de última geração para suas compras.
Tudo ao seu alcance, 24 horas por dia.
Clique www.campus.com.br e fique sempre bem informado.

www.campus.com.br
É rápido e fácil. Cadastre-se agora.

Outras maneiras fáceis de receber informações sobre nossos lançamentos e ficar atualizado.

- ligue grátis: **0800-265340** (2ª a 6ª feira, das 8:00 h às 18:30 h)
- preencha o cupom e envie pelos correios (o selo será pago pela editora)
- ou mande um e-mail para: **info@elsevier.com.br**

ELSEVIER

Nome: _____
Escolaridade: _____ ☐ Masc ☐ Fem Nasc: __/__/__
Endereço residencial: _____
Bairro: _____ Cidade: _____ Estado: _____
CEP: _____ Tel.: _____ Fax: _____
Empresa: _____
CPF/CNPJ: _____ e-mail: _____
Costuma comprar livros através de: ☐ Livrarias ☐ Feiras e eventos ☐ Mala direta ☐ Internet

Sua área de interesse é:

☐ **UNIVERSITÁRIOS**
☐ Administração
☐ Computação
☐ Economia
☐ Comunicação
☐ Engenharia
☐ Estatística
☐ Física
☐ Turismo
☐ Psicologia

☐ **EDUCAÇÃO/ REFERÊNCIA**
☐ Idiomas
☐ Dicionários
☐ Gramáticas
☐ Soc. e Política
☐ Div. Científica

☐ **PROFISSIONAL**
☐ Tecnologia
☐ Negócios

☐ **DESENVOLVIMENTO PESSOAL**
☐ Educação Familiar
☐ Finanças Pessoais
☐ Qualidade de Vida
☐ Comportamento
☐ Motivação

20299-999 - Rio de Janeiro - RJ

O SELO SERÁ PAGO POR
Elsevier Editora Ltda

CARTÃO RESPOSTA
Não é necessário selar

Cartão Resposta
05012004 8-7/2003-DR/RJ
Elsevier Editora Ltda
CORREIOS

Sistema CTcP,
impressão e acabamento
executados no parque gráfico da
Editora Santuário
www.editorasantuario.com.br - Aparecida-SP